Neuroaffektive
Meditation

Von Marianne Bentzen sowie Dorothea Rahm sind bereits folgende Titel im G. P. Probst Verlag erschienen:

Marianne Bentzen & Susan Hart
Neuroaffektive Therapie mit Kindern und Jugendlichen – *Vier entwicklungsphasenbezogene Behandlungsansätze*

Dorothea Rahm & Szilvia Meggyesy (Hrsg.)
Somatische Erfahrungen in der psychotherapeutischen und körpertherapeutischen Traumabehandlung – *Wie wir durch heilsame Begegnungsprozesse lernen können, unsere Nervensysteme zu regulieren und uns wieder sicher und aufgehoben zu fühlen*

Marianne Bentzen

Neuroaffektive Meditation

Grundlagen und praktische Anleitungen für Psychotherapie, Alltagsleben und spirituelle Praxis

Herausgegeben von Dr. Dorothea Rahm

Aus dem Englischen von Dr. Birgit Mayer

G. P. PROBST VERLAG
Lichtenau/Westfalen

VERLAGSKONTAKT:
G. P. Probst Verlag GmbH
In den Rauten 3
D-33165 Lichtenau
Tel.: +49(0)5295 99 57 81
eMail: verlag@gp-probst.de

Der Abdruck der Abbildungen 5 (Seite 49), 6 (Seite 53) sowie 7 (Seite 55) erfolgt mit freundlicher Genehmigung aus dem Buch von **Marianne Bentzen & Susan Hart:** ***Neuroaffektive Billedbog 2. Socialisering og personlighed.*** Drawings by Kim Hagen. Kopenhagen: Hans Reitzels Forlag.

3. Auflage 2026
Die Übersetzung des englischsprachigen Manuskripts sowie die konsekutive mündliche Übertragung der Meditationsanleitungen auf den Audioaufnahmen (s. Website des Verlages): Dr. phil. Birgit Mayer
Audioaufnahmen, Fotos (linke Klappe): Petra Rickert, PR IMAGEFILM, Berlin – www.pr-imagefilm.de
Umschlaggestaltung: Mareile Gropengießer, Paderborn
Coverfoto: © Chepko Danil – stock.adobe.com
Satz: SpaceType, Köln

ISBN 978-3-944476-35-3

Bibliographische Information der Deutschen Nationalbibliothek
Die Deutsche Nationalbibliothek verzeichnet diese Publikation in der Deutschen Nationalbibliografie; detaillierte bibliografische Daten sind im Internet über http://dnb.d-nb.de abrufbar.

Inhalt

Zur Entstehung des Buches

In den vergangenen 13 Jahren habe ich viele Workshops von Marianne Bentzen besucht, weil ich so besonders finde, wie Marianne die von ihr gemeinsam mit Susan Hart entwickelte neuroaffektive Theorie über die Funktionsweisen und Beeinflussbarkeit des Gehirns und über die Entwicklung des Zueinanders von Denken, Fühlen und Empfinden lehrt und wie es ihr gelingt, Anleitungen zu einem lebendigen Meditieren zu geben, die die neuroaffektive Theorie erfahrbar werden lässt, vertieft und erweitert.

Eines Tages habe ich ihr die Frage gestellt, ob sie sich vorstellen könne, ein Buch zu ihrer besonderen Weise, Meditieren anzuleiten, zu schreiben, ein Buch zum Lesen und Hören ihrer Meditationen. Marianne sagte einfach »Ja«, ohne jedes Zögern. So begann die Entwicklung dieses Buches. Gleich zu Beginn konnten wir Gottfried Probst vom G. P. Probst Verlag gewinnen, das Projekt weise und risikobereit zu unterstützen.

Ich bin sehr froh, dass ich die Entstehung von Mariannes Text begleiten und unterstützen durfte und auf diese Weise in eine für mich in vieler Hinsicht sehr bereichernde Arbeit eintauchen konnte.

Mariannes Buch, ihre *Anleitung zu lebendigem Meditieren auf profundem theoretischem Hintergrund,* sehe ich als ein Geschenk für Psychotherapeutinnen und Psychotherapeuten, für Menschen, die in helfenden Berufen arbeiten, für Meditierende ebenso wie für Menschen, die neugierig sind, mehr über Meditation zu erfahren.

Dorothea Rahm
Braunschweig, im April 2020

Vorwort

Unter all den vielen ausgezeichneten Büchern über Meditation und Spiritualität nimmt Marianne Bentzens »Neuroaffektive Meditation« einen herausragenden Platz ein. Ihre Betrachtung der entwicklungspsychologischen und neurobiologischen Prozesse, die mit Meditationspraktiken synchronisiert und koordiniert werden müssen, damit Transformation authentisch stattfinden kann, bietet Orientierung und praktische Anleitung zugleich.

Diese Zusammenhänge zwischen Entwicklung, Neurobiologie und Transformationsprozessen sind für mein eigenes Fachgebiet – Trauma und die Heilung posttraumatischer Zustände – von besonderem Interesse. Marianne und ich lernten uns in den späten 1980er Jahren kennen, zu etwa jener Zeit, als sie zu meditieren begann. Seither hatte ich immer wieder Gelegenheit zu erleben, wie sich ihr Denken und ihre Haltung zu diesem Thema weiterentwickeln. Von Anfang an hatten wir einen gemeinsamen Schwerpunkt: das Interesse an den evolutionären Grundlagen von Erfahrung und die Bedeutung nonverbaler Wahrnehmungen im Prozess der Heilung und Transformation. Während der zahlreichen Workshops, die wir seither gemeinsam zum Thema Trauma und Kindesentwicklung geleitet haben, hatten wir viele erhellende Diskussionen über die transpersönliche Perspektive, die Natur außergewöhnlicher Erfahrungen und die Art und Weise, wie traumatische Erfahrungen Tore zu Räumen öffnen können, in denen die spirituelle Dimension bejaht und bekräftigt werden kann.

Die ersten Kapitel des Buches zeichnen eine Landkarte der kindlichen Reifung und der spezifischen Fähigkeiten, die für die Entwicklung von Weisheit und Mitgefühl im Menschen unerlässlich sind. In drei dieser ersten Kapitel fasst Marianne das aktuelle Wissen über die Gehirnentwicklung von der Geburt bis ins hohe Alter zusammen. Sie setzt dieses in Bezug zur Persönlichkeitsentwicklung und hebt die konkreten Fähigkeiten hervor, die in verschiedenen Entwicklungsstadien am leichtesten entwickelt und genutzt werden können. In der Folge verwebt sie dieses umfassende Wissen mit einer äußerst spannenden anthropologischen Betrachtung der Weisheit. Meines Wissens sind dieser Überblick und diese Zusammenhänge in keinem anderen Buch zu finden, das derzeit erhältlich ist.

Wichtig ist, dass dieses Buch auch Perspektiven und Werkzeuge für eine der großen Schwierigkeiten in der Methodik der Persönlichkeitsentwicklungsarbeit sowie der Psychotherapie- und Meditationsausbildung von heute aufzeigt. Zu einem besseren Verständnis ist es wichtig, sich klarzumachen, dass das Gehirn über zwei Arten der Informationsverarbeitung verfügt. Die eine wird als Top-down-Verarbeitung (von oben nach unten) und die andere als Bottom-up-Verarbeitung (von unten nach oben) bezeichnet. Das Ziel einer jeden authentischen persönlichen Entwicklung liegt darin, diese beiden Prozesse in Einklang zu bringen und zur Zusammenarbeit zu bewegen. Dies ist nicht so leicht, wie es sich anhört, da die Bottom-up-Prozesse aus den unbewussten Bereichen des Hirnstamms und des emotionalen limbischen Gehirns hervorgehen und eine gewisse Zeit zur Entfaltung sowie eine respektvolle Erkundung und »Entschlüsselung« benötigen, bevor das narrativ orientierte präfrontale Bewusstsein ihnen einen Sinn abgewinnen kann. Vor dem Hintergrund ihres umfassenden und tiefen Verständnisses für die Prozesse, die in Gehirn und Körper ablaufen, wagt Marianne es dennoch sehr erfolgreich, beide anzusprechen und zur Zusammenarbeit anzuregen.

Die Art und Weise, wie die meisten Psychotherapien und die meisten Formen der Achtsamkeit und Meditation gelehrt und praktiziert werden, beruht in hohem Maße auf einer Top-down-Verarbeitung. Die Top-down-Verarbeitung stützt sich in erster Linie auf die jüngeren, präfrontalen Bereiche des Gehirns, die wir für die Planung und Steuerung unseres Verhaltens benötigen, die aber in belastenden oder traumatischen Zuständen an Funktionsfähigkeit einbüßen oder schließlich sogar abgeschaltet werden. Bei der Top-down-Verarbeitung in der Psychotherapie sprechen wir über unsere Probleme, unsere Symptome oder unsere Beziehungen. Einige Therapeutinnen und Therapeuten werden sich dann darauf konzentrieren, den Klienten dazu zu bringen, sich seiner Gedanken bewusst zu werden und sie letztendlich zu verändern. Bei anderen Ansätzen wird der Therapeut anfangen, nach Gefühlen zu fragen. Bei vielen Achtsamkeitspraktiken stellt der Kursleiter oder die Kursleiterin den Lernenden zu Beginn zwei Aufgaben: Sie müssen eine korrekte Körperhaltung einnehmen und entweder den Geist leer machen oder sich auf ein bestimmtes Meditationsobjekt konzentrieren, oft eine Kerze, einen Stein oder eine Blume, um die Aufmerksamkeit zu stabilisieren. Die meisten Selbsthilfebücher greifen ebenfalls auf diese Methoden zurück.

Bottom-up-Prozesse hingegen beginnen mit den spontanen und nonverbalen Erfahrungen, die in den tiefen, unbewussten Schichten des Gehirns entstehen und nach oben steigen. Oft hat es den Anschein, als seien sie bar jeglicher Bedeutung: ein Energiezittern in den Armen, ein Impuls, den Kopf zu drehen, das Bild eines Gebirgsbaches. Manche dieser Erfahrungen können als schmerzhaft oder sogar traumatisch erlebt werden, während andere heilsam sind oder ein großes Heilungspotenzial haben. Marianne Bentzens Zugang zu meditativen Praktiken ist dem Somatic Experiencing (SE)® ähnlich, meinem Ansatz der Traumatherapie.

In ihren Meditationen, die einen wesentlichen Teil des Buches einnehmen, regt Marianne immer wieder »bottom up« Wahrnehmungsimpulse und -prozesse an, die uns die Welt und Beziehungen, unsere inneren Empfindungen und Bewegungsimpulse wahrnehmen lassen. Auf diese Weise spricht sie nicht die Disziplin und Kontrolle des präfrontalen Kortex an, sondern die uralte evolutionäre Erfahrung von Neugier und Erkundung. Auf dieser Erfahrungsgrundlage zeichnet sie Bilder, ruft emotionale Erinnerungen wach und verwebt sie zu einem Gewebe der Heilung. Diese Herangehensweise, bei der spontane Bewegungsimpulse, Empfindungen, Gefühle und Bilder ihren respektvollen Raum erhalten, bietet eine viel bessere Grundlage für Meditierende und Psychotherapie-Klienten, um die unvermeidlichen schmerzhaften Erfahrungen zu integrieren, die bei jeder Art von Psychotherapie, persönlicher Vertiefung oder Meditation an die Oberfläche kommen.

Traumatische Erfahrungen scheinen in ganz besonderer Weise mit spirituellen Erlebnissen verknüpft zu sein. Ebenso öffnet die Transformation traumatischer Erfahrungen bestimmte Türen oder Portale für spirituelle Erfahrungen. Damit will ich nicht sagen, dass die Traumatherapie ein spiritueller Weg ist, aber ich habe zweifellos mehrfach festgestellt, dass sich durch sie eine spirituelle Dimension eröffnen und ein Weg für die weitere Entwicklung abzeichnen kann.

Bei Menschen, die ein nicht hinreichend vorbereitetes Kundalini-Erwachen erlebt haben, hat sich zu schnell eine ungeheure Energie freigesetzt, die zu integrieren das Nervensystem, der Organismus, nicht in der Lage ist. Wenn es uns stattdessen gelingt, die Betroffenen zum Titrieren anzuleiten, das heißt sich jeweils nur ein klein wenig für diese Energie zu öffnen, können sich diese Energien in Richtung Offenheit, Einssein, Verbundenheit und Mitgefühl wandeln.

In gewisser Weise eint Trauma wirklich die Welt, denn niemandem bleiben Begegnungen mit Bedrohung oder mit wahrgenommener Bedrohung erspart. Auch wenn diese Bedrohungserfahrungen manchmal relativ klein oder unwichtig erscheinen, können sie tiefgreifende Auswirkungen auf unser Verhalten haben. Hat uns das Gefühl der Bedrohung im Griff, sehen wir unsere Umgebung wie durch einen Traumafilter. Dieser Filter bleibt uns erhalten, bis wir in der Lage sind, uns langsam für diese Energien und Erfahrungen zu öffnen und ihnen zu erlauben, in unserem Körper in Bewegung zu kommen und sich zu transformieren. Meiner Meinung nach ist verkörperte Meditation genau aus diesem Grund so unglaublich wichtig für uns alle, besonders in diesen turbulenten und angsterfüllten Zeiten.

Der Schlüssel zur Transformation eines Traumas besteht darin, von der Fixierung wieder ins Fließen zu kommen. In diesem Moment werden wir nicht mehr vom Schicksal bestimmt, sondern können bewusst eine eigene Wahl treffen. In diesem Prozess ist Verbindung von zentraler Bedeutung, und ich stelle fest, dass es in Mariannes Theorie und ihren Meditationen ganz wesentlich um Verbindung geht. Dies bringt mich auf die Idee, dass es besonders hilfreich sein kann, die Meditationen – ob nach Anleitung aus dem Buch oder mithilfe der Audioaufnahmen – zusammen mit Freunden zu machen. Wenn Menschen zusammenkommen, um Heilung oder spirituelle Vertiefung zu suchen, können besonders lebensbejahende Erfahrungen von Fließen und Präsenz entstehen. Schmerzhafte Erfahrungen und Traumata haben immer mit unterbrochenem Kontakt zu sich selbst, zum anderen und zu Spirit zu tun. Auf jeder dieser Ebenen ist es möglich, aus der Fixierung herauszukommen und in den Fluss und die Wiederverbindung einzutreten oder sogar neue Verbindungen zu schaffen. Wenn dies geschieht, öffnet sich ein weiterer Bereich der Fixierung und die Energie darf dorthin fließen, wo sie natürlicherweise hingehört. In Mariannes Meditationen geht es darum, diesen natürlichen Fluss der Lebensenergie zuzulassen.

Der vielleicht größte Fehler, der in der spirituellen Praxis gemacht werden kann, ist der Versuch, die spirituelle Welt von der instinktiven, animalischen Welt zu trennen. Die wahre Aufgabe besteht darin, sie in einer Einheit zusammenzubringen: Körper und Geist zu vereinen, um die feine Begegnung von Trauma und tiefen Ressourcen zu ermöglichen. Letztlich geht es bei traumatischen und schmerzhaften Erfahrungen nicht um das Ereignis oder das Narrativ. Vielmehr handelt es sich dabei um eine Störung, die darin besteht, nicht im Hier und Jetzt präsent sein zu können. Wie der deutsche spirituelle Lehrer Thomas Hübl einmal auf einer Konferenz, auf der wir beide einen Vortrag hielten, erzählte, kommen immer wieder viele Menschen auf ihn zu und fragen ihn: »Okay, also wie lang muss ich noch an meinem Schatten oder an meinem Trauma arbeiten?« oder: »Wenn ich jeden Tag meditiere, wie lange dauert es dann, bis ich erwache?« Und Thomas sagte, diese Frage frage eigentlich gar nicht nach der Zeit, sondern sei vielmehr ein Hinweis darauf, dass die Person nicht im Hier präsent sein will.

Immer wenn wir wirklich präsent und engagiert sind, fragen wir nicht, wie lange es dauern wird. Als versierte Traumatherapeutin und Lehrerin versteht Marianne diese Kraft unserer tierischen Natur zutiefst, ob es nun um traumatische oder um spirituelle Erfahrungen geht, und ihre Reflexionen und Meditationen bezeugen dies.

Sowohl in den theoretischen als auch in den praktischen Kapiteln des Buches führt Mariannes einzigartiger Beitrag zur Meditation den neugierigen Leser auch über den »Glückseligkeits-Bypass« (Bypass im Sinne einer Umgehungsstraße; A. d. Ü.) hinaus, der für eifrige Meditierende eine Falle sein kann, und zeigt einen echten, schrittweisen Ansatz für spirituelles Wachstum auf. Wenn Menschen in ihre innere Landschaft gehen, stoßen sie früher oder später auf Schmerz und Trauma. Während dies oft zu Überwältigung und Abschalten führt, finden manche Menschen einen anderen Weg, das Trauma zu vermeiden, indem sie sich meditativen Techniken zuwenden, mit denen sie sich ziemlich zuverlässig in einen Glückseligkeitszustand versetzen können. Es ist jedoch ein ungeerdeter Glückszustand, ein Zustand, der es der Person erlaubt, den schmerzhaften Erfahrungen zu entschweben und sie einzukapseln, anstatt sie zu integrieren. Dies hemmt das persönliche Wachstum, anstatt es zu fördern.

Glückselige Erfahrungen werden häufig von übernormalen, mystischen Bildern begleitet, wie z.B. dem Anblick göttlicher Gestalten oder dem Blick auf die Erde aus dem Weltall. Häufig führt diese Erfahrung den Meditierenden ganz vom Körperempfinden weg. Wenn dies geschieht, um Schmerzen und Trauma zu vermeiden, nenne ich es den Glückseligkeits-Bypass. Langfristig gesehen wird solch ein traumagesteuerter Glückseligkeits-Bypass dazu führen, dass ein sehr ungeerdeter und verbindungsloser Zustand für den Betroffenen zum Normalzustand wird oder dass sich die meditativen oder persönlichen Entwicklungsprozesse verlangsamen oder verzerren. Es kann auch geschehen, dass die Verkapselung der Erfahrung eines Tages nicht mehr funktioniert und die Person in den Schmerz oder das Trauma fällt, das sie mit so viel Aufwand und so lange versucht hat zu umgehen – ohne die Ressourcen entwickelt zu haben, um es durchzuarbeiten. Alles, wogegen wir Widerstände haben, bleibt bestehen! Genau die Dinge, denen wir uns widersetzen, bestehen fort!

Mithilfe von Mariannes ureigensten und bewährten Meditationen und den Beschreibungen der Bausteine, aus denen sie bestehen, lassen sich die Übungen auf die spezifischen Entwicklungsbedürfnisse jedes Einzelnen zuschneiden, seien es Ihre eigenen oder die eines Klienten oder einer Klientin. Das Buch ist sowohl ein praktischer Schatz für Suchende als auch ein wertvoller Leitfaden für Therapeutinnen und Therapeuten, um den Bedürfnissen ihrer Klienten nach einer geerdeten Spiritualität besser gerecht zu werden.

Peter A. Levine, Ph. D.
Autor von *Trauma-Heilung: Das Erwachen des Tigers* und *Sprache ohne Worte. Wie unser Körper Trauma verarbeitet und uns in die innere Balance zurückführt*

Danksagung

Ein altes afrikanisches Sprichwort besagt, dass es ein ganzes Dorf braucht, um ein Kind großzuziehen. Ich habe entdeckt, dass es auch ein ganzes Dorf braucht, um ein Buch zu schreiben. Was dieses Buch und die Aufnahmen der geführten Meditationen betrifft, gilt mein besonderer Dank all den Menschen, die dieses Werk möglich gemacht haben: Dorothea Rahm für ihr unerschütterliches Vertrauen in mich und ihre Begeisterung darüber, wie meine Meditationsanleitungen sich im Laufe der Jahre weiterentwickelt haben, und für die Idee zu diesem Buch. Sie war es auch, die den Kontakt zu Gottfried Probst hergestellt hat und die eine Menge sorgfältiger und fröhlicher redaktioneller Arbeit an meinem Manuskript geleistet hat. Gottfried Probst vom G. P. Probst Verlag danke ich für sein Vertrauen, seine Geduld und sein Engagement für dieses etwas ungewöhnliche Projekt. Birgit Mayer dafür, dass sie in so vielen Workshops und in diesen Aufnahmen meine fließende deutsche Stimme war, und für ihr außergewöhnliches Geschick, nicht nur die Worte, sondern auch das Gefühl der Meditationsanleitungen zu vermitteln. Tatjana Lehmann, Dorthe Enger und Vibeke Vindeløv, die die ersten Texte lasen, für ihre Unterstützung meines Prozesses, in dem ich eine neue und persönlichere Autorenstimme erkundet habe und hörbar machen konnte. Michael Stubberup und Martijn van Beek für ihre kurzfristige und gründliche Durchsicht des Manuskripts und ihre hilfreichen Vorschläge. Mein besonderer Dank gilt Petra Rickert für die Sorgfalt, die Hingabe und den Humor, die all ihre Arbeit prägen und mit denen sie auch die Tonaufnahmen der Meditationen zu diesem Buch angefertigt und bearbeitet hat. Auch an dieser Stelle geht mein Dank nochmals an Dorothea, die die äußerst engagierte – einzige – Teilnehmerin an den Meditationen für die Audioaufnahmen war und damit alle Leserinnen und Leser vertreten hat, zu denen Birgit und ich gesprochen haben. Diese drei außergewöhnlichen Frauen trugen durch ihre relativ spontane Bereitschaft, nach Dänemark zu reisen und drei Tage bei mir zu Hause zu verbringen, um alles sorgfältig aufzunehmen, maßgeblich zum Erfolg des Projekts bei.

Dieses Buch wurzelt im gelebten Leben der Autorin. Es ist Ausdruck meiner Arbeit mit den professionellen Therapeutinnen und Therapeuten, die ich in den letzten dreißig Jahren unterrichtet habe. In vielerlei Hinsicht ist es die Essenz meiner Antwort auf das Bedürfnis und die Sehnsucht nach einer tieferen Verbindung, denen ich in diesen Seminaren begegnet bin. Ich bin sehr dankbar dafür, dass es so vielen Menschen so wichtig ist, dass ich dieses Material unterrichte, sodass ich nun eingeladen werde, Workshops zu geben, in denen die Anleitungen zu Meditationen und die spirituelle Vertiefung den Schwerpunkt bilden und nicht nur eine Zutat sind, die dem Hauptmenü die Würze geben.

Die schriftlichen Anleitungen zu den Meditationen sind Abschriften von Meditationen, die wir in Seminaren durchgeführt haben. Die Anleitungen als solche entstanden jeweils in Resonanz mit dem stillen Mit-Fühlen und Mit-Schwingen der Teilnehmerinnen und Teilnehmer, wie sie den Worten in jedem Moment gelauscht haben. Für die Tonaufnahmen der Meditationen habe ich wiederum meine Erinnerung daran wachgerufen. Der gesamte Prozess – von der Vermittlung neuer Themen über das Schreiben selbst bis hin zur Aufnahme von Meditationsanleitungen – war völliges Neuland für mich. Der »sichere« professionelle Kontext, der es mir möglich gemacht hat, war und ist die Anwendung der neuroaffektiven Entwicklungspsychologie, die es ohne meine für mich und diese Arbeit unschätzbar wertvolle Freundin und Mit-Schöpferin der neuroaffektiven Perspektive Susan Hart nicht gäbe. Sie ist mir seit mehr als drei Jahrzehnten meine engste und beste Spielkameradin auf diesem Gebiet.

Für seine jahrzehntelange Begleitung meiner spirituellen Praxis und die lebensverändernden Erfahrungen der Essenz, die dem, was ich schreibe, als Inspiration dienen, gilt mein zutiefst empfundener Dank meinem spirituellen Lehrer, dem Dänen Jes Bertelsen. Die spirituelle Gemeinschaft als Ganzes, das von ihm gegründete Vækstcenteret wie auch mein persönlicher Freundeskreis dort, sind und waren mir eine ständige Quelle der Unterstützung und Erneuerung auf unserem gemeinsamen spirituellen Weg. Mein weit gespanntes Netzwerk von spirituell Praktizierenden auf der ganzen Welt, mit denen ich mich innig verbunden fühle, hat ebenfalls zu meinem Verständnis dieses Weges der Vertiefung beigetragen. Nur wenige von ihnen werden in diesem Buch erwähnt, aber Ihr alle wisst, dass Ihr gemeint seid.

Für das tägliche Feld der Liebe und Heilung, für seine Unterstützung und seinen unerschütterlichen Glauben an mich und seine tiefe Liebe bin ich meinem Mann und Lebenspartner, der Liebe meines Lebens, David Reis, unendlich dankbar. Ihm verdanke ich es, dass ich die Arbeit an diesem Buch trotz unvermeidlicher Abstürze, Rückschläge und Zweifel an dem Prozess nicht nur überlebt habe, sondern dabei auch geistig gesund geblieben bin und häufig sogar richtig glücklich war.

In so vieler Hinsicht und auf so vielen Ebenen hat sich durch euch alle, durch jeden und jede von euch, meine Erfahrung von Vertrauen, Klarheit und dem Wesen der Liebe erweitert. Ich danke euch allen aus tiefstem Herzen.

Marianne Bentzen
Kopenhagen, im April 2020

Danke

Auch ich möchte mich von Herzen bedanken bei all den Menschen, die mich kompetent und liebevoll während der vielfältigen Arbeiten im Entstehungsprozess dieses Buches unterstützt haben, bei Michaela Himstedt, Carola Kirsch, Nina Knöchelmann, Belinda Duschek, Dr. Szilvia Meggyesy, Elke Rattay, Marianna Zumstein, Heike Bill und bei meinem Ehemann Dr. Jochen Rahm sowie bei Gottfried Probst und seinem Verlag für die bewährte, kompetente, risikobereite Unterstützung.

Marianne und Birgit danke ich für unser wunderbares Zusammenwirken und Miteinanderwachsen, besonders auch in all den feinen und vielschichtigen Klärungsprozessen. Höhepunkt waren für mich die Tage in Kopenhagen, in Mariannes Haus und ihren Meditationsräumen, in denen Petra Rickert wieder und wieder mit ausdauernder Geduld, vielfältiger Kompetenz und dem ihr eigenen Humor die Melodie von Mariannes und Birgits Stimmen aufgenommen hat, mit den notwendigen Unterbrechungen bei Hundegebell und Regengeprassel – während ich die Meditationen in mir aufnehmen, bewegen und mit Mimik, Gestik, Anmerkungen und Beifallsäußerungen begleiten durfte.

Dorothea Rahm
Braunschweig, im April 2020

Die Tonaufnahmen der Meditationen

Unser ursprünglicher Plan war, in einem Meditationsworkshop Live-Aufnahmen zu machen und zusammen mit dem Buch anzubieten. Dies stellte sich als technisch sehr schwieriges Unterfangen heraus, sodass wir neue Aufnahmen machten und die Aufnahmen aus dem Workshop als Abschriften und in Form der schriftlichen Meditationsanleitungen Eingang ins Buch gefunden haben.

Für die Aufnahmen, die Sie als Käufer bzw. Käuferin des Buches von der Website des G. P. Probst Verlags herunterladen können, entschlossen wir uns nach reiflicher Überlegung, den ausgebauten Dachboden in meinem Haus zu benutzen, der mir schon seit vielen Jahren als Meditationsraum dient. Auf diese Weise hatten wir auch die Unterstützung der meditativen Atmosphäre zur Verfügung, die in einem Tonstudio erst mühevoll inszeniert werden muss. Dies bedeutet, dass Sie gelegentlich Vogelgezwitscher, Verkehrsgeräusche, Kirchenglocken und Regen im Hintergrund hören werden.

Sowohl meine Anleitungen als auch Birgits Übersetzungen sind jeweils in dem Moment entstanden, in dem Sie sie hören, und wurden nicht von einem Manuskript abgelesen.

Nachfolgend die Liste der Aufnahmen, die Ihnen auf www.gp-probst.de, der Website des Verlages, zum Download (sowohl in einer englisch/deutschen als auch in einer separaten englischen Fassung) zur Verfügung stehen*:

1. Transitioning into Meditation With Yawning
   Der Übergang in die Meditation mithilfe des Gähnens

2. Inner Listening – Movement and Breathing
   Inneres Lauschen: Bewegung und Atmen

3. Grounding – The Embrace of the Earth
   Erdung: die Umarmung durch die Erde

---

* Das vorliegende Buch wird ergänzt durch MP3-Audioaufnahmen, die auf der Internetseite des Verlages (www.gp-probst.de) abgerufen werden können. Öffnen Sie dazu die »Produktseite« des vorliegenden Buches auf der genannten Verlags-Website, und klicken Sie dort die Rubrik »*MP3-Audioaufnahmen – hier*« an. Um die MP3-Dateien zum Download der Meditationen öffnen zu können, tragen Sie bitte den Nutzernamen ***MB2020*** ein. Das einzutragende Passwort wird in unregelmäßigen zeitlichen Abständen verändert. Sie können die jeweils auf der Website angeforderte Angabe hierzu Ihrem Buch entnehmen.

4. Air in You – Air around You
Luft in uns, Luft um uns

5. Spirit in Your Sense of Aliveness
Spirit in unserem Gefühl von Lebendigkeit

6. Core Sense and Spirit
Unser innerer Kern und Spirit

7. Seven Emotions and Spirit
Sieben Emotionen und Spirit

8. Love and Gratitude
Liebe und Dankbarkeit

9. Gratitude for the Great Things in Life and the Small Ones
Dankbarkeit für die großen und die kleinen Dinge im Leben

10. Focused Attention and the Field of Awareness
Fokussierte Aufmerksamkeit und das Feld des Gewahrseins

11. Mandala – a Personal Circle of Positive and Negative Experience
Das Mandala: ein persönlicher Kreis positiver und negativer Erfahrungen

12. Balancing Your Energy – Five Short Breathing Exercises
Fünf kurze Atemübungen für eine ausgeglichene Energie

12.1. Pineal-Hara Breathing: Connecting Clarity and Pleasure
Zirbeldrüsen-Hara-Atmung: Klarheit und lustvolles Vergnügen verbinden

12.2. Crown-Root Breathing: Connecting Existential Wholeness and Reality
Krone-Wurzel-Atmung: existenzielle Ganzheit und Realität verbinden

12.3. Double C Breathing: Connecting Clarity, Emotions and Expression
Doppel C-Atmung: Klarheit, Emotionen und Ausdruck verbinden

12.4. Circulation Breathing: Balancing Your Overall Energy Flow
Zirkelatmung: den gesamten Energiefluss ausbalancieren

12.5. Essence-Heart Breathing: Inviting Spiritual Energy into Yourself and out into the World
Essenz-Herz-Atmung: die spirituelle Energie nach innen einladen und von da aus in die Welt fließen lassen

1 Psychotherapie, Persönlichkeitsentwicklung und Meditation

»Und hier ist mein Geheimnis, ein ganz einfaches Geheimnis: Man sieht nur mit dem Herzen gut, das Wesentliche ist für die Augen unsichtbar.«
— Antoine de Saint-Exupéry, *Der kleine Prinz*

An wen richtet sich dieses Buch?

Kluge Freunde fragen mich: Für wen schreibst du dieses Buch? Wer soll es lesen? Ich muss gestehen, dass ich das gar nicht so genau weiß. Ich habe die Erfahrung gemacht, dass mich immer wieder und ganz unerwartet auch aus fernen Gegenden positive Reaktionen auf etwas erreichten, das ich geschrieben hatte. Sie stammten von so unterschiedlichen Menschen wie dem Neurowissenschaftler aus Südamerika oder einer Gruppe Siebtklässler aus einem europäischen Nachbarland. Da es aber wohl traditionelle Weisheit ist, seinen potenziellen Leserkreis zu definieren, will ich es auch versuchen und habe dabei im Wesentlichen die tausenden ausgebildeten Psychotherapeuten und Psychologen vor Augen, die in den letzten Jahrzehnten an meinen Kursen und Fortbildungen teilgenommen haben. In meinen beiden neuroaffektiven Bilderbüchern (Bentzen 2015/2016; Bentzen & Hart 2018/2019) habe ich versucht, diejenigen Seiten bei meinen Leserinnen und Lesern anzusprechen, die sie die Dinge fühlen und erleben lassen, und nicht so sehr die theoretische Verstandesebene. Im vorliegenden Buch wage ich mich an die Komplexität und Poesie unseres existenziellen Daseins. Meine allgemeine Prämisse ist die, dass die persönliche Vertiefung, die Güte und die Präsenz des Therapeuten oder der Therapeutin ein äußerst wichtiger, wenn nicht sogar der wichtigste Faktor überhaupt ist, den ein Therapeut, ein Coach oder eine Mentorin in den Prozess, einem anderen Menschen zu helfen, einbringen kann. Diese Prämisse ist selbstverständlich nicht auf die Psychotherapie beschränkt. Das Bedürfnis nach kompetenter Anleitung und Begleitung in persönliche Vertiefungsprozesse scheinen auch viele Menschen außerhalb dieser Berufsgruppe zu verspüren. Es sind Erwachsene, die im Lauf der Zeit auf unterschiedlichste Art an sich gearbeitet haben und die mehr über Gehirnentwicklung, Reife, Achtsamkeit und menschliche Weisheit erfahren wollen. Ebenso spürbar mag dieses Bedürfnis in jungen Menschen sein, die sich fragen, wie es mit dieser Welt weitergehen wird, und die zu verstehen versuchen, wie ihre Entwicklung und ihr Weg darin aussehen kann.

Meditative Aktivitäten im klinischen Kontext und im ganz gewöhnlichen Leben

Kurz zurück zu jenen, die wahrscheinlich den Großteil meiner Leserinnen und Leser ausmachen werden: Warum könnte oder sollte man überhaupt Achtsamkeit und Meditation in der Psychotherapie einsetzen? In vielen Psychotherapieverfahren haben grundlegende Gewahrseinspraktiken Eingang gefunden und eine Menge Studien haben gezeigt, dass es bei hartnäckigen Problemen äußerst hilfreich sein kann, meditieren zu lernen. Das ist gut nachvollziehbar, denn ein verfeinertes Gewahrsein ermöglicht uns, wahrzunehmen, was in uns und um uns herum vorgeht – und weil die meisten Probleme, die Klienten haben, zu ihrer Lösung häufig auch einer größeren Portion an Neugierde, Aufmerksamkeit und Zeit bedürfen, als wir ihnen im begrenzten Rahmen psychotherapeutischer Sitzungen zugestehen können und wollen. Dennoch sehe ich die Hauptfunktion der Achtsamkeit oder der meditativen Präsenz in der Psychotherapie nicht darin, die Klienten im Meditieren zu unterweisen. Selbstfürsorge und Selbstbeobachtung sind emotionale Fähigkeiten, die sich erst ziemlich spät im Leben entwickeln. Wir erlernen sie durch die Erfahrung der Beobachtungen, die andere von uns machen, sowie damit, dass uns liebevoll und gütig Grenzen gesetzt und wir mit allem, was uns ausmacht, liebevoll und gütig gehalten werden. Wenn diese Art liebevoller, gütiger und auf Realität beruhender Interaktion nicht im Vordergrund steht, kommt es zu einer Lücke, es fehlt etwas zur natürlichen Entwicklung der Selbstfürsorge und Achtsamkeit, die wir unseren Klienten zu vermitteln versuchen. Für mich bedeutet das, dass die meditativen Räume, die wir in unserer Arbeit als Helfer oder Therapeuten aufsuchen, deshalb so hilfreich sind, weil sie uns als Therapeutinnen und Therapeuten ermöglichen, klar und mit offenem Herzen präsent zu sein.

Die Tiefe, Klarheit und Wärme der therapeutischen Präsenz bringt Ruhe und Unterstützung in alle Räume, in denen der Klient einen anderen Menschen für seine Entwicklung braucht. Wie wir noch sehen werden, wissen wir aus der Entwicklungspsychologie, dass sich unsere grundlegende Erfahrung dessen, wer wir sind, durch die Augen und Herzen unserer engsten Beziehungen herausbildet und formt. Wenn wir noch sehr jung sind, sind das üblicherweise unsere Eltern. Später im Leben sind es unsere Partner, Freunde und vielleicht unsere Kinder. Von der Warte unserer Entwicklung aus gesehen steht der populärwissenschaftliche psychologische Rat, man müsse sich selbst lieben, bevor man erwarten könne, von anderen geliebt zu werden, völlig auf dem Kopf. Wenn Sie sich tatsächlich selbst lieben können, dann liegt das daran, dass der Anteil von Ihnen, der liebt, aus dem inneren Gefühl der Liebe entstanden ist, die Sie von anderen erfahren haben.

Die führt mich zu den – häufig unrealistischen – Erwartungen, die wir üblicherweise an die Meditation haben. Als ich jung war, waren Meditationen und Achtsamkeitspraktiken nicht Teil einer ernsthaften Psychotherapie oder Methode zur Förderung psychischer Gesundheit. In den Jahrzehnten seither haben Achtsamkeitspraktiken jedoch in den gängigen psychologischen Behandlungsprotokollen der gesamten westlichen Welt Eingang gefunden. Allerdings wurden sie auch stark verkürzt und vereinfacht und sie werden auch nicht unbedingt immer auf hilfreiche Art und Weise angeboten. In meinen Kursen zur neuroaffektiven Entwicklungspsychologie für Angehörige von sozialen und therapeutischen Berufen leite ich jeweils auch halbstündige »Kostproben« zur meditativen Präsenz an. Dabei bekomme ich von vielen meiner Teilnehmer zu hören, dass sie schon ein paar Mal versucht hatten zu meditieren, es dann aber aufgegeben hätten, weil sie es nicht »richtig hinbekamen«. Sie konnten sich nicht konzentrieren, nicht bewegungslos stillsitzen oder ihren Gedankenfluss anhalten. In meinen Meditationsanleitungen geht es im Wesentlichen darum, Möglichkeiten zu finden, durch die vielen Öffnungen in unserem Alltagsbewusstsein in einen tieferen, herzlicheren und intimeren Raum zu schlüpfen, in dem wir unser Herz besser spüren und uns selbst näher sein können. Und genau das ist auch mein Anliegen in diesem Buch.

Es ist durchaus so, dass viele Meditationsformen das Sitzen und die körperliche Bewegungslosigkeit als Instrument der Unterweisung benutzen. Wenn man meditiert, geht es jedoch nicht darum, eine Leistung zu erbringen, und eigentlich auch nicht um das Stillsitzen – ebenso wenig wie es beim Kochen um die Töpfe geht. So werde ich also nicht versuchen, Ihnen das Meditieren beizubringen, sondern werde Sie in den Kapiteln 8 bis 15 auf eine kleine Führung zu ein paar der inneren Landschaften einladen, die ich kenne, zu dem wortlosen, schweigenden Gefühl des Willkommenseins, das Ihnen vielleicht dort begegnet, und zu der stillen Passion, die den Schlüssel zu seiner Entdeckung darstellt. In diesen Kapiteln steht das Lauschen im Mittelpunkt – und zwar nicht nur mit den Ohren, sondern mit Ihrem gesamten Körper, mit all Ihren Sinnen, mit all Ihren Gefühlen – und mit all den feinfühligen Räumen Ihres Bewusstseins.

Wem oder was gilt dieses Lauschen?

Dieses Lauschen gilt der intimen, tiefsten und innersten Präsenz im Leben, so wie es sich gerade entfaltet und wie auch immer es sich in jedem Augenblick zeigen mag. Es ist eine Einladung, die alltäglichen Räume Ihres Lebens und auch die unbemerkt gebliebenen zu erkunden, das Unbekannte im Bekannten zu entdecken, sodass Sie sich gelegentlich am äußersten Rand, an der äußersten Grenze Ihrer Wahrnehmung wiederfinden werden, da, wo Ihr persönliches Bewusstsein Sie in diesem Augenblick eben gerade hinführen kann. Von dieser Grenze aus können wir immer noch in den größeren Raum der Präsenz hinein lauschen, eine Art ewig präsenter unermesslicher Weite von Gewahrsein, die unser persönliches Gewahrsein durchdringt und umgibt, so wie die Luft unser persönliches Zuhause.

Sie fragen sich vielleicht, was das mit Psychotherapie oder psychischer Gesundheit zu tun hat. Wir leben in einer Zeit, in der es bereits Ärzte gibt, die ihren Patienten Zeit in der Natur verordnen, und in der zum Beispiel die Klimaveränderung vielen jungen Menschen große Sorge bereitet. Eine Vielzahl von Menschen fordert lautstark einen Perspektivenwechsel in der Weltwirtschaft – damit wir als Individuen, Wähler und Konsumenten doch endlich von dem Glauben abrücken mögen, wir könnten die Ressourcen unserer Erde ganz nach Belieben weiter nutzen und verbrauchen. Forderungen und Schuldgefühle sind langfristig jedoch nicht besonders gut dazu geeignet, Menschen zu motivieren. Fürsorge und Zugehörigkeitsgefühl sind da sehr viel besser. Dies würde bedeuten, dass eine solche alternative Haltung und eben auch ein Perspektivenwechsel bei uns selbst beginnen müssen. Dazu müssen wir uns der Welt zugehörig fühlen, müssen uns als Teil von ihr empfinden. Und es bedeutet, dass die verschiedenen Ebenen der Lebendigkeit in uns allesamt wichtige Funktionen erfüllen. Wenn wir in unserem Beruf anderen dabei helfen wollen, sich weniger abgespalten, allein oder ängstlich zu fühlen, müssen zuerst wir selbst weniger abgespalten, allein und ängstlich sein.

Ich befinde mich mittlerweile schon fast mein ganzes Leben auf diesem Weg, der einem anspruchsvollen, komplexen Tanz gleicht. Dieser Weg begann damit, dass ich eine Ausbildung in somatischer Psychotherapie machte und in diesem Feld später auch zu unterrichten begann. Daraus entstanden meine ersten größeren Fragen: Wenn einige Anteile unserer Persönlichkeit unser gesamtes Leben lang nonverbal bleiben und sich der Logik verschließen, wie reifen sie denn dann heran und wie entwickelt sich dann Weisheit? In den frühen 1990er Jahren hat mich die Suche nach einer Antwort zu den zwei Vertiefungsprozessen geführt, die in den letzten drei Jahrzehnten mein Leben und meine persönliche Entwicklung prägen sollten. Der eine Prozess ist die Entwicklung einer Metatheorie der neuroaffektiven Entwicklungspsychologie und dazu passender Werkzeuge zusammen mit meiner lieben Freundin und Kollegin Susan Hart.

Der andere Prozess betrifft die spirituellen Unterweisungen und Meditationsanleitungen durch den Dänen Jes Bertelsen*, meinen spirituellen Lehrer. Das Material in diesem Buch beruht auf diesen beiden Ansätzen und der Erfahrung, die ich mit ihnen gemacht habe. Die Inspiration und Weisheit, die ich darin gefunden habe, ist die Matrix, aus der heraus ich schreibe. Für all die dargestellten Meinungen sowie alle Fehler oder Unklarheiten, auf die Sie eventuell stoßen, bin einzig und allein ich selbst verantwortlich.

Ein kurzer Überblick über den Rest des Buches

Auch wenn ich diese Themen vielleicht gelegentlich streifen werde, handelt dieses Buch weder davon, wie man eine Meditationspraxis für sich entwickelt, noch von all den guten Gründen, die es gibt, dies zu tun, noch von all den mittlerweile wissenschaftlich gut belegten Vorteilen, die solch eine Meditationspraxis hat. Sehr viel qualifiziertere Autorinnen und Autoren als ich haben diese Bücher bereits geschrieben und Websites entwickelt.

Dieses Buch befasst sich mit einigen Aspekten unserer Reifung als Individuum und als Mitmensch in einer Welt, zu der wir gehören und die wir mit anderen teilen. Ich beginne in Kapitel 3 mit einem Überblick über den Reifungsprozess und beschreibe in den Kapiteln 3 bis 5 einige Entwicklungsprozesse, die bei Kindern, Jugendlichen und Erwachsenen im Gehirn stattfinden, sowie die typischen Interaktionen und Herausforderungen, die das Leben in diesen unterschiedlichen Lebensabschnitten für uns bereithält. Es ist eine höchst intensive Tour durch die neuroaffektive Entwicklungspsychologie mit ihren zentralen Elementen von der Wiege bis zur Bahre.

Wie die Entwicklung kognitiver oder sportlicher Fähigkeiten unterliegt auch der emotionale Reifungsprozess einem bestimmten Ablauf. Wenn das Gehirn heranreift, öffnen sich Lernfenster für neue Erfahrungen und die Entwicklung neuer Funktionen. Wenn unsere soziale Umgebung sich diesen Entwicklungsmöglichkeiten entsprechend auf uns einlässt, erlernen wir neue emotionale Fähigkeiten und Sichtweisen. Schritt für Schritt integrieren wir sie dann in unsere bereits vorhandenen Fähigkeiten, bis wir ihnen irgendwann keine Aufmerksamkeit mehr widmen – weil wir uns neuen Interessen und neuen Fähigkeiten zuwenden. Wenn wir in diesem

* Mehr Informationen über Jes Bertelsen finden Sie unter http://www.opus-verlag.de/Jes-Bertelsen_Werk-und-Hintergrund.htm

jahrzehntelangen Prozess immer reifer werden, denken wir immer seltener in den Kategorien von »entweder«/»oder«. Stattdessen entwickeln wir mehr innere und äußere Kontexte für unsere Entscheidungsfindung und einen immer ganzheitlicher werdenden Zugang zum Leben, der sich auf immer natürlichere Weise ergibt.

Wenn Ihnen die Entwicklungskapitel zu kopflastig sind, können Sie sie überspringen und direkt zu Kapitel 6 und 7 gehen, wo wir uns ansehen werden, wie die verschiedenen Meditationspraktiken auf den unterschiedlichen neuroaffektiven Ebenen wirken. Anschließend werden wir uns mit der Entwicklung einer reifen Herangehensweise an die Spiritualität beschäftigen.

Wenn Sie lieber gleich in die Praxis und die Meditationsanleitungen eintauchen wollen, gehen Sie am besten direkt zu Kapitel 8 – aber werfen Sie doch bitte auch irgendwann zumindest einen kurzen Blick in die Kapitel 6 und 7. In Kapitel 8 erfahren Sie einiges über die Forschung zu verschiedenen Arten spiritueller Übungen – dazu, wie diese auf unterschiedliche neuronale Systeme aktivierend und integrierend wirken und wie sie unsere Reife und sogar Weisheit fördern können. Wir werden uns außerdem kurz damit befassen, wie meditative Praktiken uns aus dem Gleichgewicht bringen oder als Abwehrmechanismen benutzt werden können – was auch als »spiritual bypassing« (Vermeiden oder Umgehen der Realität mithilfe spiritueller Konzepte, A. d. Ü.) bekannt ist. Mit Kapitel 8 beginnt der praktische Teil des Buches. In den Kapiteln 8 bis 14 finden Sie die Transkripte mehrerer Meditationsanleitungen, die sich an existenziellen Themen ausrichten. Kapitel 15 enthält eine Reihe meditativer Atemübungen, die dazu dienen, meditative Erfahrungen zu erden, zu verankern und ins Gleichgewicht zu bringen sowie Stress zu reduzieren. Da manche der in den Kapiteln 8 bis 14 beschriebenen Meditationen recht umfangreich sind, kann es hilfreich sein, vor oder nach solch einer Meditation die eine oder andere dieser Atemübungen zu praktizieren. Alle Meditationen stammen von transkribierten Audioaufnahmen aus meinen Trainings und Kursen und sollen Ihnen als Leserinnen und Lesern ein Gefühl für Tempo und Atmosphäre vermitteln. Auf jede Meditation folgt eine vereinfachte Kurzbeschreibung der Schritte bzw. »Bausteine«. Wenn Sie möchten, können Sie anstelle der transkribierten Meditation oder auch zusätzlich diese Kurzbeschreibung nutzen. Sie können sie auch verwenden, wenn Sie eigene Meditationen kreieren wollen.

Zusätzlich zu diesen transkribierten Meditationen können Sie sich die Audio-Live-Aufnahmen anhören. Sie wurden speziell für dieses Buch in meinen eigenen meditativen Räumen in Kopenhagen aufgenommen, wobei Dorothea Rahm in Vertretung aller Meditierender die alleinige Empfängerin der gesprochenen Meditationen war, um auf diese Weise das Gefühl stiller Interaktion zu stärken, die ich als etwas ganz Essenzielles für alle angeleiteten Meditationen empfinde. Diese Tonaufnahmen stehen in einer englisch-deutschen Version mit meiner Stimme und der konsekutiv übersetzenden Stimme von Birgit Mayer zur Verfügung sowie in einer rein englischen Version mit meiner Stimme allein. Inhaltlich entsprechen die Audioaufnahmen den schriftlichen Transkriptionen. Sie sind jedoch nicht identisch, da sie in unterschiedlichen interaktiven Prozessen entstanden sind. Sie können sie mit Erwerb dieses Buches von der Website des G. P. Probst Verlags (www.gp-probst.de) herunterladen – Anleitung hierzu siehe Fußnote Seite 16.

In Kapitel 16 beschreibe ich in kurzen Worten ein Modell, in dessen Fokus die Bedeutung der Balance von spiritueller Vertiefung, Selbstfürsorge und Zugewandtheit zum Rest der Welt steht. Kapitel 17 enthält einige abschließende Anmerkungen von mir und in Kapitel 18 beschreibt Dorothea das fruchtbare Zusammenwirken von Psychotherapie und Meditation in einem Fallbericht.

Im nun folgenden 2. Kapitel wollen wir ein wenig genauer betrachten, wie sich meditative Zugänge mit Psychotherapie und Persönlichkeitsentwicklung verweben lassen.

2
Erwachsenwerden und Erwachen

»Der Wendepunkt beim Erwachsenwerden ist, wenn man den Kern der inneren Stärke in sich entdeckt, der jeden Schmerz überlebt!«

— Max Lerner

Unterschiedliche Blickwinkel: moderne Psychotherapie, Meditationspraxis und Entwicklungspsychologie

Die moderne Psychotherapie, die verschiedenen Meditationsschulen und die Entwicklungspsychologie haben drei recht unterschiedliche Vorstelllungen davon, was einen Menschen in seiner Gesamtheit ausmacht. In vielen Richtungen der Psychotherapie und der Meditationspraxis geht man davon aus, dass der Mensch grundsätzlich und von Anfang an in seinem Inneren gut und ganz ist und dass unsere Aufgabe darin besteht, dieses Potenzial an Eigenschaften zu entdecken und sich entfalten und sichtbar werden zu lassen. Um dies wieder herzustellen, fokussiert sich ein großer Teil der Psychotherapie darauf, konkrete traumatische Erfahrungen zu bearbeiten. Der renommierte Psychiater und Wissenschaftler Daniel Stern (1995/1998, 2004/2005) wies darauf hin, dass Klienten wie Therapeuten eher dazu neigen, nach den traumatischen Erlebnissen zu suchen, die unsere Narrative über uns selbst* prägen, als die tausenden von täglichen Interaktionen zu würdigen und in den Blick zu nehmen, die unsere Wahrnehmung der Welt entstehen haben lassen und die die Bausteine unseres Erlebens darstellen. Wie lässt sich also ein Ansatz für die persönliche Entwicklung und die Meditation schaffen, der uns reifer macht und unsere Fähigkeit stärkt, in dieser Welt verantwortungsvoll zu leben und zu handeln? Wodurch lässt sich unsere Fähigkeit fördern, uns in unseren persönlichen und beruflichen Beziehungen weiterzuentwickeln?

In den Meditationspraktiken beginnt der Weg zur Freilegung des inneren Diamanten, der Weg zur inneren Ganzheit, mit der Entdeckung und Stabilisierung einer gütigen, inneren, beobachtenden Präsenz, die immer unpersönlicher wird und sich daher immer stärker von angenehmen, aber auch von schmerzlichen Erfahrungen

---

* Narrative sind Geschichten, die wir uns selbst und anderen über unser Leben erzählen. Wir haben sie konstruiert auf der Suche nach einem zusammenhängenden Sinn. In diesen Geschichten stehen oft unsere Leiden im Vordergrund.

löst. Dieses Gewahrsein wird üblicherweise mit einem Spiegel verglichen. Sich darin zu üben fördert die geistige Klarheit und reduziert Schritt für Schritt eine unangenehme Tendenz unserer Gehirnfunktionen (Garrison et al. 2015).

Widmen wir uns nämlich nicht gerade einer konkreten Aufgabe, schaltet sich automatisch unser standardmäßig eingerichtetes Netzwerk ein und wir verlieren uns in wenig konstruktiven Grübeleien über uns und die Welt. Durch das spiegelähnliche Beobachten lässt sich dieser Prozess entspannen und es öffnet sich – irgendwann – die Tür zu einer tieferen Präsenz. Es klingt leichter als es ist, eine solche innere Haltung zu entwickeln. Wenn wir nicht persönlich beteiligt oder angesprochen sind, kann es leicht geschehen, dass wir in einen Zustand der Gleichgültigkeit oder emotionalen Empfindungslosigkeit abdriften. Doch darum geht es natürlich ganz und gar nicht. Um dieser Tendenz entgegenzuwirken, müssen wir in unserer meditativen Beobachtungspraxis eine Haltung der Güte, des Sanftmuts oder sogar der Zärtlichkeit kultivieren. Das hilft, die Kluft zwischen Meditation und Alltag zu überbrücken. Seit mehreren Jahrzehnten finden Achtsamkeit und Meditation immer größere Verbreitung und gewinnen an Beliebtheit und es passiert leicht, dass man sie als eine Form von Flucht aus dem Leben benutzt, anstatt als Möglichkeit, in unserer Hinwendung zum Leben immer weiser zu werden. Ken Wilber, Philosoph und Begründer der Integraltheorie, betont, dass die persönliche emotionale Reifwerdung einen völlig anderen Prozess darstellt als die transpersönliche oder spirituelle Entwicklung (2000a/2001). Er ist der Meinung, für eine ausgewogene Entwicklung müssten wir uns dreier großer Aufgaben annehmen: erwachsen zu werden (persönliche Reife), zu erwachen (spirituelle Entwicklung) und aufzuräumen (in unserem Leben, unserem Zuhause, gesundheitlich und in unseren Beziehungen im Allgemeinen).

An dieser Stelle müssen wir eine kleine, aber wichtige Unterscheidung treffen. Viele Meditationsschulen und einige Psychotherapierichtungen vertreten die Meinung, dass all unsere Ressourcen, wie zum Beispiel die Fähigkeit zu lieben, grundsätzlich im Menschen vorhanden sind und dass wir sie nur zu entdecken oder freizulegen brauchen. Die neuroaffektive Entwicklungspsychologie stimmt mit der Vorstellung von einer im Menschen grundsätzlich vorhandenen Fähigkeit, gut und empathisch zu sein, voll und ganz überein. Gleichzeitig jedoch betont sie, wie wichtig es ist, die Millionen persönlicher und zwischenmenschlicher Fertigkeiten zu *entwickeln*, die wir brauchen, um diese tiefe Essenz in unseren Beziehungen und unserer Welt zu fühlen und zu leben. Die Entwicklung einer emotionalen und empathischen meditativen Präsenz unterscheidet sich sehr stark vom rein kognitiven oder mentalen meditativen Beobachten. Sie setzt eine gesunde emotionale Entwicklung auf zumindest dem Mentalisierungsniveau eines sieben- bis achtjährigen Kindes voraus. Dieses Niveau ist bei weniger Menschen vorhanden beziehungsweise weniger stabil und verlässlich ausgebildet als wir es uns wünschen mögen.

Wenn Meditation und Spiritualität zu Hindernissen für den persönlichen Reifungsprozess werden

Viele erfahrene Meditierende aus westlichen Ländern bemerken irgendwann eine unangenehme Kluft zwischen ihrem »spirituellen Teil« und ihrer Alltagspersönlichkeit. Manche sind versucht, die Meditation als Rückzug vor unangenehmen Gefühlen oder Beziehungskonflikten zu nutzen, und sich in eine »meditative Sicherheitszone« zu begeben. Von einem sehr anschaulichen Beispiel dafür konnte man im Juli 2019 in »Aeon«, einem Online-Newsletter lesen. Unter dem Titel »Das Problem mit der Achtsamkeit« hatte die Studentin Sahanika Ratnayake einen nachdenklichen Artikel geschrieben. Die junge Frau hatte als Teenager zu meditieren begonnen. Mit der Zeit bemerkte sie, dass die Praxis des neutralen Beobachtens ihre Fähigkeit beeinträchtigte, sich über Situationen, in denen sie sich befand, ein Urteil zu bilden. Sie hatte das Gefühl, als hätte sich eine Membran zwischen ihr und den Ereignissen in ihrem Leben gebildet. Klugerweise widmete sie sich daraufhin dem Prozess des neutralen Beobachtens sehr viel seltener. Ich vermute, dass für sie auch Meditationen zur liebevollen Güte hilfreich gewesen wären. Was sie erlebte, hatte nichts mit meditativem Beobachten zu tun, sondern mit Dissoziation. Mehr dazu in Kapitel 6, in dem wir uns mit traumatischen Zuständen befassen.

Andere Meditierende wiederum sehnen sich nach strahlenden Visionen von göttlichen Gestalten oder nach komplexen Träumen und Bildern aus vergangenen Leben, die ihre spirituelle Zugehörigkeit oder Bedeutung bezeugen. Dies sind allesamt Erfahrungen, die ein Gegengewicht zu einem niedrigen Selbstwertgefühl bilden sollen. Eine weitere Gruppe scheint Zuflucht in die Leistungsorientierung zu nehmen: Diese Praktizierenden zählen täglich die Stunden, die sie meditieren, und sammeln Daten darüber, womit sie ihre Zeit verbringen – als Qualitätsgarantie für ein wertvolles Leben. Außerdem kann sich ganz leicht ein Anspruchsdenken nach folgendem Motto einschleichen: »Weil ich solch ein guter und spiritueller Mensch bin, habe ich ein Recht auf … (… deine Liebe und Bewunderung; dein Geld; Sex mit dir, ob du willst oder nicht; das Recht, Tobsuchtsanfälle zu bekommen; das Recht, nicht kritisiert zu werden, nicht gestört zu werden …).« Setzen Sie hier einfach ein, worauf Sie am liebsten ein Anrecht erheben. Das hat natürlich nichts mit Spiritualität zu tun, sondern mit mangelnder Reife. Es ist wichtig, sich klarzumachen, dass Meditation und Gebet nicht automatisch eine reife Persönlichkeit hervorbringen. Meditierende oder betende Menschen entwickeln Fähigkeiten, die ihnen helfen, zu meditieren und zu beten. Mehr nicht. Interessanterweise sind Jung'sche Analytiker diesem Thema gegenüber sehr aufgeschlossen. Robert Moore (2003) hat ein ausgezeichnetes Buch geschrieben, in dem er dieses Phänomen meiner Meinung nach äußerst treffend beschreibt. Es geht dabei um die unreife Tendenz, Trost im Gefühl der Großartigkeit zu suchen. Seiner Ansicht nach kann sich diese Großartigkeit entweder direkt auf die Person selbst beziehen, nach dem Motto: »Ich bin fantastisch«, oder sie wird der Gruppe zugeschrieben, mit der sich die Person identifiziert: »Ich gehöre dem wahren Glauben an ... oder dem besten Fußballverein.« Gelegentlich kann das auch den Lehrer oder die Lehrerin betreffen: »Ich selbst bin nichts, aber mein spiritueller Lehrer bzw. meine spirituelle Schule kennt den einzig wahren Weg.« Gelegentlich hört man auch: »Meine Lehrerin und mein spiritueller Weg sind besser als deine.«

Ein weiterer Fallstrick kann in der Vorstellung von »spiritueller Sensibilität« liegen. Darunter versteht man, dass jemand zu sensibel ist, um sich mit dem Schmerz anderer oder der Welt zu konfrontieren. Diese Haltung findet man nicht nur bei Menschen, die sich einer spirituellen Praxis widmen. Sie ist auch mitnichten ein Zeichen von purer Reinheit, sondern zeugt vielmehr davon, dass dieser Mensch auf dem Reifeniveau der *emotionalen Ansteckung* stehengeblieben ist. Mit diesem Begriff wird ein normales Phänomen im emotionalen Reifungsprozess bezeichnet, das bei einem etwa drei bis acht Monate alten Kleinkind am deutlichsten zu beobachten ist. Es handelt sich dabei um Zustände, in denen wir mit dem Gefühl eines anderen in Resonanz gehen, uns darin aber verstricken, anstatt es anzunehmen, vollumfänglich zu fühlen und mit freundlicher Güte zu halten. Haben wir Zugang zu etwas höheren Ebenen der Reife, fühlen wir uns nicht mehr so sehr eins mit dem anderen. Wir fühlen uns eigenständiger und eben das ermöglicht uns, Empathie zu entwickeln. Üblicherweise ergibt sich diese Entwicklung im Alter von etwa 16 bis 18 Monaten. Unsere emotionale Resonanz verwandelt sich in ein Gefühl der Fürsorge, das auf den anderen gerichtet ist. Auf die Entwicklung von Empathie folgt ein weiterer Reifungsschritt: die Fähigkeit, sich im Geiste ein Bild davon zu machen, was der andere erlebt, und es dann an der Realität zu überprüfen. Auf diese Weise verbinden sich die mentale Klarheit und die Empathie zu einer Haltung des Mitgefühls. Aus dieser Haltung heraus können wir Kontakt mit dem tatsächlichen Bedürfnis des anderen aufnehmen anstatt mit der Vorstellung, die wir in unserer Fantasie davon entwickeln.

Doch wir haben noch nicht alle möglichen Fallgruben hinter uns gelassen. Sobald wir über den inneren Zustand anderer nachzudenken vermögen, können wir die empathische Resonanz verlieren und uns in einen sicheren mentalen Elfenbeinturm aus Gedanken, Erklärungen und losgelöstem Beobachten zurückziehen. Mitgefühl ist das Gegenteil von Losgelöstheit. Es ist buchstäblich »mit Gefühl«, es ist in Kontakt und es stellt Kontakt her. Wir berühren den Schmerz und die Freude und lassen uns von ihnen berühren und vielleicht sogar zu einer Handlung bewegen, aber wir ertrinken nicht darin.

Abschließend noch eine universelle und primitive Dynamik: »Wir« gegen »sie«, »wir« gegen »den anderen«, wir gegen das, was uns fremd ist – anstelle eines gemeinsamen Wir. All das, was mit dieser Dynamik zusammenhängt, wird nicht von einer kontemplativen Praxis (bzw. der Religion im Allgemeinen) verursacht – und kann leider auch nicht durch eine kontemplative Praxis gelöst werden. Wäre letzteres möglich, gäbe es in Gruppen, die viel Wert auf Gebet und Meditation legen, weniger oder gar keine Konflikte, in den Leitungskreisen herrschte kein aggressiver oder heimlicher Konkurrenzkampf und alle hierarchischen Ebenen würden einen hilfreichen und wohlwollenden Umgang miteinander pflegen. Die Spaltung in das »Wir« und »die anderen« würde einfach nicht stattfinden. Vielleicht gäbe es dann sogar nur eine allumfassende Weltreligion, in der alle einen gemeinsamen Nenner finden und die nicht zu vermeidenden Unterschiede zwischen ihnen einfach akzeptieren würden. Stattdessen ist es vielmehr so, dass die soziale Dynamik in spirituellen Organisationen und ihren Führungsebenen der entspricht, die wir auch in anderen menschlichen Aktivitäten vorfinden, von der Kriegsführung über die Politik und das Fußballspielen bis hin zum Kochen. Es handelt sich dabei jeweils um eine Mischung aus reifem und unreifem Verhalten, Skandalen, Machtkämpfen, dem gelegentlichen Aufflackern großartiger Teamarbeit, Habgier, Lügen, Mitgefühl, sexuellem Missbrauch und allem anderen, was eben sonst noch dieses glorreiche chaotische Gemisch menschlichen Soziallebens ausmacht.

Zu den nüchternen Tatsachen bezüglich der Reifung des Menschen und seiner Gehirnentwicklung gehört, dass man in dem, was man häufiger macht, immer besser wird und dass die Fertigkeiten, die man nicht verwendet, wieder verlorengehen. Wenn wir meditieren und beten lernen, werden wir dadurch nicht besser darin, Konflikte mit anderen zu lösen, denn Meditieren und Konflikte lösen sind unterschiedliche Fähigkeiten. Wenn Sie meditieren, werden Sie besser im Meditieren. Konfrontieren die Schüler ihren Meditationslehrer mit Fragen über zutiefst persönliche Probleme und existenzielle Themen, ruft der Lehrer häufig voller Mitgefühl aus: »Meditiere mehr! Lass los! Es geht vorbei!« Das ist richtig. Alles geht vorbei, unser Leben miteingeschlossen.

Doch Reife besteht auch darin, für mehr als nur unseren eigenen Trost oder unsere eigene Entwicklung die Verantwortung zu übernehmen. In diesem Jahrhundert erwachen wir in eine Haltung hinein, in der wir gemeinsam Fürsorge für die ganze Welt tragen. Für unsre alltäglichen Beziehungen bedeutet das folgendes: Egal wie unschuldig, rein oder spirituell wir uns fühlen mögen, wenn es zu einem Konflikt in einer Beziehung kommt, ist es von zentraler Bedeutung, dass wir selbst uns als Teil des Konflikts verstehen können. Entwickeln lässt sich diese Fähigkeit dadurch, dass wir lernen, gut mit anderen zusammenzuarbeiten und schmerzliche Themen oder Probleme, die wir mit unserem Partner oder unserer Partnerin und unseren Freunden haben mögen, zu lösen. Dies lässt uns auch im Meditieren mehr Tiefe erfahren.

Einer von Wilbers zentralen Punkten, ausführlich dargestellt in seinem Buch »*Integrale Lebenspraxis*« (2008/2010), ist, dass das Erlernen und Üben von Fähigkeiten in verschiedenen Bereichen menschlicher Bestrebungen, sei es körperlich, mental oder emotional, unseren Fortschritt auch in anderen Bereichen fördert. Er empfiehlt körperliches Training, Meditation und irgendeine Art von Psychotherapie oder Persönlichkeitsentwicklung. Lernt man, Konflikte in Beziehungen zu lösen, so wirkt sich das auch positiv auf die spirituelle Praxis aus, *sofern* man sich einer solchen widmet. Umgekehrt gilt genauso, dass eine spirituelle Praxis Ihnen wahrscheinlich bei Ihren Beziehungsproblemen helfen wird, falls Sie lernen wollen, schmerzliche Beziehungsprobleme zu lösen. Allem Lernen wohnt eine Struktur inne, die die Übertragung auf andere Bereiche ermöglicht. Wenn man schon drei Sprachen spricht, ist die vierte leichter zu erlernen.

Aus eigener Erfahrung mit Meditation, Beziehungsproblemen und der Ausbildung von Tieren kann ich bestätigen, dass sich tiefe Einsichten über das Lernen, die für einen Bereich gelten, gut auch auf andere Bereiche übertragen lassen. Wenn ich zum Beispiel weiter lerne, mit einem Hund oder einem Pferd (und meiner erst kürzlich adoptierten Boa Constrictor) zu arbeiten, verbessere ich meine Fähigkeit, in Tiere hineinzuhören. Während dieses häufig frustrierenden Lernprozesses entwickle ich meine nonverbalen Sensoren und entdecke die entsprechenden Prinzipien, wie ich der Lebendigkeit und Bereitschaft meines eigenen Bewusstseins noch besser lauschen kann – ebenso wie der Lebendigkeit von Kursteilnehmern, Freundinnen und nicht zuletzt der Lebendigkeit meines Mannes.

Einsamkeit und Zugehörigkeitsgefühl in der modernen Welt

Dogen Zenji, Buddhist im Japan des 13. Jahrhunderts und Begründer von Soto Zen, beschrieb die Erleuchtung häufig im Sinne einer intimen Nähe zu allen Dingen. »Intime Nähe heißt nah und untrennbar. Es gibt keine Lücke. Die intime Nähe umfängt Buddhas Ahnen. Sie umfängt dich. Sie umfängt das Ich. Sie umfängt Handlung. Sie umfängt Generationen. Sie umfängt Verdienst. Sie umfängt intime Nähe« (Tanahashi & Levitt 2013, S. 159). Demgemäß scheint mir die erste Funktion spiritueller Erfahrungen darin zu bestehen, uns in die Welt des Lebendigen, die ja eine Welt der Beziehungen ist, neu einzubetten. Während ich das so schreibe, fällt mir wieder auf, dass dies tatsächlich auf die Funktion der ersten Lebensmonate aufbaut – nämlich, unser Leben außerhalb des Mutterleibs in das größere, uns umfangende, haltende Feld einer Familie und einer Gesellschaft einzubetten. Sich als spirituell eingebettet und verwurzelt zu erleben unterscheidet sich von der psychotherapeutischen Suche nach Selbstausdruck, die sich häufig stark auf die persönliche Identität und Lebensgeschichte stützt.

Die meisten Psychotherapien, und davon gibt es allein in den USA mehr als 2.400 registrierte Systeme, bewegen sich eher nicht über die Grenzen der persönlichen Biografie hinaus. Die meisten Systeme, die sich mit der persönlichen Entwicklung befassen, sind nicht besonders gut dafür ausgestattet, mit den Lernprozessen der frühesten Entwicklungsphasen zu arbeiten, nämlich mit den vorpersönlichen Kernaspekten von uns, die in den letzten Phasen im Mutterleib und in den allerersten Lebensjahren geformt werden – in der Zeit vor der Entwicklung unseres Narrativs also. Die meisten Therapiesysteme wurden ebenso wenig dazu entwickelt, die Aspekte transpersönlicher oder spiritueller Erfahrungen begreifen und verstehen zu helfen, die ungefähr jeder zweite in der westlichen Welt an irgendeinem Punkt im Leben macht (US Data, Pew Research 2009). Die vorpersönliche und die transpersönliche Entwicklung beruhen nicht auf einem wie auch immer gearteten Narrativ, und die Arbeit mit Narrativen kann ihnen weder gerecht werden noch sie fördern. In diesen beiden Entwicklungsbereichen hat sich jedoch das Eingestimmt-Sein, also der Rhythmus und die »Musik« einer gemeinsamen kreativen Interaktion, als hilfreich erwiesen. In dem Maße, in dem ich zu einem tieferen Verständnis der frühen Persönlichkeitsentwicklung gelangt bin, wurde mir auch die immense Bedeutung nonverbaler Einstimmungsprozesse in menschlichen Interaktionen sowie klinischen Interventionen* stärker bewusst. In spirituellen Prozessen ist die non-verbale Eingestimmtheit genauso wesentlich. So sagen zum Beispiel die meisten Meditierenden, dass sie sich unterstützt und als Teil eines gemeinsamen Energiefeldes fühlen, wenn sie zusammen in einer Gruppe meditieren. Auch wenn man mit Gruppen therapeutisch oder mit dem Schwerpunkt auf persönlicher Entwicklung arbeitet, ist es unverzichtbar, die Gruppenenergie wahrnehmen, sich auf sie einstimmen und sie regulieren zu können.

Die Eingestimmtheit beziehungsweise in ihrer elementarsten Form die Synchronisierung scheint eine Grundlage für Kontakt und Verbindung zu sein. Sogar in der rein physikalischen Welt ist das so (Strogatz 2004). Über viele Jahrzehnte durchgeführte Studien der Mutter-Kind-Beziehung und Forschung an Erwachsenen kommen zu dem Schluss, dass ein gemeinsamer (synchronisierter) Rhythmus mit Sicherheit die Grundlage für zwischenmenschliche Ressourcen, für Empathie und Persönlichkeitsentwicklung darstellt. In den folgenden Kapiteln werden wir sehen, wie sich die Synchronisierung und affektive Eingestimmtheit wie ein roter Faden von der Wiege bis zur Bahre durch die neuroaffektiven Entwicklungsstadien ziehen. Während ich dieses Buch schreibe, ergeben sich immer mehr wissenschaftliche Hinweise darauf,

---

* Mehr zum nonverbalen Eingestimmt-Sein und zu manchen der Therapien, die aktiv damit arbeiten, findet sich in »*Neuroaffektive Therapie mit Kindern und Jugendlichen*« (Bentzen & Hart 2015/2016). Die Entwicklungsprozesse sind sehr einfach und spielerisch in »*Das neuroaffektive Bilderbuch*« und »*Das neuroaffektive Bilderbuch 2*« (Bentzen 2015/2016; Bentzen & Hart 2018/2019) dargestellt.

dass die Entstehung vieler Krankheiten, von Krebs über Alzheimer bis hin zu einer stärkeren Anfälligkeit für Infektionen und Allergien, mit Entzündungsprozessen im Körper in Verbindung steht. Was verursacht Entzündungen? Stress. Was ist ein primärer Stressfaktor? Einsamkeit – sowohl die objektiv eingeschätzte als auch die subjektiv erlebte (Ning & Huige 2018; Mezuk et al. 2016). Einsamkeit ist ein Gefühl, abgeschnitten zu sein, innerlich von sich selbst und äußerlich von der Welt. Der fortwährende Prozess der Entdeckung der Ganzheit eines jeden Augenblicks, des tiefen und lebendigen »Hierseins«, verbindet die inneren Aspekte unseres Selbst wieder miteinander – und belebt unser Gefühl, ein wesentlicher Teil der Welt zu sein. Intrapsychische und zwischenmenschliche Synchronisierung scheinen ebenfalls Kernelemente tieferer spiritueller Prozesse zu sein. Für mich fühlen sich die transpersönlichen Aspekte der Entwicklung an, als hätten sie weniger mit mir als »mir« oder mit mir als »Ich« zu tun, sondern vielmehr mit einem weiteren Horizont als dem, den meine persönliche Identität zu bieten hat. Sie betreffen viel eher meine Wahrnehmungen und Handlungen als Mitgeschöpf gegenüber anderen menschlichen und nicht-menschlichen Geschöpfen – vereinfacht sind sie verstehbar als eine wahrnehmende Präsenz, als ein Raum, den das Leben in Form von Gedanken, Gefühlen und Empfindungen endlos durchströmt. Im Verlauf der Jahrzehnte andächtiger Meditationen allein oder in der Gruppe habe ich diese Zustände zunehmend häufiger erlebt. In diesem bereits fast 30 Jahre währenden Prozess habe ich durch meinen spirituellen Lehrer Jes Bertelsen unermüdliche Begleitung und Führung erfahren. Zusammen mit seiner Partnerin Marianne Walther unterstützt er mich verlässlich dabei, mich auf meiner gelegentlich turbulenten spirituellen Reise in meinem Körper und meinem gelebten Leben zu erden.

Vorpersönliche, persönliche und transpersönliche Entwicklung

Ken Wilber gebührt die Anerkennung dafür, dass er als erster die vorpersönliche, persönliche und transpersönliche Perspektive unterschied. In seinem ursprünglichen Artikel aus dem Jahr 1982 beschreibt er im Abstract das Problem sehr klar. Er sagt nämlich, dass in jedem Entwicklungsablauf das Wachstum von Prä-X zu X zu Trans-X voranschreite […]. Da sowohl Prä-X als auch Trans-X auf ihre jeweils eigene Art und Weise non-X seien, mögen sie dem ungeschulten Blick ähnlich, wenn nicht sogar identisch erscheinen. Im Besonderen gelte das für prä-persönlich und trans-persönlich, prä-rational und trans-rational, oder prä-egoisch und trans-egoisch. Seien diese beiden begrifflich und entwicklungsmäßig zu unterscheidenden Erfahrungsbereiche einmal theoretisch verwechselt worden, gebe es die Neigung, entweder prä-persönliche Ereignisse auf die trans-persönliche Ebene zu heben oder trans-persönliche Ereignisse als prä-persönliche abzuwerten. Das sei die Prä-/Trans-Verwechslung.

In anderen Worten verläuft die Entwicklung von dem einen Zustand ausgehend, in dem wir eine Fähigkeit noch nicht besitzen, dahin, dass wir diese Fähigkeit beherrschen und weiter zu der Phase, in der wir über diese Fähigkeit hinauswachsen, in der wir sie transzendieren. Lassen Sie uns als Beispiel das Töpfern betrachten. Als Anfänger, auf der Ebene der Prä-Fähigkeit, wenn man Töpfern lernt, liegt das ganze Augenmerk darauf, das Gefäß symmetrisch zu formen. Die ersten Versuche sind meist eher surrealistisch. Doch viele erfahrene Töpfer, die ihr Handwerk voll und ganz beherrschen, finden symmetrische Gefäße eher langweilig. Sie begeben sich auf die Ebene der Trans-Fertigkeit und kreieren absichtlich höchst interessante surrealistische Gebilde.

Das Konzept des »inneren Kindes« hat über verschiedene therapeutische Ansätze, besonders in den humanistischen und psychodynamischen Schulen, weite Verbreitung erfahren. Es ist eine einfache und gut praktikable Metapher für die Arbeit mit präpersönlicher und prärationaler Erfahrung. Da alle Erwachsenen einst Kinder waren, haben wir alle viele Jahre durchlebt, in denen diese präpersönlichen und prärationalen Vorstellungen unser Erleben stark beeinflusst haben. Synchronisierung und Eingestimmtheit, starke Gefühle und Emotionen, psychosomatische Reaktionen und Symptome, nonverbale Bewältigungsmuster, emotionale Resonanz und magisches Denken, all diese Erfahrungen sind präpersönlich oder prärational. Sie alle existieren in allen normal entwickelten Menschenwesen ein ganzes Leben lang. Sie machen auch unsere inneren Sub-Persönlichkeiten aus, zum Beispiel das innere Kind und den inneren Richter oder Kritiker. Diese Sub-Persönlichkeiten bilden einen wichtigen Teil unseres inneren psychischen Systems. Sie stellen wichtige Informationsquellen und reichhaltige Aspekte dessen dar, wie wir den Dingen eine Bedeutung zuschreiben. Sie sollten von dem empathischen und dem rationalen Anteil in uns sowohl angenommen und gehalten als auch gezügelt werden – zum Beispiel von der »Erwachsenen im Raum« oder dem inneren Ältesten. Ich verwende manchmal folgende Metapher: »Du hörst dem Dreijährigen zu, liebst ihn und sorgst für ihn, aber du lässt ihn nicht Auto fahren, auch wenn der Tobsuchtsanfall noch so lautstark ausfallen mag.« Das ist die nüchterne Zusammenfassung einer gesunden Beziehung zwischen dem Prärationalen und dem Rationalen.

Meiner Erfahrung nach ist eine charakteristische Eigenschaft des Transrationalen oder Transpersönlichen die, dass die inneren Türen sowohl für die prärationale Synchronisierung und Passion offenstehen als auch für die rationale, beobachtende und mitfühlende Tiefe und darüber hinaus für die Wahrnehmung des pulsierenden Gewebes des Lebens und des Gewahrseins, zu dem wir gehören und an dem wir teilhaben. Nachdem wir nun diesen Grundstein für das Verständnis des Prä- und Transpersönlichen gelegt haben, wollen wir uns näher ansehen, wie wir die höheren Bereiche der persönlichen Entwicklung mit den Anfängen der transpersönlichen Entwicklung stabilisieren. Auf den höheren Ebenen der persönlichen Entwicklung vertiefen und erweitern wir die Fähigkeit, unseren Blickwinkel zu verändern, indem wir uns in unser Erleben hineinbegeben, uns aber auch wieder daraus lösen. In den Anfangsstadien der transpersönlichen Entwicklung finden wir einen merkwürdigen Zustand leidenschaftlicher Unpersönlichkeit, ein Gefühl intimer Liebe, die uns durchströmt, ohne einen bestimmten Ursprung oder ein bestimmtes Ziel zu haben. Im Thomas-Evangelium heißt es in Logion 42 kurz und prägnant: »Jesus spricht: Werdet Vorübergehende.« Man kann mit diesem Blickwinkel spielen, indem man sich der Herausforderung stellt, sich eine kurze Weile vorzustellen und zu erspüren, man sei derjenige, der gerade an einem selbst vorübergeht, vor einem in der Warteschlange steht, neben einem im Zug sitzt, oder man selbst sei dieser reiche Mann oder diese schöne Frau dort drüben, oder der Obdachlose auf der Straße oder die eigene Klientin, Schülerin oder Lehrerin.

Öffnen Sie sich mit einer Neugierde, die Resonanz erzeugt, auch dem Baum im Wald, der aufgeregten Haustaube in der Stadt oder der verstaubten Topfpflanze auf dem Treppenabsatz im Mehrfamilienhaus. Lassen Sie sich sachte in die Erfahrung eintauchen. Öffnen Sie den Raum für einen Segen der Liebe, die einfach herbeiströmt, und entlassen Sie dieses Leben wieder in seine eigene Freiheit und Verantwortung. Wie wir in den folgenden Kapiteln noch sehen werden, ist dies eine Praxis zur persönlichen Reifung, die uns zum Transpersönlichen führen kann, oder auch eine kontemplative, potenziell transpersönliche Praxis, die unsere persönliche Reifwerdung fördert. Sie können sich aussuchen, wie Sie es sehen wollen.

Dies führt uns zu etwas, was ich manchmal als Gnade bezeichne, beziehungsweise ein Gefühl der »Ganzheit in jedem Moment«. In klinischen Trainings fokussieren wir uns üblicherweise auf Methoden, die wir einsetzen können, um unseren Klientinnen und Klienten zu helfen. Doch in den mittlerweile fast 40 Jahren, seit ich mich als Praktizierende, Beobachtende und Lehrerin mit der Psychotherapie beschäftige, bin ich immer wieder erstaunt darüber, wie viele tiefe Heilungsprozesse hauptsächlich durch die Feinfühligkeit unserer Präsenz zu erblühen scheinen. Damit meine ich im Wesentlichen die Präsenz von uns als Therapeutinnen und Therapeuten als anleitender, richtungsgebender Kraft und als diejenigen, die den Raum zur Verfügung stellen, in dem sich unsere Klienten beziehungsweise Seminarteilnehmerinnen und -teilnehmer gehalten finden. Es ist das eine, darüber zu sprechen, auf der tiefstmöglichen Ebene präsent zu sein, und etwas ganz anderes, ganz und gar in der Präsenz eingetaucht und von ihr durchdrungen zu sein, während man lebt, arbeitet, beobachtet und lernt. Die tiefe Kenntnis von Präsenz lässt sich nur leben. Man kann sie nicht erfahren, indem man sie zum Diskussionsgegenstand macht oder darüber liest. Ich hatte in einer Vielzahl von Aus- und Fortbildungen die wunderbare Gelegenheit, dies persönlich zu erkunden und meine eigene Vorstellung und mein Empfinden von Präsenz durch Interaktionen mit fantastischen Kolleginnen und Kollegen sowie Tausenden von Lernenden zu verfeinern.

Nun klingt das ja alles ganz schön und gut, aber wie ist das denn nun mit dem Trauma, dem vergangenen wie dem gegenwärtigen? Jeder Weg, auf dem wir Vertiefung und Reife suchen, katapultiert uns früher oder später unweigerlich in unsere tiefsten Verletzungen und Ängste. Wie könnte es auch anders sein. Jede Methode, die bewirkt, dass mehr Lebensenergie freigesetzt wird, öffnet den Verletzungen, die wir in inneren Räumen abgeschottet haben, Tür und Tor. In Kapitel 6 werden wir einen kurzen Blick auf Spiritualität und Trauma werfen. Doch genau so, wie wir Trauma bearbeiten und lösen müssen, brauchen wir den Mut – und die Hilfe durch andere – dazu, wieder zu lernen, unseren Atem mit diesen Bereichen in uns und im anderen einfach nur sachte mitfließen zu lassen.

Mein Freund und Kollege, Körpertherapeut, Sexologe und Tantralehrer Martin Heese beschreibt diese tiefe Präsenz im Zusammenhang mit dem, was er als Herzerwachen bezeichnet, als die Fähigkeit, »unsere Präsenz mit all unserer Stärke und all unserer Verletzlichkeit anzubieten« (aus privater Kommunikation, 2019). Eine solche Haltung bildet sowohl unseren gemeinsamen Boden mit anderen als auch unseren inneren Boden. Für viele Angehörige der helfenden Berufe mag es ein Riesenschritt sein, die Verletzlichkeit als relevante Qualität in ihrem Beruf zu betrachten. Brené Brown, mit Forschungsaufträgen betraute Professorin an der Graduate School of Social Work der University of Houston, hat zahlreiche Bücher über den Zusammenhang zwischen Verletzlichkeit, Kreativität, Mut, Authentizität und Scham geschrieben. Ihr erster TED-Talk wurde fast 45 Millionen Mal aufgerufen. Darin leitet sie zu ihren Forschungsergebnissen mit folgenden Worten ein: »Verletzlichkeit ist der Geburtsort der Liebe, der Geburtsort von Zugehörigkeitsgefühl, Freude, Empathie und Kreativität. Sie ist eine Quelle der Hoffnung, der Empathie, des Verantwortungsgefühls und der Authentizität. Wenn wir wollen, dass uns unser Lebenssinn und -zweck klarer wird oder dass unser spirituelles Leben an Tiefe und Bedeutung gewinnt, weist die Verletzlichkeit uns den Weg dorthin.«*

Wenn wir über Präsenz, Ganzheit, Verletzlichkeit und Tiefe sprechen, stoßen wir auf ein – bei Psychotherapeuten wie auch in der allgemeinen Betrachtung der persönlichen Entwicklung – weit verbreitetes Missverständnis. Viele Menschen setzen frühe Erlebnisse mit tiefgehenden Erlebnissen gleich, das gilt ganz besonders für schmerzliche Erfahrungen aus der (frühen) Kindheit. Es ist richtig, dass vorpersön-

* https://www.ted.com/talks/brene_brown_the_power_of_vulnerability

liche frühe Erfahrungen oft mit einer großen Intensität und dem Gefühl, voll und ganz involviert zu sein, einhergehen. Bei der Erinnerung an frühe Erlebnisse kommen wir mit den Wahrnehmungen in Kontakt, die unserer normalen Ich-Identität zu Grunde liegen, und die fühlen sich nun mal meist ganzheitlicher, authentischer und globaler an. Die transpersönliche (oder reife persönliche) Tiefe hat hingegen zwar Zugang zu unserer präpersönlichen Wahrnehmungsfähigkeit, geht dabei aber nicht völlig in der Vergangenheit auf. Sie kann auch unsere persönlichen und rationalen Elemente nutzen und sie ist bestrebt, im emergenten »Jetzt« jeweils noch tiefere und subtilere Möglichkeiten des Erlebens und des Zugehörens zu finden. Man kann das als Form von Weisheit betrachten, die sich durch die Integration der Lebenserfahrungen und der Loslösung von der Wucht ihrer Auswirkungen entwickelt, sodass wir der feinverästelten Komplexität und dem Reichtum gegenüber, den das Erleben im gegenwärtigen Augenblick bietet, wieder wach und empfänglich werden. In Kapitel 7 werden wir uns noch näher mit der Weisheit befassen.

Eine Identifikation mit der Vergangenheit ist schwer zu vermeiden, da sie in unsere Narrative eingebettet ist und zu der Art und Weise gehört, wie wir die Situationen, die uns im Leben begegnen, verstehen. Mit jedem Mal und Moment, in dem man versucht zu erfassen, inwiefern die Gegenwart der Vergangenheit »gleicht«, was ja in der persönlichen Entwicklung häufig vorkommt, geht einem der Blick für die Millionen von Facetten verloren, die diesen Augenblick zu etwas Neuem machen. In den vier Jahrzehnten, in denen ich psychotherapeutisch arbeite, bin ich zu der Erkenntnis gelangt, dass die Identifikation mit der Vergangenheit und auch die Bearbeitung der Vergangenheit nur zu einem kleinen Teil zu einer gesunden Entwicklung beitragen. Dieser Vergangenheitsorientierung steht als mächtige Antriebskraft für Entwicklung und Heilung zum einen die Entdeckung gegenüber, dass sich die Gegenwart in diesem Augenblick von der Vergangenheit unterscheidet, und zum anderen der Mut, mit Stärke und Verletzlichkeit Menschen und Dingen gegenüber offen zu sein, die gerade jetzt zugegen sein mögen. Das gilt sogar auch für diesen aktuellen Augenblick, in dem Sie diese Worte lesen und so über die Zeit hinweg mit dem Moment in Kontakt treten, in dem ich sie gerade schreibe.

Zum Abschluss dieses Themas soll David Whyte, selbst Dichter und Berater, mit seinen Reflektionen zu einem Gedicht von David Wagoner Erwähnung finden. Bevor Whyte auf der Hör-CD »Midlife and the Great Unknown« (zu deutsch etwa: Die Mitte des Lebens und das große Unbekannte«) Wagoners wunderschönes Gedicht »Lost« (zu Deutsch etwa: »Verloren« oder »Verirrt«) rezitiert, lässt er den Hörer an seinen Gedanken darüber teilhaben, wie es ist, wenn man sich im Leben, in der Arbeitsumgebung oder in der Beziehung verloren fühlt. Er erzählt eine lehrreiche Geschichte, die von den Ureinwohnern aus dem Nordwesten der USA stammt. Die Großeltern dort erzählten sie ihren Enkeln, denn es konnte ganz leicht um Leben oder Tod gehen, wenn man sich in den riesigen Wäldern in dieser Gegend verirrte. Für Whyte gilt diese Geschichte auch für die metaphorischen Wälder unseres Lebens und er empfiehlt für diesen Fall als wahrhaftigste Reaktion genau die gleiche, wie sie Wagoner in seinem Gedicht erzählt: still stehenzubleiben. Unsere Aufgabe besteht nicht darin, zu handeln, uns anzustrengen und uns aus dem verworrenen Wald hinauszukämpfen, sondern ruhig dazustehen und uns für den Wald sichtbar zu machen, ganz und gar *hier* zu sein inmitten der Bäume und Büsche, die uns den Weg zu versperren scheinen. Wir müssen mit unserem tiefsten Inneren präsent sein und zulassen, dass die Bäume und Büsche, die Vögel und Zweige es entdecken und erkennen, so wie sie einander entdecken und kennen. Erst wenn wir uns dem Leben in und um uns öffnen, kann sich uns ein lebendiger Weg zeigen, der uns Richtung im Leben gibt.

In den nächsten drei Kapiteln will ich Ihnen einen Überblick über den neuroaffektiven Reifungsprozess geben und ein paar grundlegende Reflektionen zur Weisheit anstellen. Meines Wissens sind diese Elemente noch nie zusammen betrachtet worden. Deshalb hoffe ich, dass ich Ihnen ein wenig vermitteln kann, warum und inwiefern das wissenschaftliche Verständnis der Gehirn- und Persönlichkeitsentwicklung und die Forschung zur Wirkung, die eine kontemplative Praxis hat, logischerweise zusammengehören.

3
Verkörperung, Emotionen und Identität – die Entwicklung des dreieinigen Gehirns in der Kindheit

»Alle Erwachsenen waren einmal Kinder …
aber nur die wenigsten erinnern sich daran.«
— Antoine de Saint-Exupery, *Der kleine Prinz*

Die Geburt der neuroaffektiven Entwicklungstheorie

Mein Interesse am Gehirn wurde Ende der 1980er Jahre durch die Frage geweckt, was es im psychologischen Sinne eigentlich bedeutet, erwachsen zu sein. In der Psychotherapie, besonders in der in Nordeuropa sehr einflussreichen Gestalttherapie, stellten der Selbstausdruck und der Ausdruck von persönlichen Grenzen und persönlichen Bedürfnissen einen deutlichen Fokus dar. Ich war jedoch auf der Suche nach etwas weniger Offensichtlichem: einem Verständnis von Bewusstsein, das mir etwas über die eher unauffälligen und nonverbalen Elemente der Reife sagen konnte, das weniger »mich« in den Blick nahm und stärker die Frage, wie das nonverbale »Wir« entsteht. Fündig wurde ich bei Paul MacLean und seinem Modell des dreieinigen Gehirns (MacLean 1990). Durch meine Ausbildung als psychomotorische Therapeutin hatte ich ein ziemlich klares Bild davon, wie die nonverbale Entwicklung unser Gefühl und unsere Vorstellung der Realität formt. Dieses wichtige Wissen fand für meinen Geschmack in der modernen Psychotherapie zu wenig Beachtung. Zu der Zeit leitete Susan Hart, die einen Master-Abschluss in Psychologie hatte, ein regionales Familienhilfezentrum für verletzliche Familien. Das Modell vom dreieinigen Gehirn begeisterte sie bald genauso sehr wie mich. Aus ihren Erfahrungen im Zentrum und später in der kinderpsychiatrischen Abteilung eines Krankenhauses wussten wir, dass viele Fähigkeiten, die wir normalerweise als selbstverständlich und als gegeben annehmen, in früher Kindheit über die Interaktionen mit unseren Bezugspersonen entwickelt werden, wie etwa jene, Trauer zu fühlen oder sogar die Fähigkeit, den eigenen Körper zu spüren. Im Leben jedes neuen Menschenwesens entwickeln sich diese Fähigkeiten – sogar in der gleichen Reihenfolge wie die entsprechenden Teile des Gehirns.

Die 1990er Jahre waren zum Jahrzehnt des Gehirns erklärt worden, und wir hielten mit scharfem Blick Ausschau nach den immer wieder neuesten Erkenntnissen. Gleichzeitig blieb Susan auf dem Laufenden, was die aktuelle Kindheitsforschung betraf und setzte sie in Bezug zu den Ergebnissen und Erkenntnissen, die man in den letzten 50 Jahren bereits darüber gewonnen hatte, während ich mich in die Erkenntnisse der evolutionären Psychologie und Studien über die Entwicklung von Wahrnehmung und Motorik stürzte. Ganz aufgeregt trugen wir alles zusammen und diskutierten darüber, wie sich dieses Wissen wohl verbinden und anwenden ließe. Anfang des neuen Jahrtausends begann Susan, wissenschaftliche Artikel und Bücher über das Gehirn und die Persönlichkeitsentwicklung zu schreiben (Bentzen & Hart 2012a, 2012b, 2012c). Sie taufte unser neues Feld »*neuroaffektive Entwicklungspsychologie*«. Mittlerweile haben wir diesem Gebiet bereits mehrere Jahrzehnte gemeinsamer Beschäftigung gewidmet, in denen wir unser Verständnis vertieft und weitergegeben haben.

Wir haben Arbeitsmodelle und Behandlungsprogramme entwickelt und erkunden neue Wege, an denen sich eine Psychotherapie für Erwachsene, Kinder, junge Leute und Familien orientieren kann. Susan hat sich im Rahmen ihrer Arbeit auf diesem Gebiet inzwischen einen Doktortitel erworben, und gerade beginnen wir mit Evaluationsstudien zu unserem neu entwickelten psychologischen Testinstrument, anhand dessen sich der neuroaffektive Entwicklungsstand eines Menschen einschätzen lässt. Entgegen meiner festen Überzeugung, dass das Schreiben etwas sei, was mir nun gar nicht liege, schaffte Susan es, mich dazu zu bewegen, zuerst einige Artikel und später auch Bücher zu diesem Thema zu schreiben. Die Inhalte dieses und der beiden folgenden Kapitel sind aktualisierte Adaptionen unserer ersten Veröffentlichungen zur neuroaffektiven Entwicklung im Lebensverlauf (Bentzen & Hart 2012a, 2012b, 2012c).

Was ist Reife und was macht einen reifen Menschen aus?

Kommen wir zurück zu meiner ursprünglichen Frage, was es eigentlich bedeutet, psychologisch reif zu sein. Basierend auf MacLeans Modell stellten Susan und ich eine Arbeitshypothese auf über die Entwicklung zur Reife als Ziel einer Psychotherapie und die Voraussetzungen, die es der Psychotherapie möglich machen, dieses Ziel zu erreichen. Wir entwickelten eine fachlich fundierte, differenzierte Definition (Bentzen & Hart 2012a). Zusammengefasst lassen sich die Grundelemente von Reife folgendermaßen beschreiben:

Die Fähigkeit, sich zu entspannen und zu erholen, sich mit anderen zu synchronisieren, angesichts von Belastungen resilient zu sein und mit hohen Energieniveaus um-

gehen zu können, hängt von der Reifung des autonomen und sensorischen Systems ab: Seine Entsprechung ist MacLeans Reptiliengehirn.

Die Fähigkeit, sich auf fein abgestimmte nonverbale Interaktionen und emotionale Prozesse einzulassen und eine sichere Bindung zu entwickeln, hängt von der Reifung des limbischen Gefühlssystems ab. Es entspricht MacLeans altem (»paläo«-)Säugetiergehirn.

Die Fähigkeit, Impulse zu kontrollieren, empathisch und mitfühlend zu sein, die Dinge zu reflektieren und Leitlinien für sein Leben und Verhalten zu haben, entsteht allmählich mit der Reifung des erweiterten Neokortex und des präfrontalen Kortex. Sie entsprechen MacLeans Neo-Säugetier- beziehungsweise Primatenhirn.

Wenn wir als Erwachsene gut funktionieren, kooperieren diese drei Bewusstseinsbereiche während vieler, wenn nicht sogar aller, Stunden eines Tages reibungslos miteinander.

Während Susan und ich zu einem immer tieferen Verständnis der Entwicklung von Reife gelangten und wir uns mit den verschiedenen Implikationen beschäftigten, veränderte sich mein Verständnis von psychotherapeutischen Prozessen. Ich begann, die Psychotherapie nicht mehr primär als Problemlösungsprozess zu sehen, sondern als einen beschleunigten Reifungsprozess, im Zuge dessen bessere Problemlösungsfähigkeiten entstehen. Als mich Jes Bertelsen in die meditative Praxis einführte, erkannte ich, dass eine spirituelle Entwicklung mit ihrem Fokus auf einem Leben in Integrität und der Beschäftigung mit den großen existenziellen Mysterien des Lebens, dem Tod und der Liebe, eine weitere und noch umfangreichere Form der beschleunigten Reifung bieten kann.

Das Modell des dreieinigen Gehirns

In Abbildung 1 ist das neuroaffektive Modell des dreieinigen Gehirns dargestellt. Es handelt sich dabei um ein sehr einfaches metaphorisches Modell, das ganz eindeutig nicht wie das Gehirn aussieht. Das Gehirn hat definitiv nicht drei ordentlich voneinander getrennte Ebenen, wie die Stockwerke in einem Haus. Stattdessen ist in diesem Modell die autonome Ebene die Kurzfassung für die Funktionen in der Medulla, im Pons und im Mittelhirn, das limbische System ist die Kurzfassung für mehrere Bereiche, die für die Emotionen und das Langzeitgedächtnis eine wesentliche Rolle spielen und einen Ring um diese Kernstruktur bilden, und die präfrontale Ebene ist die Kurzform für die neuen kortikalen Funktionen, die am menschlichen Bewusstsein beteiligt sind.

Als Susan und ich Anfang der 1990er Jahre zum ersten Mal auf MacLeans ursprüngliche Arbeit (1990) stießen, fiel uns sofort auf, dass seine drei Evolutionsstufen sehr gut mit der Art und Weise zusammenpassten, wie Kinder ihre zwischenmenschlichen Fähigkeiten und ihre Persönlichkeit entwickeln.

In den meditativen Praktiken widmet man sich diesen drei Ebenen beziehungsweise Evolutionsstufen auf verschiedene Arten. In Kapitel 6 werden wir uns die Persönlichkeitsaspekte ansehen, die eine meditative Praxis stärken kann und auch sollte.

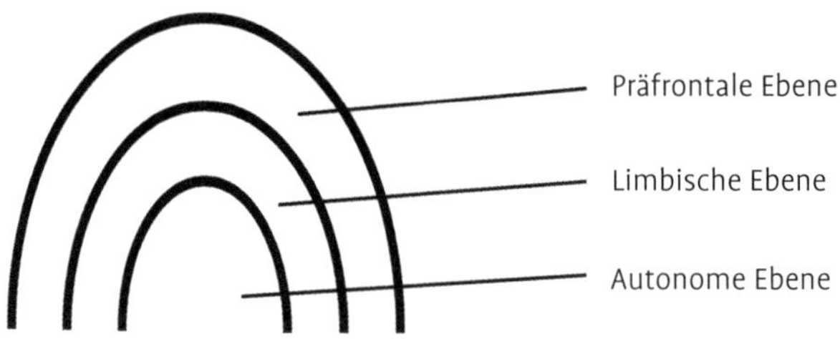

ABB. 1: Neuroaffektive Entwicklungsebenen

Es ist klar, dass wir im Laufe unseres Lebens nicht Gehirnen begegnen, sondern anderen Menschen. Bei der neuroaffektiven Gehirnentwicklung geht es darum, wie Sie Ihren Körper wahrnehmen und in ihm leben, wie Sie in und mit Ihren Emotionen und Beziehungen leben und wie Sie über sich selbst und andere Menschen denken. Ihre Gehirnaktivität besteht aus all den unsichtbaren Prozessen, die die Art und Weise organisieren, wie Sie sich und Ihre Umgebung erfahren: Die Vorgänge in Ihrer Haut, Ihren Knochen und Ihrem Herzen, Ihre Gefühle, Ihre Gedanken, Ihre gefühlte Wahrnehmung, Ihr Gefühl zur Welt und zu anderen Menschen.

In der Kindheit geschieht die Reifung der drei neuroaffektiven Ebenen im besten Fall in einem ständigen Zusammenspiel, in einer nahtlosen Integration. Schließlich gibt es keine Emotion ohne ein gewisses Erregungsniveau, und in der Regel sind auch einer oder mehrere Gedanken im Spiel. Sie könnten sich ein Musikstück vorstellen, wo ein Instrument alleine beginnt, dann ein zweites hinzukommt, und sich nach und nach weitere hinzugesellen, bis schließlich ein ganzes Orchester eine wunderbar komplexe Komposition spielt. Genau so entwickelt sich auch das emotionale Gehirn. In solch einem Musikstück spielt das erste Instrument ja auch weiter, aber es spielt nicht einfach nur das Gleiche, sondern verändert seine Melodie und verwebt sie mit den Melodien der neu hinzukommenden Instrumente und immer so weiter. Diese Vorstellung ist eine gute Metapher für die neuroaffektive Entwicklung.

In der Regel reift das Kind heran und wird durch Erfahrungen geprägt, die es im laufenden zwischenmenschlichen Austausch mit seinen engen Bezugspersonen macht. Dies sind vor allem Erfahrungen mit Präsenz, Sicherheit und Herausforderungen. Ab dem Alter von etwa zwei Jahren gilt das immer mehr auch für den Austausch mit anderen Kindern. In dem Maße, wie dem Kind nicht mit Empathie, Anerkennung und der entsprechenden Fürsorge begegnet wird, wird sein emotionaler und persönlicher Reifungsprozess beeinträchtigt, manchmal auf verheerende Weise. Im Folgenden werde ich aus der Perspektive der westlichen Entwicklungspsychologie eine optimale und gesunde Entwicklung beschreiben. Der neuroaffektive Ansatz skizziert sechs Stadien, in denen sich bis zum 12. Lebensjahr die mentale Organisation entwickelt (Hart 2019). Die reiferen Phasen bauen auf den vorhergehenden auf und wir sind den Rest unseres Lebens darauf angewiesen, dass sie integriert sind und somit optimal funktionieren.

Eine Meditationspraxis kommt auf unterschiedliche Weise mit diesen Ebenen in Berührung. Darauf werde ich in den folgenden Abschnitten eingehen.

Die autonome, sensorische Ebene

Die *erste Reifungsstufe*, die der autonomen, sensorischen Organisation, beginnt einige Zeit vor der Geburt und ist mit etwa drei Monaten ausgebildet. Danach können Lernen und Veränderung mit Sicherheit weiterhin stattfinden – den ganzen Rest unseres Lebens –, aber die Grundstruktur ist eingerichtet.

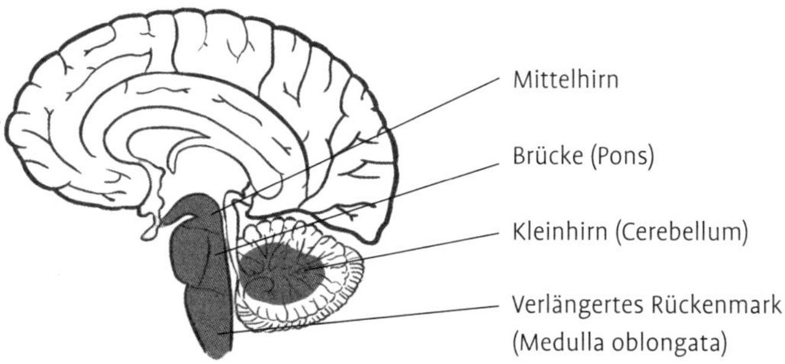

ABB. 2: Autonome, sensorische Ebene

Wenn wir wieder eine Parallele zur Musik ziehen, können wir uns diese Ebene als das erste Instrument, das Solo-Instrument, vorstellen. Durch die körperlichen Interaktionen mit seinen Bezugspersonen und anderen Menschen lernt das Kind, lustvolle und unangenehme Zustände sowie Angst zu erkennen und verbindet diese Gefühle mit aufkommenden Körperempfindungen und dem Gefühl, angemessen getröstet, umsorgt oder in Kontakt zu sein (Schore 2003/2007; van der Kolk 2014/2015; Damasio 1994/2004). Dies gelingt, wenn die Betreuungspersonen angemessen und synchron, also zeitlich gut abgestimmt, auf verschiedene somatische Bedürfnisse reagieren. Durch diese einfühlsamen Interaktionen lernt der Säugling, wie er parasympathische Entspannung und Wohlbefinden erfahren und wie sich dieser Zustand mit sympathischer Aktivität und Aufregung abwechseln kann. Der Säugling lernt ebenfalls, sich über somatische Nachahmung und über Aktivitäten, die mit vielen Wiederholungen im Wechselspiel stattfinden, mit anderen zu synchronisieren (Stern 2001; Trevarthen & Panksepp 2016). Die Entwicklung der somatisch-sensorischen und der zwischenmenschlichen Fähigkeiten sind untrennbar miteinander verflochten. Menschliche Kleinkinder lernen durch die Aufmerksamkeit ihrer Betreuungsperson, selbst die Aufmerksamkeit zu fokussieren. In einem gesunden Entwicklungsprozess entsteht für den Säugling ein stabiles Fundament, auf dem er sich zugehörig und in der Welt sicher und umsorgt fühlt. Die höchste Entwicklungsstufe im autonomen Nervensystem ist eine neue Ebene der Innervation des Vagusnervs, die die Mimik, innere Gefühlszustände und die Stimme verbindet, das sogenannte ventrovagale System (Porges 2017, 2019; Dana 2018/2018). Die Verknüpfung von Gesichtsausdruck und inneren Affekten ermöglicht dem Säugling, eine größere Bandbreite an Emotionen zu erleben. Das Baby ist nun nicht mehr nur von überlebenswichtigen Interessen, einem stillen Wohlgefühl, Unbehagen oder Angst gelenkt, sondern kann nun allmählich auch Traurigkeit, Zorn und Freude am Spiel entwickeln.

Die limbische, emotionale Ebene

Aufbauend auf der Reifung der ventrovagalen autonomen Innervation im Zeitfenster dieser ersten drei Monate beginnt die Entwicklung der limbischen, emotionalen Ebene. Dadurch entsteht die Verbindung zwischen Mimik und inneren Affekten, was dazu führt, dass das Kind durch soziale emotionale Interaktionen beruhigt oder erregt werden kann. Diese Ebene beginnt im Alter von etwa drei Monaten heranzureifen und macht bis zum zehnten Lebensmonat den primären Reifungsprozess aus. Wie beim autonomen Entwicklungsfenster kann emotionales Lernen ebenfalls über die gesamte Lebensspanne hinweg stattfinden, aber unsere primären emotionalen Muster erlernen wir in dieser Phase.

Diese *zweite Ebene* entspricht einem zweiten Instrument in der Musik, das hinzukommt und den Rhythmus und die Melodie der autonomen Ebene spielerisch verändert und ergänzt. Der Säugling entwickelt ein breites Spektrum an emotionalen Fähigkeiten. Er kann allmählich soziale Emotionen wie Freude, Trauer und Wut in sich selbst fühlen und ausdrücken und sie auch in anderen erkennen. Er hat in diesen Emotionen viele verschiedene Nuancen und Intensitätsgrade zur Verfügung, wie etwa eine Mischung aus ein wenig Gereiztheit und einer gewissen Traurigkeit. Durch den Kontakt zu seinen Bezugspersonen und deren empathische und Halt gebende

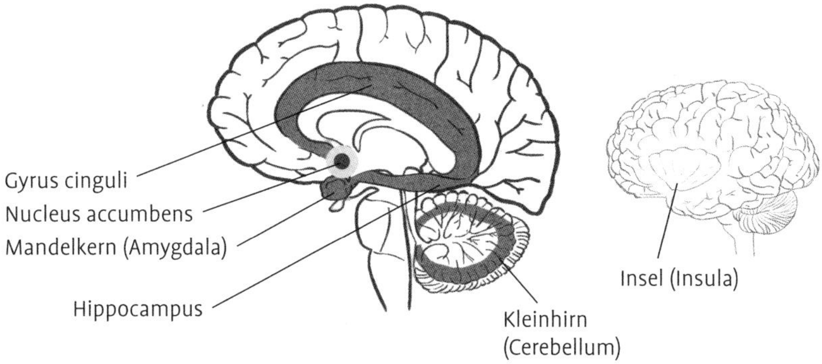

Im ersten Lebensjahr wirken die hier dargestellten Strukturen mit an der Organisation der emotionalen Interaktionen in Beziehungen durch Einstimmung und Neu-Einstimmung beim Spielen – in der Freude, in der Wut und in der Traurigkeit. Sie spielen auch eine zentrale Rolle bei der Internalisierung der Interaktionsmuster, die unseren Bindungsstil ausmachen. Die emotionalen Zustände, die sich entwickeln, sind: Spielerische Freude, Freude in der Begegnung mit der Bindungsperson sowie Trennungsschmerz und Wut.

Abb. 3: Limbische Ebene – primäres Entwicklungsfenster drei bis zehn Monate

Reaktionen lernt das Kind darüber hinaus, seine Emotionen zu regulieren und sich in unterschiedlicher Weise der gemeinsamen Erkundung spielerischer Aktivitäten zu widmen (Hart 2008, 2010, 2011a, 2011b).

Die Grundlage einer sicheren Bindung und die Fähigkeit, emotionale Zugewandtheit zu teilen, werden in unzähligen täglichen Erfahrungen entwickelt, bei denen das Kind mit der Bezugsperson in Resonanz ist, die Eingestimmtheit verliert und die Erfahrung macht, dass und wie die zwischenmenschliche Melodie schließlich wieder aufgenommen werden kann.

Vier präfrontale Ebenen: Impulse kontrollieren, Symbole verwenden, die Absichten anderer verstehen und mentalisieren

Die letzten vier Reifungsebenen beziehen sich allesamt auf die Heranreifung der präfrontalen Hirnlappen, des sogenannten exekutiven Gehirns.

Die *dritte Entwicklungsebene*, die präfrontale Impulskontrolle, beginnt im Alter von etwa zehn Monaten langsam heranzureifen. Grundlegende Fähigkeiten, wie z.B. nicht zu beißen, wenn man wütend ist, und in der Lage zu sein, das zu tun, was einem gesagt wird, sollten etwa im Alter von drei Jahren etabliert sein. Sie sind aber definitiv noch nicht konstant. Das Erlernen von Impulskontrolle ist ein strukturierendes und sozialisierendes Instrument im neuroaffektiven Ensemble und führt zu Spannungen zwischen der ich-zentrierten Lust des Kindes und den Anforderungen, die seine Umgebung an es hat. Durch klare Grenzziehung und durch einfühlsame

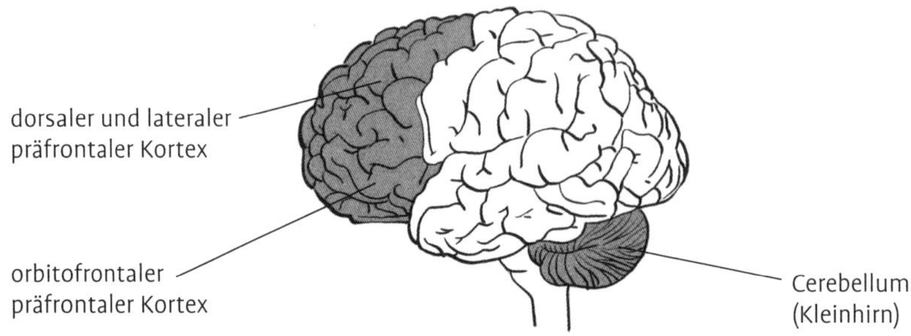

Im präfrontalen Kortex beginnt die Entwicklung im orbitofrontalen Bereich, setzt sich weiter nach hinten fort und bildet dabei Netzwerke mit der limbischen und der autonomen Ebene und dem Kleinhirn. Die erste Phase der präfrontalen Reifung findet im Alter von zehn Monaten bis zwei Jahren statt. In dieser Zeit geht es um Impulskontrolle und die Einrichtung von Bindungsmustern. Im Alter zwischen zwei und vier Jahren beginnen andere Regionen des Neokortex heranzureifen, und es bilden sich Verbindungen zu den präfrontalen Hirnregionen. Dieser Prozess geht einher mit einem beginnenden Symbolverständnis, der Sprachentwicklung, Spielen mit Gleichaltrigen, Fantasie- und Rollenspielen und persönlichen Narrativen. Im Alter zwischen vier und acht Jahren entwickelt sich die Fähigkeit, zu verhandeln und über die Absichten anderer nachzudenken sowie eine starke Peer-Bindung (beste Freunde). Im Alter zwischen acht und zwölf Jahren bildet sich die Fähigkeit heraus, mithilfe der Sprache über sich und andere zu mentalisieren.

ABB. 4: Präfrontale Ebene – primäres Entwicklungsfenster zehn Monate bis zwei Jahre

Reaktion der Bezugspersonen lernt das Kind, Verhalten und Emotionen zu regulieren. Scham bildet sich als zentrale emotionale Kompetenz heraus. Scham ist deshalb eine so zentrale Fähigkeit, weil sie den intensiven Lusttrieb des Kindes hemmt. Dazu braucht das Kind Bezugspersonen, die zu zweierlei in der Lage sind – zuerst dazu, auf notwendigen Grenzen zu bestehen und anschließend dazu, das Kind in seinem schambedingten Zusammenbruch zu trösten. Es geht darum, dass das Kind ein Gleichgewicht finden kann, eine ausgleichende Balance zwischen den schwierigen hemmenden Interaktionen seitens seiner Bezugspersonen und solchen Reaktionen, die von Lob und Wertschätzung geprägt sind, damit Freude und Stolz darüber, etwas gut gemacht zu haben, wieder in den Blick genommen und gestärkt werden können.

Die Scham macht uns die Blicke der anderen unangenehm bewusst. Mit Scham und Beschämung umgehen zu lernen fördert unser Bewusstsein für andere. Ein Kind, das sich trotz aller Begrenzungen und Beschämungen wertgeschätzt fühlen kann, entwickelt auch Empathie für andere und wird anderen Kindern oder auch Erwachsenen helfen, wenn es scheint, als habe jemand Hilfe nötig. All diese Interaktionen erweitern die Kompetenz des Kindes, Impulse zu hemmen, Anweisungen zu folgen und gut mit anderen zu interagieren.

Auf der *vierten Entwicklungsebene*, auf der der präfrontalen symbolischen Repräsentation, beginnt das Kind zu lernen, wie es sich in der Interaktion mit anderen Kindern sowie seinen Bezugspersonen verhalten soll. Dass Kinder Gegenstände als

Symbole verwenden, beginnt im Alter von etwa 18 Monaten und ist mit ca. vier Jahren etabliert. Da wird eine Banane zum Handy und einen kurzen Augenblick später bereits zu einem Boot oder einem Baby. Die Fähigkeit, Symbole als Repräsentationen von anderen Dingen oder Menschen zu benutzen und zu fühlen, ist wesentlich für die Entwicklung der Fähigkeit zu Fantasiespielen und Rollenspielen, zum Erzählen von Geschichten usw. Das Spiel mit anderen Kindern ist eine starke Kraft in der Entwicklung sozialer Kompetenzen und der Fähigkeit zur Fürsorge. Beim Miteinanderspielen lernen Kinder, mit Nervensystemen zu interagieren, die ebenso unreif sind wie ihr eigenes. Dabei lernen sie auch Schritt für Schritt, mit der Persönlichkeit, den Absichten und Ideen der anderen zu kooperieren und Konflikte zu bewältigen, getrieben von dem Wunsch, zu dem wunderbaren Gefühl zurückzukehren, in einem gemeinsamen Flow zu sein, der jedes gute Spiel auszeichnet.

Auf der *fünften Entwicklungsebene* geht es darum, zu verhandeln und Absichten zu verstehen. Jetzt bilden sich beim Kind eindeutige Vorlieben heraus, was seine Spielkameraden und »besten Freunde« betrifft. Das Spiel wird zunehmend komplex und fantasievoll, und das Kind bekommt eine genauere Vorstellung von den Absichten anderer. Dies erhöht und stärkt seine Verhandlungsfertigkeiten beim Spielen, sodass es in den gemeinsamen Spielprojekten leichter wird, Spaß zu haben und Befriedigung zu finden. Im Falle eines Konflikts erleichtern bessere Verhandlungsfähigkeiten auch die neuerliche Kontaktaufnahme und die Bereitschaft, es nochmals zu versuchen. Diese Entwicklung beginnt im Alter von etwa vier Jahren und ist mit ungefähr acht Jahren etabliert.

Neuronale Netzwerke, die Vernunft und Mentalisierung fördern

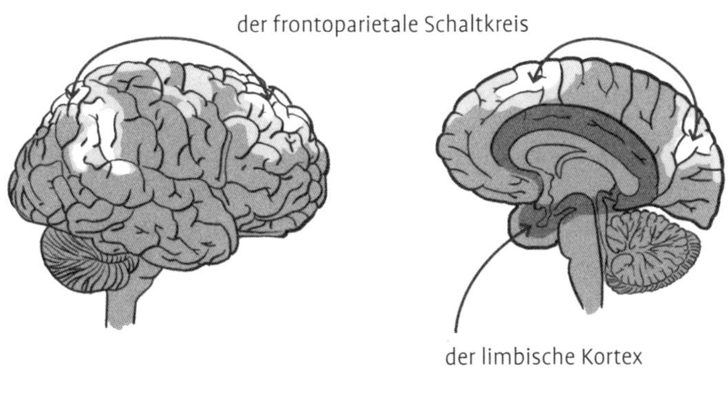

Diese der sechsten Ebene zugeordneten Netzwerke entwickeln sich in einem Wachstumsschub im Alter von etwa sechs bis acht Jahren und bilden zusammen mit der Insula (vgl. Abb. 3) und den orbitofrontalen Regionen (vgl. Abb. 4) weitere Netzwerke. Dadurch entwickelt und verfeinert sich die Fähigkeit, Realität und Fantasie zu unterscheiden, sich selbst von außen zu sehen und über innere Erfahrungen zu reflektieren.

Abb. 5: Der frontoparietale Schaltkreis und der limbische Kortex

Auf der *sechsten Ebene* wird die präfrontale verbale Mentalisierung möglich, das Nachdenken über Gefühle aus vielen Blickwinkeln. Mit dem Beginn im Alter von etwa sechs bis acht Jahren kommt es zu einem kognitiven Entwicklungsschub. Bezugspersonen und bis zu einem gewissen Grad auch Gleichaltrige können dazu beitragen, dass sich diese neu entstehende Klarheit im Denken in Richtung der Fähigkeit zu empathischer Mentalisierung entwickeln und ausrichten kann. Dies geschieht über gemeinsame Gespräche mit dem Kind, Gespräche über Gefühle, Gedanken und Handlungen sowie über Reaktionen, Motivationen und Erfahrungen anderer. Dabei handelt es sich nicht um kühle, sachliche, gefühlsferne Reflektionen, sondern um ein empathisches Gespräch. Bei einem Austausch zum Beispiel über einen kindlichen Streit braucht es oft auch etwas Trost, Ermutigung und Beruhigung zusätzlich zu dem Versuch, zu verstehen, warum das Verhalten des anderen das Kind so traurig oder wütend gemacht hat, und was der andere sich vielleicht dabei dachte oder fühlte oder womit er in seinem Leben gerade beschäftigt ist. Und vielleicht kann man Pläne für die nächsten Schritte in der Beziehung machen. Auf diese Weise kann die Geschichte, die auf diesem Weg reflektiert wurde, an der Realität überprüft und weiter erforscht werden (Fonagy et al. 2002/2004; Hart 2008; Rahm 2015).

Die Fähigkeit zur Mentalisierung ist von zentraler Bedeutung für die Reifung im Teenager- und im Erwachsenenalter, wo sie sich zunehmend verfeinern kann. Sie lässt sich mit einigen wenigen Schlüsselsätzen beschreiben:

- Mentalisierung ist die Fähigkeit, sich selbst von außen und andere von innen zu sehen.
- Mentalisierung ist die Fähigkeit, klar und empathisch zu denken und klar zu fühlen.
- Mentalisierung ist die Fähigkeit, eine Erfahrung zu verarbeiten, indem man mithilfe seiner Vorstellungskraft sowohl »in sie hineingeht« als auch wieder »aus ihr heraustritt«.

Die kognitive Flexibilität und Integration, die die Mentalisierung durch die Kombination von Einfühlungsvermögen und Realitätssinn stärken, lassen sich in der gesamten Jugend bis weit in die Zwanzigerjahre weiter verfeinern. Und eigentlich kann sich die Mentalisierung bis hinein ins hohe Alter und bis ans Lebensende weiterentwickeln.

4
Die Jugendjahre und das »Umbauprojekt« der Identität

»Lacht nicht über einen jungen Mann wegen seiner wechselnden Vorlieben – er probiert nur ein Gesicht nach dem anderen an, um ein eigenes zu finden.«

— Logan Pearsall Smith

Der Umbau dessen, wer man ist

Man betritt die Adoleszenz als Kind und geht als Erwachsener daraus hervor (Bentzen & Hart 2012b, 2018/2019).

Die Jugendjahre sind die Zeit eines tiefgreifenden, kontinuierlichen Umbaus von Gehirn, Körper und Persönlichkeit. In diesen Jahren erreichen junge Menschen die Geschlechtsreife, verlieben sich und wünschen sich einen Freund oder eine Freundin, fallen beim Anblick ihrer Idole in Ohnmacht, probieren verschiedene Wertesysteme aus und suchen die Zugehörigkeit zu einer Gruppe, testen verschiedene Persönlichkeitsstile, finden einen älteren Mentor. Sie grenzen sich mehr oder weniger rigoros vom Lebensstil ihrer Eltern ab. Sie verbringen ihre Zeit am liebsten in der Gesellschaft Gleichaltriger und suchen nach tieferem Sinn, Zugehörigkeit und Herausforderungen. Sie finden diese Dinge vielleicht in Drogen und kriminellen Banden, in dem Bemühen, einen hohen gesellschaftlichen Status zu erlangen oder in der harten Arbeit an der Ausbildung zu ihrem Traumberuf. Für Jugendliche ist alles in der Schwebe: Ausbildung, sexuelle Identität, Liebesbeziehungen, Freundschaften, Familienbeziehungen, moralische Werte, politische, kulturelle, spirituelle und religiöse Zugehörigkeit, ihre eigene Persönlichkeit, ihre Zukunft – und alles andere unter der Sonne.

In Körper und Gehirn passieren gewaltige Veränderungen, die plötzliche starke Stimmungsumschwünge zur Folge haben. Dies macht es für Jugendliche schwierig, ein realistisches und ausgeglichenes Verhältnis zu ihrer Umgebung aufrechtzuerhalten. Es kann jederzeit und ganz plötzlich geschehen, dass ihr gesunder Menschenverstand und ihr präfrontales, sequenzielles Denken durch die inneren chemischen und neurologischen Veränderungen ausgeschaltet werden, sodass Termine, Verpflichtungen, die gängigen Verhaltensregeln und die Rücksichtnahme auf andere mit einem Schlag nicht mehr existieren, quasi vom Winde verweht sind.

Fachleute, die mit Jugendlichen – und auch mit jungen Erwachsenen – arbeiten, berichten, dass diese Altersgruppen von einem intensiven Wunsch nach Zugehörigkeit und der Suche nach einem tieferen Sinn erfüllt sind und dass sie oft sehr offen für die Begleitung durch einen engagierten Mentor sind. Tatsächlich legen die Ergebnisse verschiedener Studien über Radikalisierungsprozesse nahe, dass für diese Jugendlichen die radikalisierende Botschaft eine sehr viel weniger wichtige Rolle spielt als das Gefühl der Zugehörigkeit zu einem »Stamm«, der sie aufnimmt und ihnen ein Gefühl von Gemeinschaft und einem gemeinsamen Ziel vermittelt (Bertelsen 2018; Lyons-Padilla et al. 2016).

Dorte Enger, eine lebenslange Freundin und erfahrene Meditierende, hat viele Jahrzehnte lang 15- bis 18-Jährigen an dänischen Gymnasien Unterricht in vergleichender Religionslehre erteilt. In den Gesprächen mit ihr habe ich viel über diesen Durst nach einem tieferen Sinn in den jungen Menschen gelernt (Enger 2016). Dorte schlägt vor, dass wir als Fachleute in unserer Arbeit mit jungen Menschen, mit den problematischen ebenso wie mit den unbelasteten, diese Sehnsucht nach einem tieferen Sinn respektvoll ansprechen und mit ihnen gemeinsam untersuchen sollten, inwiefern ihre Sehnsüchte ebenso wie ihre Radikalisierungstendenzen in Zusammenhang mit den Themen stehen, die ihnen am Herzen liegen (Aiello et al. 2018). In einem solchen Diskurs mit jungen Menschen sollten meiner Ansicht nach die auf ethischen Grundlagen beruhenden Ansätze, die man in einer modernen und wissenschaftlich orientierten Gesellschaft wählt, ebenso berücksichtigt werden wie die Sichtweisen der Weisheitstraditionen sowie die aktuellen Forschungserkenntnisse zur Meditation, den Weisheitspraktiken und den vergleichenden Religionswissenschaften.

Will man mit radikalisierten Jugendgruppen in einen Dialog kommen, erfordert das im Allgemeinen viel mehr Akzeptanz und Vertrauensbildung als etwa der vergleichende Religionsunterricht oder der Unterricht in Werten und Normen. Allerdings müssen Mentorinnen und Mentoren, ob in der Sozialarbeit, in der Psychotherapie oder im Unterricht, nicht nur über ein theoretisches Fundament verfügen, sondern auch in ihrem Leben selbst aktiv mit einigen der meditativen und kontemplativen Praktiken oder Weisheitspraktiken arbeiten. In der religiösen Gemeinschaft der Quäker kennt man die Fähigkeit, »aus der Öffnung heraus« zu sprechen. Damit ist gemeint, dass wir aus den tieferliegenden Räumen in uns und aus unserem existenziellen oder spirituellen Wissen heraus sprechen, während wir uns gleichzeitig als absolut Gleichberechtigte gemeinsam mit dem anderen der Erkundung von Sinn und Bedeutung widmen. Meiner Erfahrung nach sehnen sich junge Menschen nach solchen tieferen Räumen – und fürchten sich gleichzeitig davor. Haben wir die Rolle eines erwachsenen Mentors für sie inne, besteht unsere Aufgabe darin, genau dieses »Sprechen aus der Öffnung heraus« zu verkörpern.

Unsere Jugendjahre beeinflussen uns alle zutiefst. In dieser Zeit finden in der Persönlichkeit und im Gehirn tiefgreifende Veränderungen statt. Deshalb wollen wir nun einen genaueren Blick darauf werfen, was in diesen Jahren passiert.

Die Gehirnentwicklung in der Adoleszenz

Die Jugendjahre sind eine besonders wichtige Phase in der Entwicklung des Gehirns. Während die Kindheitsjahre von einem intensiven Wachstum neuer neuronaler Verbindungen gekennzeichnet waren, durchläuft das gesamte Gehirn nun eine Transformation, in deren Zuge es sich verfeinert und auf die für einen Erwachsenen typische Größe reduziert. In diesem Prozess findet die sogenannte Apoptose, das Absterben von Gehirnzellen, statt. Viele synaptische Verbindungen werden in einem als Pruning (»Beschneidung« bzw. »Ausdünnung«, wie bei Obstbäumen; A.d.Ü.) bekannten Vorgang eliminiert, während andere zu neuen zentralen Bahnen und Knotenpunkten erweitert und ausgebaut werden. Wie im Ausdünnungsprozess üblich werden die minimal aktiven Netzwerke und Zellen geopfert, während die, die sich täglich in Gebrauch befinden, gestärkt werden.

Dieser Prozess des neuronalen Pruning beginnt am Hinterkopf und schreitet allmählich nach vorne weiter fort. Wenn man Gehirnfunktionen umbaut, ist das so ähnlich wie beim Umbau eines Hauses: Es herrscht Chaos und Unordnung. Während Zellen absterben und bestimmte Gehirnbereiche neu strukturiert werden, sind die entsprechenden Funktionen instabil. Dies zeigt sich insbesondere darin, dass ein Teenager gelegentlich seine reflektiven Fähigkeiten und seine emotionale Contenance verliert.

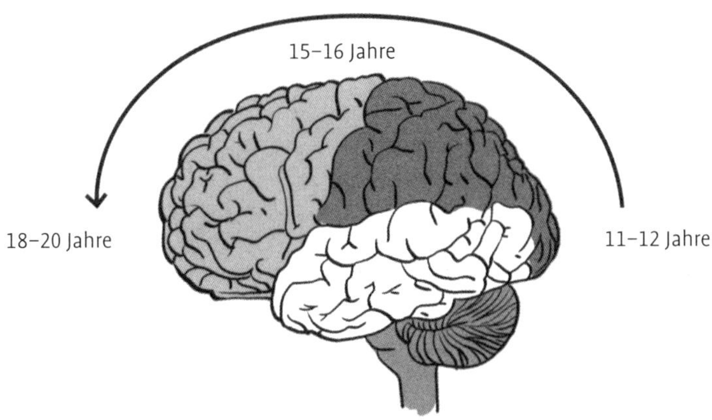

Abb. 6: In der Jugend schreiten die Apoptose, das heißt der Zelltod, und das Pruning (die Ausdünnung) der Netzwerke im Kortex vom Hinterhauptslappen beginnend bis zu den vorderen Stirnlappen voran.

Die Apoptose – der Zelltod – beginnt im Alter von etwa zwölf Jahren im Parietallappen am Hinterkopf, der unsere inneren und äußeren Empfindungen und unsere Körperidentität organisiert. Etwa im Alter von 15 bis 16 Jahren erreicht sie die Temporallappen, in denen Emotionen und Erinnerungen verarbeitet werden. Dies führt häufig zu wilden Stimmungsschwankungen, Wutausbrüchen oder Phasen tiefster Verzweiflung zum Beispiel über Interaktionen aus der Kindheit, die in der Erinnerung auftauchen. Irgendwann um das Alter von 16 bis 18 Jahren erreicht dieser Prozess die präfrontalen Hirnareale. Bis dahin haben sich die emotionalen Stürme zwar schon etwas gelegt, doch es kann sein, dass plötzlich und ohne ersichtlichen Grund präfrontale Fähigkeiten, über die der Jugendliche bereits verfügt, wieder außer Kraft gesetzt werden: Mentalisierung, Planung, Selbstbeherrschung, Selbstdisziplin, Entscheidungsfindung und exekutive Funktionen.

Eine weitere Dynamik in diesem Schmelztiegel der Persönlichkeit wird durch die Sexualhormone erzeugt, die in diesen Jahren das gesamte Gehirn überschwemmen. Die weiblichen Sexualhormone verstärken die Wirkung der beruhigenden Neurotransmitter Serotonin und Oxytocin, was den Wunsch nach ruhigen, angenehmen Interaktionen mit Menschen, mit denen man sich verbunden fühlt, verstärkt – aber auch die Ablehnung von Menschen, mit denen man sich nicht verbunden fühlt. Die männlichen Sexualhormone verstärken die Wirkung der Neurotransmitter Dopamin und Adrenalin, die in ihrer Kombination einen Anstieg der Energie, der Impulsivität, der Risikobereitschaft und der Kampfbereitschaft erzeugen. Auch die Produktion des Neurotransmitters GABA (Gamma-Amino-Buttersäure), der beruhigend und schlaffördernd wirkt, wird gesteigert. Teenager sind abends und nachts oft auf Hochtouren unterwegs, können aber häufig auch bis in den späten Nachmittag hinein »ausschlafen«.

In dieser Zeit beschleunigt sich auch die Myelinisierung, ein Prozess, bei dem die wichtigsten Netzwerkverbindungen mit einer Fettschicht isoliert werden. Dies verbessert sowohl die Geschwindigkeit als auch die Genauigkeit der Gehirnfunktionen und fördert sensomotorische Prozesse, Emotionen und kognitive Fähigkeiten – allerdings nicht, wenn das Gehirn gerade im Umbau-Chaos steckt.

Zwischen den beiden Hirnhälften verläuft das Corpus callosum, ein riesiges »Kabelsystem« von Nervenfasern. Es wird in dieser Zeit dicker, wodurch eine engere Verbindung zwischen den Hemisphären und ihren unterschiedlichen Funktionen entsteht. Das allgemeine Verhältnis zwischen den beiden Hirnhälften ist in einem alten Merkspruch treffend ausgedrückt: »Die linke Gehirnhälfte zählt die Bäume, während die rechte den Wald sieht.« Wir werden uns nun genauer ansehen, was das bedeutet.

Eine stärkere Aktivität der rechten Hemisphäre führt zu einem stärker emotional geprägten Ausdruck und zu einem deutlicheren Gefühl für somatische und emotio-

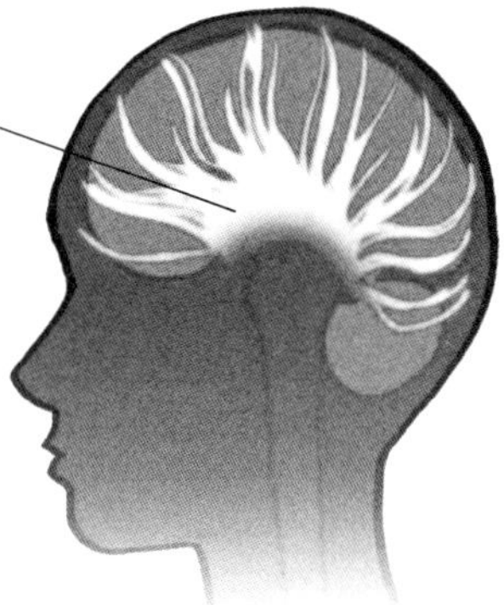

Abb. 7: Das Corpus Callosum – der »Balken« –, das riesige Bündel von Nervenfasern, das die rechte und linke Hemisphäre verbindet, hat von vorne gesehen eine U-Form. Hier ist es von der Seite dargestellt, um einen Eindruck davon zu vermitteln, wie sich die verbindenden Fasern bis in den Kortex hinein erstrecken.

nale Prozesse und Interaktionen. Die rechte Hirnhälfte orientiert sich an der Außenwelt und ist wachsam gegenüber Bedrohungen von außen. Sie neigt dazu, eher allgemein und assoziativ zu sein. In Bezug auf unsere Stimmung bewirkt sie, dass wir uns eher ängstlich und niedergeschlagen fühlen. Die Denkprozesse sind ganzheitlicher: Man sieht den Wald als Ganzes, anstatt einzelne Bäume zu zählen.

Die linke Gehirnhälfte zeichnet sich durch ein differenziertes Sprachvermögen und numerische Fähigkeiten aus sowie durch die Tendenz, mehr auf Details und deren Zusammenwirken zu achten. Man zählt einzelne Bäume, anstatt ein Gefühl und eine Vorstellung vom gesamten Wald zu bekommen. Die Denkprozesse sind als logische Narrative organisiert, und die Wirkung auf die Stimmung ist tendenziell optimistischer, lustorientierter und ruhiger. Die linke Hemisphäre ist nicht direkt mit unserer Erfahrung der konkreten Realität und unserem somatischen, emotionalen Erleben verbunden. Das liegt an der Struktur des Gehirns: die rechte Hemisphäre verarbeitet emotionale und somatische Informationen und leitet ausgewählte Informationen an die linke Hemisphäre weiter. Das bedeutet, dass die linke Hemisphäre – stark vereinfacht ausgedrückt – auf der Grundlage der somatischen und emotionalen Informationen, die sie von der rechten Hemisphäre erhält, Narrative entwirft.

Während im jugendlichen Gehirn all diese Umbauaktiväten stattfinden, setzen sich die autonom-sensorischen und limbisch-emotionalen Erfahrungsmuster aus der Kindheit neu zu der erwachsenen Persönlichkeit zusammen. Durch frühere Erfahrungen geformt und beeinflusst durch die Interaktionen in der Familie, der Schule und den sozialen Netzwerken während dieser Jahre, organisieren unsere kortikalen

Netzwerke die Kommunikation zwischen unseren sensorischen, emotionalen und denkenden Aspekten der Identität und Zugehörigkeit um. Immer wenn neue präfrontale Fähigkeiten in diesem Umbauprozess fertig gestaltet und »online gestellt« wurden, zeigt sich deutlich, dass der Jugendliche neue und tiefere Dimensionen in seiner Fähigkeit zur Mentalisierung und gleichzeitigen Erwägung mehrerer Sichtweisen entwickelt und immer besser in der Lage ist, mehrere Sichtweisen in seine Überlegungen miteinzubeziehen.

Jugendliche haben die Fähigkeit, über Unterschiede und Ähnlichkeiten zwischen den Werten, die zu Hause, in der Schule und in der Peergroup gelten, nachzudenken. Wenn sie sich gesehen und respektiert fühlen, sind sie offen für einen Rat oder eine Orientierungshilfe, die aus einem anderen Blickwinkel stammt. Sie sind auch in der Lage, sich mit mehr Realismus – und in der Regel auch mit einer guten Portion Angst – auf ihre Zukunft als Erwachsene zu beziehen, während sie sich darum bemühen, in den äußeren Möglichkeiten, die ihnen in ihrer Gesellschaft zur Verfügung stehen, das zu finden, was am besten zu ihrer inneren Sehnsucht im Leben passt.

Die frühen Jugendjahre

In den frühen Teenagerjahren suchen die Jugendlichen aktiv nach Gruppen und Personen außerhalb ihrer Familie, mit denen sie sich identifizieren und zu denen sie sich zugehörig fühlen können, normalerweise eine Peer-Gruppe mit einer spezifischen internen Subkultur und einem bestimmten Wertesystem. Als typische Gruppen in diesem Sinne mögen die Nerds, die Überflieger, die Philosophen, die Sportler, die bösen Jungs und bösen Mädels, die mit dem hohen Status und die mit dem niedrigen, die reichen und die armen Kids, und die Ausgestoßenen gelten. Subkulturen entstehen und entwickeln unterschiedliche, meist gegensätzliche Werte. Da das Identitätsgefühl stark mit dem sozialen Netzwerk und der eigenen Kultur verbunden ist, erleben es die Jugendlichen gewöhnlich als Katastrophe, zu »anders« zu sein und keine feste Gruppe zu haben, der sie angehören. Der Spieltrieb der Kindheit wird nun in ein leidenschaftliches Engagement für wesentliche Aktivitäten der Subkultur kanalisiert, wobei die Palette von Computerspielen über Sport und wilde Partys bis zum Vandalismus reicht. Auch die sexuelle Reifung und die ersten wirklich erotischen Verliebtheiten oder Schwärmereien finden in diesen Jahren statt. Während die emotionale Verliebtheit in der Regel viel früher, nämlich ab dem Alter von drei bis vier Jahren, beginnt, erzeugt die sexuelle Reifung ein völlig neues Maß an erotischer Spannung, die der Bindung an einen Freund oder eine Freundin neue Tiefen verleiht – und den Akteuren auch neue Probleme und Herausforderungen beschert.

Die mittleren Jugendjahre

So, wie die Fähigkeit zum abstrakten Denken in den mittleren Jugendjahren zunimmt, verbessert sich auch die komplexe Mentalisierung beständig, was in der Regel die Fähigkeit verstärkt, eine Situation gleichzeitig aus mehreren verschiedenen Blickwinkeln zu betrachten. Zum Leidwesen und manchmal auch zur Bestürzung von Eltern und den Jugendlichen selbst kann in der Umstrukturierungsphase des Gehirns all diese reflektierende Vernunft und Logik jederzeit – und ohne Vorankündigung – abgeschaltet werden. Wenn der präfrontale Kortex »offline« ist und keine Kommunikation mit dem Rest des Gehirns stattfindet, geschieht es leicht, dass der emotionale, limbische Kortex den Jugendlichen in die Sensationslust und damit in ein höchst riskantes Verhalten drängt. Aus der Forschung wissen wir auch, dass bei Jugendlichen im Erleben und im »Lesen« der Emotionen anderer primär die Amygdala im limbischen Gehirn aktiv ist, sodass sie Gefühle weniger präzise und dafür umso intensiver wahrnehmen. Erwachsene hingegen nutzen den reflektorischen präfrontalen Bereich für diese Aufgabe des »Lesens« viel stärker, was zu einer höheren Präzision und einer geringeren emotionalen Intensität führt.

In einer Studie, in der es um die Interpretation von Gesichtsausdrücken geht, identifizieren Erwachsene zum Beispiel eine Karte mit einem verängstigten Gesichtsausdruck korrekt als »Angst«, während Jugendliche denselben Ausdruck als »geschockt«, »überrascht« oder »wütend« beschreiben (Yurgelun-Todd 2007). Entsprechend intensiver sind häufig auch die emotionalen Reaktionen von Jugendlichen. So kann die Bitte, daran zu denken, den Müll hinauszubringen, durchaus zu einem Wutanfall größeren Ausmaßes führen. In solchen Situationen merken die Jugendlichen nicht, dass ihr rationaler Verstand gerade ausgeschaltet ist, und sie empfinden ihre Revolte als höchst gerechtfertigt. Später, wenn sich ihre präfrontale Fähigkeit zum vernunftgeleiteten Denken wieder einschaltet, kann sogar für sie selbst ihr Verhalten schwer zu verstehen sein: »Es war einfach plötzlich alles zu viel.« Dies kann zu intensiven Scham- und Schuldgefühlen führen. Auch das Selbstwertgefühl, das auf die Unberechenbarkeit und die ständigen Veränderungen der inneren Zustände empfindlich reagiert, unterliegt bei all dem sehr großen Schwankungen. Die Jugendlichen streben nach Unabhängigkeit, wobei sie oft versuchen, ihre Ablösung auf jede nur erdenkliche Weise deutlich zu machen und sich von den Eltern und den anderen Familienmitgliedern zu distanzieren. Paradoxerweise brauchen sie gleichzeitig trotzdem die lebenslange Bindung und das Verständnis eben dieser Eltern. Dies kann sie darin unterstützen, ihre automatische Abwehrbereitschaft zu senken und ein liebevolleres, angemesseneres und realistischeres Selbstbild zu entwickeln. Nach kurzen Zeiten von Harmonie verspüren Jugendliche jedoch oft erneut das Bedürfnis, sich aus den Zwängen der Familie und ihrer Kindheitsidentität zu lösen und werden dann wieder in die Beziehungen zu Freunden oder Gleichaltrigen eintauchen. Wenn der reifende präfrontale Kortex »online« ist, erfährt der Jugendliche eine enorme Erweiterung seiner Fähigkeit zur Mentalisierung. Glücklicherweise fällt es ihm dadurch leichter, mit Konflikten umzugehen und eine gewisse Einsicht in die persönliche Verantwortung für die Entstehung und Lösung von Konflikten zu entwickeln. Mit der Zeit verliert der innere Umbau an Geschwindigkeit und der junge Mensch entwickelt ein stabileres Gefühl für seine eigene Identität.

Die späten Jugendjahre

In der späten Jugendphase erweitern sich die mentalen Blickwinkel wieder. Viele Jugendliche entwickeln in dieser Phase ein Gefühl für die zeitliche Perspektive der menschlichen Existenz. Mit Blick auf das »große Ganze« wächst in ihnen vielleicht ein leidenschaftliches Interesse an politischem Engagement, an Klima oder Kunst, an bestimmten wissenschaftlichen Disziplinen oder an existenziellen oder spirituellen Themen. Die wachsende Fähigkeit, moralische Prinzipien zu begreifen, und die Suche nach existenziellem und spirituellem Sinn kann zu einem starken und tief empfundenen Engagement für universelle Konzepte wie Respekt, Gleichheit und Gerechtigkeit führen. In dieser Zeit festigen die Jugendlichen ihr Wertesystem und Moralverständnis, das sie dann auch als Erwachsene begleitet. Häufig beurteilen sie ihr eigenes sowie das Verhalten anderer nach moralischen und ethischen Werten: Haben wir die andere Person angemessen berücksichtigt und miteinbezogen? – Fragen der Umwelt? – Klimafragen? Wollen sie jemandem einen Korb geben, machen sich die Jugendlichen in diesem Alter normalerweise Gedanken darüber, wie sie die Nachricht am besten überbringen können. Ebenso sensibel und wachsam sind sie, wenn es um die moralischen Prinzipien und die Güte und Freundlichkeit geht, die andere in schwierigen Interaktionen zeigen.

Die Geschwindigkeit, mit der sich Körper und Gehirn verändern, nimmt allmählich ab, und viele kognitive Fähigkeiten stabilisieren sich in dieser Phase. Da sich die Funktion des präfrontalen Kortex langsam in seiner neuen und verfeinerten Form festigt, können sich die Jugendlichen nun intensiv mit der Reflexion komplexer Themen beschäftigen, wie etwa der Beziehung zwischen ihrer persönlichen Zukunft und den komplizierten sozialen und globalen Mustern, die sie sehen. Mit der Fähigkeit, diese Zukunftsperspektiven ernst zu nehmen, werden sie besser darin, Strategien zu planen und beharrlich an einem langfristigen Ziel zu arbeiten, das vielleicht noch Jahre vor ihnen liegt, wie zum Beispiel dem Abschluss einer Berufsausbildung. Sie können verschiedene Entscheidungsmöglichkeiten mit all ihren Folgen durchdenken. Das beobachtende Selbst ist nun so gefestigt, dass die Jugendlichen auch innere Erfahrungen und Narrative erkunden können.

Gleichzeitig führen die größere emotionale Stabilität und das gefestigtere Gefühl der Identität und Selbständigkeit häufig dazu, dass die Konflikte mit den Eltern und anderen Familienmitgliedern abnehmen. Nach einigen Jahren des notwendigen Widerstands gegen die kulturellen Traditionen ihrer Familie fühlen sie sich jetzt vielleicht unabhängig genug, um einige von ihnen wieder schätzen zu können. Ihre moralischen und ethischen Werte entwickeln sich nun unabhängiger. Dies kann dazu führen, dass sie, selbst auf die Gefahr hin, ihren Status in der Gruppe zu verlieren oder nicht mehr willkommen zu sein, eine andere Meinung vertreten als ihre Freunde. Freundschaften oder Gruppenzugehörigkeiten aus diesen Jahren können durchaus ein Leben lang bestehen bleiben.

Von früher Kindheit an bemühen wir uns, wichtige Dinge mit Worten zu beschreiben. Nach und nach erweitert sich unsere Erzählfähigkeit, und am Ende unseres Jugendalters sind wir in der Lage, ein zusammenhängendes biografisches Narrativ zu erzeugen, das heißt eine Geschichte darüber, wer wir sind und wie wir dazu geworden sind. Durch Mentalisierungsprozesse wird diese Geschichte wiederholt modifiziert, sowohl während der Adoleszenz als auch später im Erwachsenenleben, wenn neue Erfahrungen hinzukommen und unseren Blick auf frühere Ereignisse verändern.

5
Erwachsen sein, älter und vielleicht weise werden

»Die Vierziger sind gut. Die Fünfziger sind klasse.
Die Sechziger sind fabelhaft. Und 70 ist einfach der Wahnsinn!«

— Helen Mirren

Überblick über die Entwicklung im Erwachsenenalter

Die Darstellung der Gehirnentwicklung von Erwachsenen basiert häufig auf der etwas deprimierenden Ansicht, dass wir unser erwachsenes Leben damit verbringen, die Fähigkeiten, die Gehirn und Körper verlieren, zu kompensieren. Glücklicherweise ist das nur ein Teil der Geschichte. Wenn die schnellen, logisch organisierten Denkprozesse der Zwanziger den weicheren und langsameren Prozessen des alternden Gehirns weichen, können ganzheitliche und intuitive Fähigkeiten aufblühen, oft mit einem tiefen Gefühl für Sinn und Bedeutung der eigenen Existenz.

In den 1950er Jahren erweiterte Erik Erikson sein Modell der psychosozialen Entwicklung, das seinen Schwerpunkt auf der Kindheit hatte, zu einem Lebenszeitmodell, das damit auch eine stufenweise Darstellung der Entwicklung ab dem Alter von 18 Jahren bis zum Tod beinhaltete. Er war sich sehr deutlich der Art und Weise bewusst, wie die Struktur einer Gesellschaft die menschliche Persönlichkeit formt (Erikson 1950/1968). Dabei sollte man sich vor Augen halten, dass zum einen andere Kulturen andere Schwerpunkte auf dem Lebensweg setzen und zum anderen, dass sich das Lebenstempo und gesellschaftliche Lebenszusammenhänge in unseren westlichen Kulturen stark verändert haben, seit Erikson sein Modell entwickelte. Damals gab es weniger Lebensentscheidungen zu treffen, die Gesellschaft veränderte sich langsamer und die Persönlichkeitsforschung zeigte eine gesellschaftliche »Charakter«-Tendenz mit stark strukturierten und normbasierten Persönlichkeiten und Verhaltensweisen, die manchmal als neurotische Charakterdynamik beschrieben werden. Viele der psychotherapeutischen Methoden, die wir heutzutage anwenden, wurden in den 1960er und -70er Jahren als Antwort auf diese Art von Problemen entwickelt. In der schnelllebigen und individualistischen Welt von heute mit ihrer Informationsdichte und Konsumorientierung sind die gesellschaftlichen Charakterstrukturen in beispielsweise Nordeuropa und Nordamerika viel flexibler, fließender und egozentrischer geworden, was manchmal als narzisstische Charakterdynamik beschrieben wird.

Diese Veränderungen in unseren Gesellschaften bedeuten auch, dass ein Entwicklungsstufenmodell für das Erwachsenenalter eher als allgemeine Übersicht und nicht so sehr als eine bestimmte, feste Abfolge einzelner Schritte zu verstehen ist. In einer hochgradig individualisierten postmodernen Gesellschaft ist das Leben höchst individuell. Betrachtet man die Hardware, mit der wir seit jeher ausgestattet sind, das heißt, Körper und Gehirn, gibt es dennoch optimale Phasen für verschiedene Arten von Herausforderungen. Die meisten Menschen fühlen sich nicht dazu berufen, mit Mitte 20 ihre Autobiografie zu schreiben, und die meisten beginnen nicht plötzlich mit über 70 mit dem Gemüseanbau oder dem Bergsteigen.

Was die Meditation betrifft, gibt es kein spezielles Zeitfenster, in dem mehr Menschen beschließen, sich dieser Herausforderung zu stellen als in anderen Lebensphasen. Tiefere meditative Prozesse erfordern die kognitive Reife eines mindestens Siebenjährigen, denn erst in diesem Alter beginnt sich die Fähigkeit zum Reflektieren und Beobachten aus der Außenperspektive herauszubilden. Meditationen, die sich auf Bewegung und Körpergefühl konzentrieren, können hingegen ohne Schwierigkeiten auch mit kleinen Kindern durchgeführt werden. Wie bei jeder Fertigkeit, die wir entwickeln wollen, ist es hilfreich, so früh wie möglich damit zu beginnen, denn mehr Jahre der Praxis bedeuten mehr Vertrautheit und mehr Möglichkeiten, tiefe Erfahrungen zu machen. Doch es funktioniert auch, wenn man erst später beginnt. Ich persönlich habe erst mit Ende 30 begonnen, täglich zu meditieren. Solange wir noch zu Lebzeiten damit beginnen, ist jeder Zeitpunkt gut.

Wann ist das Gehirn reif?

Nun müssen wir einen Sprung von Erikson und den 1950er Jahren zum Jahrtausendwechsel und unserem heutigen Zeitalter der Hirnforschung machen. Ich werde häufig gefragt: »Wann ist das Gehirn reif?« Interessanterweise ist diese Frage nicht leicht zu beantworten. Verschiedene Funktionen erreichen zu unterschiedlichen Zeiten ihren Höhepunkt. Die Fähigkeit, neue, grundlegende emotionale Interaktionen zu erlernen, erreicht ihren Höhepunkt, bevor wir zwei Jahre alt sind, und auch für die Struktur unserer Persönlichkeit und unserer Stressbewältigung wird die Grundlage in diesem Alter gelegt. Andererseits beginnt sich das Fenster für das Erlernen von Sprachen etwa im Alter von zwei Jahren zu öffnen, ist in der mittleren Kindheit am weitesten geöffnet und wird ab einem Alter von etwa zwölf Jahren langsam wieder schmäler. Die visuelle Wahrnehmung von Entfernung und Geschwindigkeit bildet sich mit elf oder zwölf Jahren vollständig aus, sodass die Kinder erst ab diesem Alter über die nötigen Wahrnehmungsfähigkeiten verfügen, um sich sicher im Verkehr zu bewegen. Viele körperliche und sportliche Fähigkeiten erreichen ihren Höhepunkt in den Jugendjahren und in den frühen Zwanzigern, während Geschwindigkeit und Präzision der kognitiven Funktionen in den frühen bis späten Zwanzigern auf ihrem Höchststand sind.

Andere Formen mentaler Leistungsfähigkeit erreichen ihren Höhepunkt zu späteren Zeiten im Erwachsenenleben und im Alter. Im Gegensatz zur Gehirnentwicklung in der Kindheit und Jugend beginnt die Entwicklung des Gehirns beim Erwachsenen in einem Stadium, in dem alle Funktionsbereiche bereits »online« sind, das heißt verbunden und funktionsfähig. Nach Ende zwanzig finden Veränderungen im Gehirn deshalb statt, weil bestimmte Bereiche oder Verbindungen schwächer werden und andere Gehirnareale dies kompensieren. So sinkt zum Beispiel unser allgemeines Erregungsniveau, d.h. wir sind weniger energiegeladen. Es bedeutet aber auch, dass es uns leichter fällt, innezuhalten und nachzudenken, bevor wir aufspringen und zur Tat schreiten, was uns die Möglichkeit vielfältigerer persönlicher Reflektionen eröffnet. In jeder Lebensphase besteht die Gefahr, dass wir aufhören zu reifen oder traumatisiert werden, aber jede Phase hat auch ein Entwicklungspotenzial, das in den vielen Aspekten der Weisheit gipfelt. Aus der Forschung wissen wir, dass das Gehirn die Art und Weise, wie es Informationen verarbeitet, während unseres gesamten Lebens immer wieder neu organisiert.

Im Erwachsenenalter haben wir die natürliche und zunehmende Tendenz, einen Bezug zwischen neuen Herausforderungen und bereits gemachten Erfahrungen herzustellen. Was wir als wichtig erleben, ebenso wie unsere Meinungen und unsere Weltanschauungen, verändert sich mit den Veränderungen im Gehirn und den sich wandelnden Aufgaben, Verantwortlichkeiten und Herausforderungen des Lebenszyklus. Während des gesamten Lebens bleiben enge und nährende Beziehungen für unsere Gesundheit und unser Wohlbefinden äußerst wichtig. Sie unterstützen auch das Wachstum und die Vernetzung von Nervenzellen. Wenn wir älter werden, bleiben biologisch gesehen unsere limbischen, emotionalen Fähigkeiten stärker und deutlicher ausgeprägt als unser Scharfsinn beziehungsweise unsere kognitive Leistungsfähigkeit. Vielleicht hat ja die Evolution immer wieder nach der Fähigkeit selektiert, im Alter ein hohes Maß an sozialem Verständnis und Einfühlungsvermögen zu entwickeln?

Weisheit und Mentalisierung

Die wichtigste psychische Kompetenz, die in der Reife und im Alter wahrhaft erblühen kann, ist die Fähigkeit zur Mentalisierung, einem zentralen Aspekt der existenziellen Weisheit. Weisheit erfordert Erfahrung und nicht so sehr das schnelle, kleinteilige und sequenzielle Denken, in dem man in den Zwanzigern gut ist. Leider ist die Entwicklung von Weisheit nicht selbstverständlich. Es gibt dazu eine Sentenz in der Weisheitsforschung: »Weisheit kommt mit dem Alter – aber manchmal kommt das Alter allein.« Zunächst einmal erfordert die Entwicklung von Weisheit, dass wir unsere Emotionen (limbisch) und unsere Erregung (autonom) gut regulieren können. Gleichzeitig kann die zunehmende Mentalisierung auch unsere neuronalen Verbindungen im Bereich der Körperempfindungen, Vitalität und Emotionen erhöhen. Im mittleren Erwachsenenalter und während des gesamten Alterungsprozesses können wir lang verschüttete Gefühle entdecken und haben vielleicht tiefe und weitreichende Erkenntnisse über unsere eigene Persönlichkeit und ganz allgemein über das Wesen von Menschen und Beziehungen. Ein fundiertes soziales Verständnis basiert auf gesammelten Erfahrungen und Reflexionen, also auf wichtigen Bestandteilen für die Entwicklung von Weisheit. Der Zweig der modernen Weisheitsforschung, der sich auf die Entwicklungsdynamik (und nicht auf die philosophische oder anthropologische Dynamik) konzentriert, passt außerordentlich gut zur Mentalisierungstheorie und -therapie. So nimmt zum Beispiel Kitcheners *Reflective Judgement Model* (zu Deutsch etwa: *Modell reflektierender Beurteilung*; A. d. Ü.) (Sternberg 1990) vier zentrale Fähigkeiten in den Blick:

- die Anerkennung der Existenz unvermeidlich schwieriger und von Natur aus heikler Probleme, mit denen alle Erwachsenen konfrontiert sind;
- ein umfassendes, weitreichendes und tiefgreifendes Erkenntnisvermögen;
- die Anerkennung der Tatsache, dass Wissen etwas Ungewisses ist, und dass es nicht möglich ist, die Wahrheit je mit absoluter Gewissheit zu kennen;
- die Bereitschaft und außergewöhnliche Fähigkeit, trotz der im Leben herrschenden Ungewissheit fundierte und ausführbare Urteile zu formulieren.

Wenn wir dem noch Patricia Arlins Konzept der Weisheit (Arlin 1990) hinzufügen, das sich durch das Interesse an Fragen statt an Antworten und an komplementären statt an ähnlichen Standpunkten auszeichnet, haben wir eine gute Vorgabe für die Formen der Einsicht und der Erkenntnis, die wir mit zunehmendem Alter pflegen wollen. Wenngleich sich diese sechs Aspekte der Einsicht nicht allein durch Meditation und Kontemplation entwickeln lassen, so liegt der Schwerpunkt meditativer und kontemplativer Praktiken doch auf den gleichen Prinzipien: freundliche und gütige Selbstreflexion mit dem Fokus auf Grenzen und Schwächen, Akzeptanz von Ungewissheit und Schwierigkeiten und eine Bereitschaft, sich intensiv mit Themen auseinanderzusetzen. Diese Fähigkeiten können bei der Vertiefung und Verfeinerung der existenziellen Einsichten und Haltungen, die die Grundlagen unseres Daseins berühren, immens nützlich sein.

Wir wollen uns nun diese lebenslange Veränderung von der hochentwickelten kognitiven Präzision hin zur Weisheit genauer ansehen, die ich im ersten Absatz erwähnt habe. Im weiteren Verlauf dieses Kapitels erhalten Sie einen Überblick über die Entwicklung Erwachsener, der auf den von Erikson definierten Stadien beruht, und parallel dazu aus neuroaffektiver Sicht eine Zusammenfassung der Veränderungen in Gehirn und Persönlichkeit, wie sie sich von Jahrzehnt zu Jahrzehnt einstellen (Bentzen & Hart 2012c).

Erikson: Intimität versus Isolierung – 18 bis 40 Jahre

Erikson (1950/1968, 1982/1988) beschrieb jede seiner psychosozialen Stufen als einen Entwicklungskonflikt, als eine Lebensherausforderung, in der wir entweder eine neue Ebene der Reife erreichen oder aufgeben und stagnieren. Bei Erwachsenen im Alter zwischen 18 und 40 Jahren sieht Erikson diese Weggabelung als Konflikt zwischen Intimität und Isolierung. Seiner Ansicht nach besteht hier die Hauptherausforderung darin, die Fähigkeit zum Aufbau intimer, liebevoller Beziehungen zu anderen Menschen zu entwickeln. Der Mut, sich auf eine Form der Nähe und Intimität hinzubewegen, die im eigenen Lebensumfeld gelingen kann, ist notwendig für verbindliche und verlässliche Familienbeziehungen, aber auch für tiefe Freundschaften und verlässliche Arbeitsbeziehungen. Die Angst vor einer festen Bindung kann diese Entwicklung vereiteln, zum Beispiel, wenn wir in unserem Selbstverständnis wenig stabil sind oder wenn uns der Mut fehlt, etwas von uns selbst aufzugeben und uns von den in intimen Beziehungen unvermeidlichen Kompromissen beeinflussen und verändern zu lassen. Eine solche Angst kann dazu führen, dass wir die Hoffnung auf Nähe und Intimität aufgeben und in der Isolation, Einsamkeit und Depression landen.

Wir wollen nun einen Blick auf die Lebensjahrzehnte zwischen 20 und 30 und dann zwischen 30 und 40 Jahren aus neuroaffektiver Sicht werfen und einige der zentralen Veränderungen im Gehirn während dieser Zeit betrachten:

Die neuroaffektive Sicht: Entscheidungen zu Lebensform, Partnerwahl und Ausrichtung des Arbeitslebens – 20 bis 30 Jahre

In den Zwanzigern beruhigen sich die hormonellen, neuronalen und sozialen Turbulenzen der Pubertät. Die Regulierung unserer Emotionen wird einfacher, unsere Fähigkeit, Realitätstests durchzuführen, verbessert sich, und unsere Problemlösungsstrategien werden realistischer. Mit Ende zwanzig sind die kortikalen Verbindungen voll ausgereift. Dazu kommt die erhöhte hormonelle und emotionale Stabilität, sodass das Gehirn jetzt weitgehend in »Stromlinienform« gebracht und daher ziemlich effizient ist. Einfach ausgedrückt werden unsere Denkprozesse nicht mehr so oft wie früher von Gefühlen und Impulsen in Beschlag genommen. Sowohl der logische dorsolaterale präfrontale Kortex als auch die detaillierte Sinneswahrnehmung des Parietallappens, die zusammen den frontoparietalen Kreislauf bilden, sind jetzt voll ausgereift und mit dem Rest des Kortex verbunden (vgl. Abb. 5, S. 49). Dies erleichtert höheres abstraktes Denken (Goldberg 2009). Es heißt, dass Mathematiker in jungen Jahren ihre Höchstleistungen erbringen. Dies ist jedoch keine unumstößliche Regel: Viele brillante Mathematiker und andere Vertreterinnen der exakten Wissenschaften haben ihre wichtigsten Beiträge erst sehr viel später im Leben erbracht.

Neben der verstärkten Aktivierung der logischen dorsolateralen Bereiche des präfrontalen Kortex gibt es auch einen höheren Vernetzungsgrad in den tieferen, emotional orientierten medialen und orbitofrontalen Regionen im präfrontalen Kortex (vgl. Abb. 3, S. 47) und im Corpus callosum, dem breiten Band von Nervenfasern, das die rechte und linke Hemisphäre verbindet (Abb. 7, S. 55).

Während dieses Lebensjahrzehnts werden all diese weit verzweigten neuronalen Netzwerke präzise reguliert und synchronisiert, und ihre Aktivitätsmuster sind sowohl für unser abstraktes Denken als auch für die verbesserte Fähigkeit zur Impulskontrolle, für den Umgang mit unseren Emotionen, zur Realitätsprüfung sowie zur Mentalisierung verantwortlich. Man geht davon aus, dass das Gehirn nun sein maximales Leistungsvermögen erreicht hat. Die Verarbeitungsgeschwindigkeit steigt ebenso wie das bewusste (explizite) Gedächtnis und die physischen, sensomotorischen Fähigkeiten. Was Beziehungen und Lebensentscheidungen betrifft, so sind die Zwanziger eine Zeit, in der viele Menschen eine feste Beziehung eingehen, vielleicht Kinder bekommen, ein Studium abschließen und eine Berufslaufbahn einschlagen beziehungsweise ihr Arbeitsleben beginnen. In der Regel wächst auch unser Verantwortungsbewusstsein, wie es ja für die Bewältigung solch langfristiger Ziele und Verpflichtungen unumgänglich ist.

Die neuroaffektive Sicht: Konsolidierung des Lebensstils, Meisterschaft erlangen und Erreichtes bewahren – 30 bis 40 Jahre

Während dieser Jahre sind die Neuronen und die subkortikalen Strukturen, die unser Gefühlsleben und unser Erregungsniveau steuern, stabil. Allerdings nimmt die Funktion in den logischen dorsolateralen präfrontalen Strukturen langsam ab. Das bedeutet, dass sich die Art und Weise, wie wir an die Lösung von Problemen herangehen, allmählich wandelt. Der für die dorsolaterale Funktion typische sequenzielle Stil tritt in den Hintergrund und wird langsam von einem entspannteren und intuitiveren

Verarbeitungsstil abgelöst. Sequenzielles Denken läuft in logischen Schritten ab, wie eine Anleitung zum Zusammenbau eines Möbelstücks von Ikea oder wie ein Kochrezept. In unseren Kulturen werden in den Schulen die meisten Fächer auf diese Weise unterrichtet. Für den dorsolateralen Lernstil funktioniert das gut. Da wir nun ein Alter erreicht haben, in dem wir in vielen Bereichen unseres Lebens zumindest ein paar Erfahrungen gesammelt haben, beginnen wir, neue Situationen durch die Brille dieser Erfahrungen und der Erkenntnisse zu betrachten, die wir bereits in unserem Langzeitgedächtnis gespeichert haben. Dies wird als eine immer genauer werdende Intuition erlebt, als eine aufkommende Fähigkeit, die sich nutzen und in der Realität testen lässt. Bei diesem Verarbeitungsstil, bei dem der orbitofrontale Bereich stärker eingebunden ist, suchen wir nicht nach Schritten, sondern sehen das Subjekt eher als Ganzes vor uns und erkennen die Essenz oder Gestalt, die sich uns ohne unsere bewusste Kontrolle anzubieten scheint. Eine eindrückliche Darstellung davon ist in dem Film »A beautiful Mind – Cracking codes scene« zu sehen, in der Szene, in der es um das Knacken eines Codes geht, der für die Kriegsführung von entscheidender Bedeutung ist (https://www.youtube.com/watch?v=4mjtgdWd67Q). In dieser Szene ignoriert der amerikanische Mathematiker John Nash (gespielt von Russell Crowe) das Angebot des Generals völlig, ihm alle Daten zur Verfügung zu stellen, die frühere Code-Knacker gesammelt haben. Völlig versunken starrt er schweigend auf die leuchtenden Zahlen, die über die Wände verteilt sind. Wir sehen, wie einige Zahlen in verschiedenen Bereichen des Codes aufleuchten und nach einer Weile wendet sich Nash an die versammelten Generäle und sagt: »Ich brauche eine Karte.« Natürlich ist diese Szene lediglich eine poetische Metapher solch eines intuitiven Verarbeitungsstils. Dennoch fängt sie die erstaunliche Erfahrung ein, wie das intuitive Wissen aus dem impliziten (nonverbalen) Verstand aufsteigt.

Nach den intensiven Lebensentscheidungen und Transitionen der Zwanzigerjahre können wir in den Dreißigern feststellen, dass wir bestimmte feste Abläufe und Gewohnheiten in unserem Leben entwickeln. Den meisten Menschen gelingt es, einen gewissen Frieden mit den Strukturen, Verpflichtungen und der Vorhersehbarkeit ihres Lebens zu finden. Für Frauen ist dieses Jahrzehnt das letzte, in dem es noch relativ leicht ist, schwanger zu werden. Für Männer sind dieses und das folgende Jahrzehnt die beste Zeit, um eine Familie mit einem oder mehreren Kindern zu gründen. Dies erhöht den Druck hinsichtlich der Planungen, Verpflichtungen und Lebensentscheidungen – die biologische Uhr tickt. In unseren Gesellschaften sind die Vorstellungen heute viel weniger einheitlich als noch vor 50 Jahren. Seit einigen Jahrzehnten entscheiden sich die Menschen immer später dafür, eine Familie zu gründen oder den Job oder gar den Beruf zu wechseln. Dennoch haben die meisten Menschen inzwischen bestimmte Muster entwickelt, wie sie arbeiten und leben, und bekommen langsam das Gefühl von Meisterschaft in dem, was sie tun. In vielen alten östlichen Kulturen werden in einer Ausbildung, egal ob zum Töpfer oder zur Kampfkünstlerin, zehn Jahre als Minimum dafür erachtet, langsam zum Meister in seinem Fach zu werden. So erleben Menschen, die sich mit Anfang Zwanzig für eine bestimmte Ausbildung entschieden haben und dabei geblieben sind, in ihren Dreißigern, dass sie das Gefühl bekommen, sie beherrschen ihren Beruf und haben es zu etwas gebracht.

Erikson: Generativität versus Stagnation – 40 bis 65 Jahre

In Eriksons Modell bezieht sich die Generativität auf das aufkommende Bedürfnis, Dinge zu schaffen, die unser eigenes Leben überdauern und zu einem zukünftigen Wohl und Nutzen beitragen. Dieses Bedürfnis entsteht nicht unbedingt nur dann, wenn wir Kinder haben. Dennoch sind vielleicht die Verantwortung und die Verpflichtungen, die mit der Erziehung von Kindern einhergehen, der gängigste Motor für die Entstehung dieses Wunsches. Er mag sich auf die Zukunft einer sehr begrenzten Gruppe wie die eigenen Kinder und Enkelkinder konzentrieren, doch viele von uns fühlen das Bedürfnis, innerhalb eines größeren Kontexts oder zu einer größeren Sache einen Beitrag zu leisten, indem sie versuchen, in der Gesellschaft etwas Positives zu bewirken, Elend oder Verzweiflung in der Welt zu lindern oder einem höheren Ziel im gewählten Arbeitsbereich zu dienen. Wir beginnen, uns als Teil eines größeren Ganzen und unsere Rolle als Dienst an diesem Ganzen zu sehen. Können wir solch einen Beitrag leisten, fühlen wir uns nützlich und erfüllt.

Unterlassen wir es, einen sinnvollen Beitrag zu einem größeren Ganzen zu gestalten und zu leisten, entsteht das Gegenteil: eine Oberflächlichkeit in der Beziehung zur Welt und ein Gefühl der Stagnation (Erikson verwendet für Stagnation auch den Begriff Selbst-Abkapselung). Ohne diese Investition in das kreative Geschenk ans Größere kommen die persönliche Integration und Vertiefung zum Stillstand. Wir neigen dann dazu, uns in persönliche Angelegenheiten zurückzuziehen, wodurch wir das Gefühl der Fürsorge anderen gegenüber verlieren oder abschwächen und uns der ständigen persönlichen Herausforderung entziehen, mit Weltanschauungen und Werten zu arbeiten, die manchmal nicht nur anders als unsere eigenen sind, sondern ihnen sogar diametral entgegengesetzt sein können.

Die Forschung beschreibt die Hirnentwicklung des Erwachsenen häufig in Zehn-Jahres-Schritten. Deshalb werden wir für die Darstellung der neuroaffektiven Sicht auch in diesen Zeiträumen weiter vorangehen und in der folgenden Übersicht die zwei Lebensjahrzehnte von 40 bis 50 und von 50 bis 60 betrachten. Dies entspricht in etwa der eben beschriebenen Entwicklungsphase, der Erikson die 25 Jahre von 40 bis 65 zuordnete.

Die neuroaffektive Sicht: Existenzielle Selbstreflexion und die ersten Anzeichen der inneren Reise – 40 bis 50 Jahre

In der Zeit zwischen 40 und 50 Jahren beginnt sich die Entwicklung neuer neuronaler Verbindungen zu verlangsamen. Der eher kontrollorientierte und verbale dorsolaterale präfrontale Kortex zeigt nun Anzeichen eines Stillstands, während der früher entwickelte orbitofrontale präfrontale Kortex weiterhin stark ist, der Bereich also, der für grundlegende innere emotionale Modelle und Bedeutungen eine wesentliche Rolle spielt. Dies erhöht unsere Fähigkeit, mit Emotionen umzugehen und soziale Situationen zu verarbeiten, ohne emotional überfordert zu sein.

In diesem Lebensjahrzehnt nimmt langsam auch die Anzahl der neuronalen Netzwerke ab, die zwischen der rechten und linken Hemisphäre über das Corpus callosum verlaufen. Dies wirkt sich ungünstig auf unser Arbeitsgedächtnis aus, und die Aufnahme neuer Informationen wird allmählich schwieriger. Stattdessen verlassen wir uns stärker darauf, die Fähigkeiten, die wir bereits besitzen, zu nutzen und zu verfeinern. Während sich unsere Emotionen beruhigen und die hochintensiven kognitiven Prozesse sich verlangsamen, entsteht der Wunsch, sich auf die innere Vertiefung und liebevolle Beziehungen zu konzentrieren. Für Eltern kann die persönliche Erforschung und Vertiefung einen Schub erhalten, wenn ihre erwachsenen Kinder das Haus verlassen oder dies planen, denn es ermöglicht ihnen, das Gefühl des »leeren Nests« zu verarbeiten und sich mit ihren zukünftigen Möglichkeiten zu beschäftigen.

Die neuroaffektive Sicht: Innere Vertiefung – 50 bis 60 Jahre

In den Jahren zwischen 50 und 60 kommt es zu einer weiteren Verlangsamung in der Funktion des kognitiven dorsolateralen präfrontalen Kortex. Auch der Hippocampus beginnt allmählich zu schrumpfen. Beide Regionen spielen in der Stressbewältigung eine wesentliche Rolle. Daher steigt in dem Maße, in dem sie schwächer werden, unsere Empfindlichkeit gegenüber Belastung und Stress. Es fällt uns auch schwerer, bewusste, verbale (explizite) Gedächtnisinhalte abzurufen, was dazu führt, dass wir häufiger Schwierigkeiten haben, Worte – und manchmal auch Hausschlüssel – zu finden. Gleichzeitig wird das nonverbale (implizite) Gedächtnis effektiver, da die tiefen Bereiche des emotionalen und beziehungsorientierten limbischen Systems intakt bleiben.

Auch die neuronalen Netzwerke, die einzelne Neuronen verbinden, schrumpfen und werden allmählich schwächer (Liu et al. 2017). Aufgaben, die in unseren Zwanzigern von einem einzigen Gehirnareal zu bewältigen waren, nehmen nun, wo wir in unseren Fünfzigern sind, große Bereiche unseres Gehirns in Anspruch. Dies verlangsamt unsere mentale Verarbeitungsgeschwindigkeit, schärft aber auch die ganzheitliche Perspektive und verfeinert unsere erfahrungsbasierte Intuition. Während das jüngere Gehirn eher im Problemlösungsmodus und in systematischen, schrittweisen Prozessen vorgeht, arbeitet das reife Gehirn, indem es situationsbezogene Informationen aufnimmt und sie intuitiv mit allen Erfahrungen des bisherigen Lebens verknüpft (Gladwell 2005/2005; Goldberg 2009). Während sich das alternde Gehirn auf diese neue Form der Funktion verlagert, profitieren wir sehr davon, weiterhin neue Erfahrungen zu machen und Neues zu lernen. Wenn wir kontinuierlich dafür sorgen, dass sich unsere bestehenden Fähigkeiten verfeinern und wir uns immer wieder neue aneignen, so gewährleistet das, dass unsere intuitive Funktion beständig aktualisiert wird und uns unsere Lernfähigkeit so gut wie möglich erhalten bleibt.

Erikson: Integrität versus Verzweiflung – 65 bis zum Tod

»Integrität versus Verzweiflung« ist Erik Eriksons letzte Stufe der psychosozialen Entwicklung. Sie konzentriert sich auf die Herausforderung, ein Gefühl der Freude und persönlichen Integrität aufrechtzuerhalten oder sogar zu steigern, während uns langsam Fähigkeiten, Aktivitäten und Beziehungen verlorengehen, die uns wichtig sind. Diese Phase beginnt im Alter von etwa 65 Jahren und endet mit dem Tod. Wir erleben einen Verlust körperlicher Fähigkeiten und Funktionen und unserer Gesundheit. Unser eigenes Leben nähert sich seinem Ende, und immer mehr geliebte Menschen werden schwach, krank oder sterben. Diese Ereignisse erzeugen einen Sog in Richtung Verzweiflung. Dagegen steht die Integrität. In ihrer einfachsten Form erleben wir sie als ein Gefühl von Kohärenz und Ganzheit. Es gehört zur Integrität des Alters, seinen Frieden damit zu finden, dass der Lebenszyklus von der Geburt zum Tod führt, und dass man das Gefühl hat, dass die Identität ihre Vollendung gefunden hat. Dies erfordert, dass wir uns mit dem Leben, das wir gelebt haben, versöhnen. Erikson beschrieb die Integrität als »die Akzeptanz des einen und einzigen Lebenszyklus, den man gelebt hat, als etwas, was sein musste« (1950/1968, S. 268 engl. Ausgabe) und später als »ein Gefühl von Kohärenz und Ganzheit« (1982/1988, S. 65 engl. Ausgabe). Eine neue Ebene wortloser Einsicht entsteht und lässt die Konflikte, die früheren Phasen innewohnten, in einem anderen Licht erscheinen. Die Integrität ermöglicht es dem Selbst, seinen eigenen Weg zur Weisheit anzuerkennen und zu respektieren.

Das Alter bringt in der Regel eine unvermeidliche Abnahme des sozialen Engagements und einen gewissen Rückzug aus der Gesellschaft mit sich. Die Kinder sind zu Hause ausgezogen und haben ihre eigene Familie gegründet. Die meisten von uns sind im Ruhestand. Wegen beginnender körperlicher Schwächen sind die uns zur

Verfügung stehenden Möglichkeiten häufig eingeschränkt. Das Ziel dieser Entwicklungsphase ist es, nicht in den natürlich aufkommenden Gefühlen von Verlust und Verzweiflung steckenzubleiben und zum Stillstand zu kommen. Stattdessen können wir diese Gefühle transformieren, wenn wir dem Wunsch folgen, das allerbeste, das wir geben können, noch weiterzuentwickeln und wertvolle Beiträge, vielleicht sogar solche, die uns überleben, an andere weiterzugeben. Wenn wir uns als Teil der Vergangenheit und Zukunft einer Familie und vielleicht sogar der Geschichte der Menschheit als solcher erleben, kann die »Verzweiflung des Alters« einen Sinn bekommen und von der viel größeren Sphäre der Weisheit umfangen werden.

Das moderne Leben hat dem alternden Gehirn gut getan: Der allgemeine Konsens in der heutigen Hirnforschung ist, dass die heutigen Siebziger die früheren Sechziger sind. Außerdem laufen die Prozesse im Gehirn mit zunehmendem Alter immer individueller ab, sodass die allgemeinen Trends, die wir beschreiben können, immer weniger umfassend auf einen einzelnen Menschen zutreffen. Natürlich werden viele Menschen auch gar nicht 60, geschweige denn 90. Der nun folgende Überblick ist deshalb als sehr grobe Skizze zu verstehen und folgt auch nicht mehr den Zehn-Jahres-Schritten.

Die neuroaffektive Sicht: Konsolidierung der Weisheit – 60 bis 75 Jahre

Der Abbau von grauer Hirnsubstanz geht weiter, das heißt die Neuronen nehmen weiter ab, und die Geschwindigkeit der Signalübertragung verringert sich ebenfalls weiter. Die Amygdala, das Zentrum für Angstreaktionen tief im limbischen System, wird weniger aktiv, und die Verarbeitung von Gesichtsausdrücken verschiebt sich von der rechten zur linken Hemisphäre, was bedeutet, dass wir Emotionen bei anderen Menschen stärker als Informationen über sie und weniger als etwas wahrnehmen, das uns emotional beeinflusst. Dies kann sich auch darin ausdrücken, dass man weniger Empathie mit anderen empfindet, doch üblicherweise hat es die gegenteilige Wirkung. Verfügt man über gut entwickelte empathische Fähigkeiten, wird es im Allgemeinen leichter, empathisch zu sein, wenn man sich weniger stark emotional identifiziert.

Man würde es vielleicht gar nicht erwarten, doch die Lebenszufriedenheit und positive Gefühle steigen nach dem 60. Lebensjahr sprunghaft an. Dies kann mit der stärkeren Integration der Gehirnfunktionen, der Entwicklung reifer psychischer Selbstschutzreaktionen und den lebenslang stabilen und erfüllenden primären Beziehungen zusammenhängen, die viele von uns bis zum späten Erwachsenenalter aufgebaut haben. All diese Elemente – die neuronale Integration, ein ausgereifter psychischer Selbstschutz und langfristige emotionale Kontakte – unterstützen die Entwicklung von Weisheit. Ihr Erblühen zeigt sich in einer hochgradig verfeinerten Aufmerksamkeitskapazität, einer Fähigkeit zu höchst differenzierten Überlegungen und der Fähigkeit, viele Blickwinkel einzunehmen, was zu ausgewogenen Schlussfolgerungen und fürsorglichem Denken und Handeln führt.

Die neuroaffektive Sicht: Existenzielle Loslösung – 75 Jahre bis zum Tod

Die Übertragungsrate zwischen den Neuronen nimmt durch die weitere Reduzierung der Gehirnzellen, der grauen Substanz, und der neuronalen Verbindungen, der weißen Substanz, noch weiter ab. Ablagerungen bilden sich bereits seit Jahrzehnten, doch nun geschieht dies schneller. Wie der Belag auf den Zähnen schaden auch die Ablagerungen im Gehirn der Gesundheit. Hirngewebe wird durch Narbengewebe und Stützzellen, sogenannte Gliazellen, ersetzt, und der Hippocampus und die orbitofrontalen Bereiche werden schwächer. All diese Prozesse des Verfalls verursachen Schwierigkeiten bei der Erinnerung an aktuelle und kurz zurückliegende Ereignisse und Handlungen. Die Problemlösungsfähigkeiten und Meinungen aus früheren Lebensphasen sind immer noch stark ausgeprägt, aber es fällt uns zunehmend schwerer, neue Fähigkeiten zu erlernen oder neue Standpunkte einzunehmen. Zwar wurde noch keine Bürste zur Reinigung und Auffrischung des Hirngewebes erfunden, doch glücklicherweise hat sich herausgestellt, dass Bewegung ein recht wirksames Mittel zur Reinigung und Verjüngung des Gehirns in jedem Alter ist, und dass Meditation den Verlust der grauen Substanz (Neuronen) verlangsamt. Bewegungsmeditationen, die beides kombinieren, wie z.B. Tai Chi, könnten eine ausgezeichnete Wahl zur Erhaltung der Gehirngesundheit sein.

Mit dem Tod, der zu einem ständigen Begleiter geworden ist, Frieden zu schließen, ist jetzt eine zentrale Aufgabe. Partnerinnen und Partner und lebenslange Freunde sterben. Wertvolle persönliche Gegenstände, vielleicht aus früheren Generationen, müssen weitergegeben werden. Viele Menschen treffen sogar Entscheidungen bezüglich ihrer Bestattung und Trauerfeier. Wir stehen an der Schwelle. Wir stehen kurz davor, alles zu verlieren, was wir besitzen, alles, was wir waren, alles, was wir sind und alles, was wir wissen. Dies führt natürlicherweise zu tiefen Reflexionen über unser Leben und den bevorstehenden Tod. Es eröffnet uns eine besondere und sehr persönliche, oft sehr nahegehende Sicht auf die Zukunft, an der wir nicht mehr teilhaben werden. Es eröffnet uns auch eine Vision davon, wie unser Leben im Leben anderer weitergeht, am deutlichsten in Kindern und Enkelkindern, aber auch in all den Formen, wie wir unseren Teil der Welt geprägt und zu ihm beigetragen haben, sei es in Büchern, Kunstwerken, musikalischen Kompositionen oder weniger deutlich sichtbar in den Herzen und Köpfen all der Menschen, die wir berührt haben.

Ein weiterer Aspekt der Vorbereitung auf den Tod hat mit der Angst vor den körperlichen und psychischen Schmerzen zu tun, die mit den meisten Sterbeprozessen einhergehen. Und schließlich gibt es noch die Beziehung zum eigentlichen Mysterium des Todes, dem großen Unbekannten, in das wir alle verschwinden werden. Mehrere Autoren (Halifax 2009; Remen 1997), die sich persönlich und beruflich mit Todesprozessen beschäftigt haben, weisen darauf hin, dass es uns Menschen ein tiefes Bedürfnis ist, uns auf unsere Sterblichkeit zu beziehen. In dieser Auseinandersetzung mit dem Tod ist es wichtig, uns bewusst zu sein, dass es nicht um die »richtige« Art des Sterbens geht. Wie jeder Geburtsprozess ist auch der Tod ein höchst individueller Transformationsprozess, und es ist wichtig, jeden Sterbeprozess, vor allem den eigenen, mit neuen Augen zu sehen.

Damit sind wir am Ende der Übersicht über die Reifungsprozesse im Verlauf eines Lebens angelangt. Sie haben vielleicht bemerkt, dass jede Phase im Sinne des Potenzials beschrieben wird, das sie birgt, und nicht im Sinne all der Dinge, die schiefgehen oder misslingen können. Wie ich eingangs erwähnt habe, kann es jederzeit im Leben zu Traumen oder Stagnation kommen, genauso wie zu Krankheit und Tod in Familien und Beziehungen. Wir können uns allerdings auch immer wieder und jederzeit auf einen »richtigen« Kurs ausrichten. Außerdem mag es sein, dass viele Menschen bestimmte Lebensereignisse zu anderen Zeiten als den hier beschriebenen erfahren. Manche Frauen bekommen schon in der Jugend ihr erstes Kind, andere mit über 40 und wieder andere gebären gar keine Kinder. Ich habe die Aufgaben der Betreuung alternder Eltern, behinderter Kinder oder kranker Geschwister, die wir übernehmen beziehungsweise mit denen wir betraut werden, wenn wir in spätere Lebensabschnitte eintreten, völlig ausgeklammert – diese Aufgaben sind mit der gestiegenen Lebenserwartung in den westlichen Gesellschaften schier explodiert. Dennoch hoffe ich, dass Ihnen diese Seiten eine Vorstellung vom Zusammenwirken biologischer und persönlicher Reifungsprozesse vermitteln konnten.

Im nächsten Kapitel werden wir uns mit verschiedenen Arten der meditativen Praxis befassen und sehen, wie sie sich auf die Prozesse im dreieinigen Gehirn und die Reifung der Weisheit im Erwachsenenleben auswirken.

6
Weisheitspraxis und Gehirnregulation

»Gott ist ein Fraktal.«
— Suvaco Bhikku, *private Kommunikation*

Meditation und Wissenschaft

Seit der Jahrtausendwende konnte in vielen Studien gezeigt werden, dass Meditation Stress verringert, Empathie und Belastbarkeit erhöht, mit Veränderungen im Gehirn einhergeht und beim Umgang mit chronischem Schmerz, Angstzuständen, Depression und weiteren Erkrankungen helfen kann (Goleman & Davidson 2017; Kabat-Zinn 1990/1991). Das Mindfulness-Based Stress Reduction Programm (MBSR, wörtlich: achtsamkeitsbasiertes Stressreduktionsprogramm) von Jon Kabat-Zinn sowie die ihm nah verwandte achtsamkeitsbasierte kognitive Therapie (MBCT) sind wahrscheinlich die am weitesten verbreiteten und erforschten Ansätze für die Behandlung psychischer Probleme, in denen schwerpunktmäßig mit Meditation gearbeitet wird (Löhmer & Standhart 2014). Diese Programme haben Eingang in alle möglichen klinischen Settings gefunden, von chronischen Schmerzkliniken und psychiatrischen Abteilungen über Gefängnisse bis hin zu ambulanten psychotherapeutischen Praxen. Wie Richard Davidson und Daniel Goleman schreiben (Goleman & Davidson 2017), zeigt sich ein unmittelbarer Nutzen der Meditation oft schon nach sehr kurzer Zeit. Bei langfristiger intensiver Meditation und der Teilnahme an Meditationsretreats fand man Korrelationen mit bleibenden Persönlichkeitsveränderungen. Andererseits gibt es aber auch die Erkenntnis, dass Meditation bei manchen Menschen ein Gefühl der Depersonalisation und Depression verstärken kann. Außerdem verweisen Studien zu Achtsamkeitstrainings auf zum Teil hohe Abbruchraten (Crane & Williams 2010). Daraus lässt sich schließen, dass die Forschung uns zwar mit statistischen Angaben eine Richtung weisen kann, dass aber letztlich in jedem Einzelfall herausgefunden werden muss, welche Behandlungsform und welche meditativen Ansätze passend sind und funktionieren.

Auch nach zwei Jahrzehnten wissenschaftlicher Meditationsforschung liegt den Studien noch immer keine allgemein akzeptierte Definition von Meditation zugrunde. Weiterhin fehlen auch gemeinsame Kriterien für die Beschreibung verschiedener

Meditationsformen und deren Auswirkungen auf das Leben oder das Gehirn. So besteht die Aufgabe weiterer Forschung zum einen darin, Kategorien für verschiedene Bewusstseinszustände zu erarbeiten, speziell für solche, die nicht aus dem religiösen Kontext stammen, und zum anderen darin, Kategorien für verschiedene Meditationspraktiken zu entwickeln, um sie wissenschaftlich vergleichen zu können.

Diese schier unermessliche Aufgabe stellt den ersten Schritt zur wissenschaftlichen Betrachtung von spiritueller Praxis dar. Meditation ist ja nicht im Kontext messbarer Stressreduktion oder klinischer Interventionen entstanden. Seit jeher werden Meditation und Gebet gemeinsam praktiziert und hatten auch immer schon einen spirituellen oder religiösen Fokus. Viele Kulturen kennen irgendeine Form von Meditation. Die ältesten Texte darüber stammen aus etwa dem Jahr 1500 v. Chr. und wurden in Indien gefunden. In den religiösen Praktiken werden Methoden, die sich hauptsächlich auf das Gewahrsein fokussieren, die Gedanken beruhigen und die Aufmerksamkeit stabilisieren, traditionellerweise zusammen mit emotionaleren Übungen sowie Übungen der Andacht angewendet. Dazu gehören Dankbarkeits- und Mitgefühlsgebete. Diese beiden Aspekte, nämlich die Stille im Geist sowie die Innigkeit in Beziehung waren immer schon mit kulturellen Narrativen verwoben. Die im Sudan vorfindlichen verschiedenen Arten des Islams sind nicht der Islam des Iran. Der Buddhismus Vietnams ist nicht der Buddhismus Nepals. Das Christentum, dem wir in Italien begegnen, ist nicht das Christentum der Norweger. So verwundert es nicht, dass ein riesiges Projekt in der modernen Meditationsforschung darin besteht, die universell gültigen Übungsformen, die die Entwicklung einer weisen Präsenz fördern, von allen kulturellen und religiösen Überzeugungen zu befreien, und für unsere moderne Welt in einen neuen Kontext zu stellen. Religiöse Praktiken erfinden sich seit jeher immer wieder neu. Vision und Ziel vieler aktueller Bemühungen ist es daher, mithilfe der Wissenschaft die universellen Anteile der Methoden, die Menschen zur spirituellen und existenziellen Vertiefung nutzen, zu erkunden und transparent zu machen und darauf beruhend einen neuen Kontext zu entwickeln.

Meditation und die Entwicklung von emotionaler Reifung

Von der Warte der Entwicklungspsychologie aus ist es wichtig, mit Formen von Aufmerksamkeit zu arbeiten, die die emotionale Reifung des dreieinigen Gehirns fördern und integrieren. Im Prozess der Persönlichkeitsentwicklung werden – ebenso wie durch meditative Erfahrungen – neuronale Strukturen integriert: Weil das bewusste Erleben eine präfrontale Funktion darstellt, werden durch die meditativen Erfahrungen die präfrontalen Funktionen mit den limbisch-emotionalen Prozessen und der autonomen Energieregulation integriert. Die Erregung bzw. Aktivität im Nervensystem hat ihren Ursprung auf der autonomen, sensorischen Ebene, wird aber von den höheren Ebenen reguliert. Auf der limbischen Ebene findet diese Regulierung über die emotionale Einstimmung mit anderen statt, auf der präfrontalen über die Verhaltenskontrolle und mentale Prozesse. Während der vier Ebenen der präfrontalen Reifung, wie sie im Kapitel 3 beschrieben sind, werden viele Areale des präfrontalen Kortex aktiv, sie »gehen online«, und schaffen fein abgestimmte Informationsnetze, die sich mit all den darunterliegenden Ebenen verweben. Mit den Erfahrungen in der Jugend und während des gesamten Erwachsenenlebens werden diese Fähigkeiten verfeinert und erweitert. Auf gleiche Weise sollten meditative Prozesse und Erfahrungen diese Netzwerke stärken und vertiefen und damit die Integration aller Aspekte unserer Psyche fördern: unserer Erregungsdynamiken, emotionalen Funktionen und mentalen Prozesse. Auf keinen Fall sollte uns die Meditation dazu dienen, sie zu umgehen oder ihnen mit spirituellen Ausreden auszuweichen.

Alle meditativen Prozesse nutzen die bewusste Aufmerksamkeit, und immer wenn wir in unserem Inneren oder im Außen bewusst auf etwas achten, ist der präfrontale Kortex aktiv. Besonders aktiv ist er allerdings, wenn wir etwas Neues lernen oder uns einer Fähigkeit widmen, die wir noch nicht vollständig beherrschen. Gehirnscans von Menschen, die seit langer Zeit intensiv meditieren, weisen während des Meditierens viel weniger präfrontale Aktivierung auf als jene von Anfängern. Mit dem Meditieren ist es wie mit dem Radfahren und allen anderen Fertigkeiten: ist man erst einmal darin geübt, geht es wie von selbst. Und wie bei allem anderen auch, empfinden wir es als größeres Vergnügen, wenn es weniger Anstrengung erfordert.

Meditative Praktiken und die autonome Ebene

Die Fähigkeit zur Mentalisierung lässt uns mentale Zustände – unsere eigenen und die der anderen – ebenso wie ihre Veränderung erfassen und beschreiben. Meditative Erfahrungen fördern hingegen das bewusste Gewahrsein, ohne dabei Sprache ins Spiel bringen zu müssen. Das neuroaffektive Modell beschreibt vier grundlegende Entwicklungsebenen, die unterhalb der verbalen Verarbeitungsebene liegen. Daher ist es für eine Betrachtung nonverbaler Bewusstseinsaspekte gut geeignet.

Auf der autonomen Ebene haben wir den Hirnstamm, der die grundlegenden Lebensfunktionen und die Instinkte reguliert. Ebenso finden wir hier die Basalganglien, in denen unser Grad an Wachheit reguliert wird. Unter normalen Umständen wirken das sympathische und parasympathische Nervensystem in einer Art Tanz zusammen, in dem sie einander wechselseitig regulieren: erhöht das eine seine Aktivität, wird das andere weniger aktiv und umgekehrt. Ist der beruhigende, parasympathische Aspekt am aktivsten, werden wir schläfrig oder schlafen ein. Ist der aktivierende, sympathische Aspekt gerade dominant, sind wir bereit zu handeln. Auch in der Meditation begegnen wir diesen Mustern mal als parasympathische Tendenz, in den Schlaf zu gleiten, mal als körperliche und geistige Rast- und Ruhelosigkeit. Es mag auch vorkommen, dass wir zwischen den beiden hin- und herwechseln. Doch das autonome Nervensystem kennt in seiner Funktion nicht nur diesen Tanz zwischen hoher und niedriger Erregung.

Newberg und d'Aquili (2002) beschreiben zwei weitere natürliche funktionale Zustände des autonomen Nervensystems, die selten erwähnt werden. Dabei handelt es sich um zwei Formen paradoxer Aktivierung, d.h. dass das sympathische und parasympathische System gemeinsam höchst aktiv sind. Zu diesen Zuständen kommt es, wenn wir uns Gipfelerlebnissen, auch solchen spiritueller und transpersönlicher Natur, nähern. In diesen tieferen bzw. ausgedehnteren Bewusstseinszuständen werden der energetisierende sympathische und der beruhigende parasympathische Zweig gleichzeitig aktiviert. Dadurch haben wir das Gefühl, zutiefst entspannt und gleichzeitig höchst energiegeladen und wach zu sein. Es kann sein, dass wir in einem solchen Zustand auch jegliches Zeitgefühl verlieren.

Derartige Erfahrungen tauchen häufig spontan mitten in einer repetitiven sympathischen Aktivität in Form einer intensiven parasympathischen Aktivierung auf. Vielleicht machen wir buddhistische Niederwerfungen oder joggen auch einfach nur und plötzlich fließt die Bewegung wie von selbst und wir haben ein Gefühl der Ausdehnung, Entspannung und sogar Glückseligkeit. Dies deutet darauf hin, dass mitten in einer sympathischen Aktivität eine hohe parasympathische Aktivierung stattfindet.

Ein anderer paradoxer Zustand entsteht aus einer parasympathischen Aktivität heraus: wir sitzen vielleicht da und meditieren oder tun auch gar nichts Besonderes, sind vielleicht ein bisschen müde und unkonzentriert, nehmen den Atem und den Körper wahr. Plötzlich löst vielleicht etwas in unserem Inneren, ein Gefühl, ein Gedanke, die Wahrnehmung einer veränderten Empfindung oder ein unerwartetes Geräusch von außen eine neue Bewegung im Nervensystem aus. Plötzlich strömt eine Welle leuchtender, sympathisch aktivierter Aufmerksamkeit durch unser Gewahrsein, und wir fühlen uns höchst lebendig, wach und präsent. Diese spontane paradoxe Aktiviertheit scheint in höheren Bewusstseinszuständen nicht selten zu sein.

Wenn die Meditationspraxis traumatische Zustände aktiviert

Traumatische Ereignisse und Lebenserfahrungen haben häufig schmerzliche oder sogar verheerende Nachwirkungen. Tatsächlich kommt es aber auch vor, dass sie sich wie ein verborgenes Geschenk als ein Tor oder einen Durchgang in die tieferen Bewusstseinsschichten und umfassenderen Bewusstseinsbereiche erweisen. Die

Wissenschaft beginnt gerade erst, sich der Erforschung derartiger Erfahrungen und Phänomene zu widmen. Manche Menschen, die schwere und andauernde Traumata überlebt haben, berichten, dass sie in den Stunden tiefster Verzweiflung ganz tief in sich eine allem zugrundeliegende Ressource fanden – ein unerschütterliches gefühltes Wissen um den tiefen Sinn all des Erlebten, eine innere Kraft oder Quelle, ein Gefühl von Spirit, von der Anwesenheit einer göttlichen Präsenz. In besonderer Weise hat Dietrich Bonhoeffer in seinen Briefen aus dem Konzentrationslager dieses Erleben zum Ausdruck gebracht. Sein Vers »Von guten Mächten wunderbar geborgen, erwarten wir getrost, was kommen mag …« ging um die ganze Welt. Dieses Gefühl unerschütterlichen Vertrauens und großer Dankbarkeit bleibt den Betroffenen von existenziellen Traumatisierungen oft erhalten, wie ein ständiger Begleiter, der an die Kostbarkeit des Lebens erinnert. Aus diesem Grund kann ein Trauma mitunter als ein Tor zur Entdeckung eines unzerstörbaren Teils von uns selbst und unserem Sein empfunden werden, ein Tor zur Wahrnehmung von Spirit, dem Alles-Beseelenden.

Reaktionen auf traumatische Erfahrungen und spirituelle Öffnungen scheinen trotz aller Verschiedenartigkeit auf der Ebene der Hirnfunktion einiges gemeinsam zu haben. Auf der tiefsten Ebene der Hirnorganisation, auf der des autonomen Nervensystems, führt ein Trauma oft zu einem Zustand höchster Erregung und gleichzeitig stärkster Bewegungslosigkeit bzw. Bewegungsunfähigkeit. In formalen spirituellen Ausbildungen kündigt die gleiche spontane Entstehung von Erregung und gleichzeitiger Bewegungslosigkeit im Organismus tiefe Erfahrungen eines spirituellen Öffnungsprozesses an. Ich weiß noch, wie ich als Psychotherapeutin, die sich auf psychische Traumata spezialisiert hatte, zum ersten Mal die obige Beschreibung paradoxer Aktivierung in spirituellen Erfahrungen von Newberg und d'Aquili las. Mir ging plötzlich ein Licht auf: »Moment mal – die Autoren beschreiben genau das, was im Zustand der Erstarrung passiert? Der Kampf- oder Fluchtmodus des Sympathikus ist stark aktiviert, und gleichzeitig kommt es zu einem parasympathisch ausgelösten Zusammenbrechen bzw. Erstarren! Wie kann es sein, dass Zustände, die durch Meditation entstehen, und solche, die durch ein Trauma ausgelöst wurden, das Gleiche bewirken?« Bei einer traumatischen paradoxen Aktivierung ist der oder die Betroffene angesichts einer unerträglichen Situation immobilisiert und fühlt sich vielleicht sogar wie gelähmt (was eine parasympathische Reaktion ist), gleichzeitig sind Herzfrequenz und Blutdruck auf einem Höchststand, was eine sympathische Reaktion anzeigt. Dies weist uns darauf hin, dass wir uns der paradoxen Aktiviertheit durch meditative Zustände vielleicht klugerweise eher langsam annähern sollten, damit sich unsere uralten Überlebenssysteme an die gesteigerte Intensität anpassen und auf eine neue Weise lernen können, dass an dieser Erfahrung höchster Aktivierung nichts Lebensbedrohliches ist. Oft ist es sogar hilfreich, sich im Verlauf einer Meditation aktiv aus diesen Zuständen gesteigerter Intensität hinauszubegeben, sich etwas zu strecken und zu bewegen, und sich dann wieder zu setzen und in der Meditation fortzufahren. Auf diese Weise lernt das Nervensystem, mit dem Übergang zwischen den gewohnteren und den paradoxen Bewusstseinszuständen leichter umzugehen.

Wie Sie in den Ausführungen ab Kapitel 8 sehen werden, lege ich eine starke Betonung auf die Übergänge, auf den Wechsel vom alltäglichen Bewusstseinszustand in die meditativen Zustände und wieder zurück. Sind wir in der angemessenen Gestaltung dieser Übergänge nicht geübt, können wir durch intensive neutrale Beobachtungspraktiken in dissoziierte, depersonalisierte Zustände geraten – und das ist mit Sicherheit nicht Sinn und Zweck der Meditation. Dazu ein Fallbeispiel:

Die junge Frau, eine passionierte Musikerin, die regelmäßig meditierte, wurde für einige Sitzungen an mich verwiesen, weil sie das Gefühl hatte, dass ihr Körper und ihr Leben ihr immer fremder wurden. Als sie ihre Geschichte erzählte, wurde mir der Grund hierfür bald klar. Jeden Tag übte sie auf der Flöte viele Stunden lang Tonleitern und praktizierte gleichzeitig eine Form von Meditation, in der sie ihre Aufmerksamkeit auf den leeren Raum am Beginn der Nasenlöcher konzentrierte, wo die Luft ein- und ausströmte. Ein paar Sitzungen lang übte ich mit ihr, die Aufmerksamkeit stattdessen auf der am tiefsten liegenden Stelle ihres Körpers ruhen zu lassen, wo sie noch spüren konnte, dass sich die Luft bewegte. Anfangs war die am tiefsten liegende Stelle, mit der sie Kontakt aufnehmen konnte, der Hals. Langsam begann sie auch zu spüren, dass sich ihr Bauch mit dem Luftstrom bewegte. Als sie allmählich die Verbindung zwischen diesen inneren Empfindungen und ihrer Leidenschaft für die Musik herstellte, begann sie sich auch lebendiger und mit sich selbst besser verbunden zu fühlen. Dieser Wandel hin zu größerer Lebendigkeit war auch äußerlich sichtbar: ihre Augen funkelten, ihr Gesicht strahlte, ihr Körper war ausdrucksstark und entspannt.

Durch die täglichen stundenlangen Meditationen auf den leeren Raum am Eingang ihrer Nasenlöcher und das gleichzeitige Üben der Tonleitern hatte sich die junge Frau mit der Zeit von ihren Körperempfindungen und Gefühlen abgeschnitten und war allmählich tief in ein Gefühl der Depersonalisation gerutscht. Die Ursache dafür war kein Trauma, sondern eine bedauerliche Nebenwirkung ihrer speziellen Meditationspraxis. Als sie ihre Praxis soweit veränderte, dass sie die beim Atmen entstehenden inneren Empfindungen mit einbezog, wandelte sich ihr gesamtes Erleben. Sie sah viel lebendiger aus und fühlte sich auch so. Nach dieser Erfahrung suchte sie sich einen Meditationslehrer, der die Arbeit mit Körperempfindungen und Gefühlen in die Meditation einbezieht.

Bei einer zu schnellen oder zu intensiven Aktivierung kann es sein, dass die für Angst und Flucht zuständige Amygdala höchste Gefahr signalisiert und Angst im

System auslöst. Hierauf gründet sich neuronal gesehen die Ähnlichkeit zwischen transpersönlichen Zuständen und traumatischen Erlebnissen. Von vielen Menschen haben wir Beschreibungen darüber, wie ein Trauma sie buchstäblich in höhere Bewusstseinszustände katapultiert hat, und viele Meditierende haben erlebt, wie sie durch höhere Bewusstseinszustände in Traumazustände gefallen sind oder Erfahrungen mit der »dunklen Nacht der Seele« gemacht haben.

Wenn wir dazu neigen, bei der Meditation immer wieder in Kontakt mit traumatischen Erfahrungen zu kommen und uns darin zu verstricken, können wir bewusst zu einer Aktivität übergehen, die den Sympathikus aktiviert, wie zum Beispiel achtsames Gehen oder Laufen, aktive Formen von Yoga oder buddhistische Niederwerfungen. Auch Fußbodenwischen oder Gartenarbeit, also einfach irgendeine Art körperlicher Aktivität, ist dafür gut geeignet. Körperliche Betätigung reguliert gewöhnlich das Nervensystem, solange wir ein gutes Maß finden, sodass sie uns Energie gibt und uns nicht auslaugt. Nach 20 bis 30 Minuten regt einigermaßen intensive körperliche Bewegung üblicherweise auch die Produktion von Endorphinen an, den körpereigenen morphinähnlichen Substanzen, die dazu beitragen können, die traumatische Aktivierung zu reduzieren.

Auch Musik kann zur Beeinflussung und Regulierung unserer Stimmung eingesetzt werden. Dies ist sicher einer der Gründe für die Explosion der Streaming-Dienste im Internet. Musik wirkt auf vielen Ebenen des Bewusstseins. In Zusammenhang mit traumatischen Erfahrungen interessieren uns die tiefsten und primitivsten Ebenen des Bewusstseins. Denn dort muss eine starke positive sympathische Erregung hervorgerufen werden, um den Trauma-Kreislauf zu durchbrechen. Panksepp & Bernatzky (2002) fanden heraus, dass der Körper bei intensiven musikalischen Erlebnissen Endorphine freisetzt, die als angenehmer Energieschub oder strömende Empfindungen erlebt werden. Es überrascht wohl nicht, dass Menschen dabei am stärksten auf ihre Lieblingsmusik reagierten, während eine Gruppe Hühner von Pink Floyds »The Final Cut« (zu Deutsch in etwa: »Der letzte Schnitt«; A. d. Ü.) am positivsten beeinflusst wurde. Hühner – Sie haben richtig gelesen. Es geht hier in der Tat um primitive Bewusstseinsebenen!

Meditative Praktiken und die limbische Ebene

Wenn meditative Praktiken die limbisch-emotionale Funktion einbeziehen, entstehen neue Möglichkeiten auf der sozialen und zwischenmenschlichen Ebene. In Kapitel 3 haben wir uns die limbische Entwicklung angesehen: die Amygdala, der Hippocampus und der Gyrus cinguli spielen eine wesentliche Rolle darin, die emotionale Bedeutung unterschiedlicher Interaktionen zu erfahren. Die emotionalen Qualitäten unserer Interaktionen bestimmen unsere autonome Erregungsdynamik. Wir entwickeln Interaktionsgewohnheiten mit unseren Bezugspersonen, was zur Entstehung unserer Bindungsmuster führt, und wir lernen zu spielen, was die Quelle für unsere Kreativität darstellt. Unser ganzes Leben lang versorgt der limbische Lappen all unsere Beziehungen mit einer Gefühlskomponente, gleichsam mit »Saft«: Freundschaften, Familienbeziehungen, Arbeitsbeziehungen, unseren sozialen Status – und nicht zuletzt unsere Beziehungen zu Konkurrenten und zu jenen, die wir als Feinde betrachten. Rache und Gerechtigkeit, aber auch Einfühlungsvermögen und Altruismus haben hier ihre Wurzeln (de Waal 1996).

Obwohl wir in modernen Gesellschaften leben, in denen wir auf unsere rationale Herangehensweise stolz sind, ist im Leben der meisten Menschen letztlich das limbische System für ihre Gedanken und Verhaltensweisen verantwortlich. Dies bringt zwar einige Nachteile mit sich, doch die Fähigkeit, sich ganz und gar auf etwas einzulassen, hat ihren Ursprung ebenfalls in der Aktivierung des limbischen Areals. Gefühle bewirken, dass uns etwas wichtig ist. Die autonome und die limbische Ebene reagieren schnell und spontan auf Situationen und auf unsere Interaktionen mit anderen. Wir können ganz unmittelbar spüren, ob wir etwas mögen, ob wir es nicht mögen oder ob es uns egal ist. Ohne starke Gefühlskomponente kann es schnell passieren, dass wir das Interesse verlieren. Daher ist es wichtig, dass die limbische Funktion in unsere spirituellen Praktiken einbezogen wird. Sogar das Gefühl der Realität, das Gefühl für das, was wirklich ist, wird vom Grad der Aktivität und Kohärenz in diesen tiefen Funktionsebenen bestimmt. Die grundlegende Erfahrung, im gegenwärtigen Moment voll und ganz lebendig zu sein, hängt von der Integration der autonomen und der limbischen Funktion in die Netzwerke des bewussten Gewahrseins ab.

Emotion: ein Zeichen dafür, dass es wichtig ist!

Im Buddhismus, der auf eine lange Tradition im Zählen verschiedenster Dinge zurückblicken kann, gibt es die Liste der 108 weltlichen, »verunreinigenden« Leidenschaften – wir würden sie vielleicht als emotionale Zustände bezeichnen, die unseren inneren Frieden stören. Meine sehr temperamentvolle liebe alte Freundin Judyth Weaver, außergewöhnlich kompetente Körperpsychotherapeutin sowie Begründerin und Professorin der allerersten universitären Ausbildung in Somatischen Studien am Santa Barbara Graduate Institute und laut eigener Aussage eine »griesgrämige alte Frau«, erzählte einmal von folgender kurzer Begegnung aus ihrer Jugend. Sie war damals gerade als persönliche Schülerin von Yamada Mumon Roshi, Abt von Shofukuji, einem 300 Jahre alten Zen-Kloster in Kobe, Japan, aufgenommen worden, was übrigens für eine Frau höchst ungewöhnlich war. An ihrem ersten zeremoniellen Glockenläuten zum neuen Jahr erwähnte ein Mönch diese 108 verunreinigenden Leidenschaften. Judyth rief ganz spontan aus: »Nur 108? Mir fallen da noch einige mehr ein!« Der Mönch nickte und sagte ganz trocken: »Genau, das ist eine davon.« Als das Gelächter von uns Zuhörern verklungen war, fügte Judyth hinzu: »Gute Mönche fassen sich eben kurz.«

Die emotionale Katharsis wurde bis vor einigen Jahrzehnten in einigen Therapierichtungen, vor allem in der Gestalttherapie, als direkte Möglichkeit benutzt, mit der intensiven Energie der Emotionen in Kontakt zu kommen und sie zu entladen – so war zumindest die theoretische Vorstellung. Diese Ansätze sind in den letzten Jahrzehnten sehr viel seltener geworden. Einer der Gründe für diesen Wandel in der psychotherapeutischen Praxis ist, dass die in den westlichen Kulturen vorwiegend anzutreffenden Persönlichkeitstypen weniger durch neurotische Verdrängung als vielmehr durch chaotische und unzureichend regulierte narzisstische Kräfte geprägt sind. Sich emotional intensiv auszudrücken, um die volle Kraft einer Emotion zu spüren, nützt nur dann, wenn man dies fein dosiert tut – ähnlich wie beim Benutzen sehr scharfer Chilis beim Kochen. Außerdem weiß man aus der Entwicklungsforschung wie auch der Hirnforschung, dass Emotionen relational sind. Sie entstehen im Kontext von Beziehungen, und solange wir nicht bestimmte Emotionen zu unserem Lebensmotto erhoben haben, fließen und wandeln sie sich mit unseren Beziehungszusammenhängen. Emotionen sind nicht irgendwelches ›Zeugs‹, das in uns herumliegt, sondern das Ergebnis eines zwischenmenschlichen Interaktionsmusters. Verändert man das Muster, verändert man damit auch das Gefühl. Das Ziel meditativer Übungen besteht weder darin, unsere Gefühle loszuwerden, noch darin, möglichst tief in sie einzutauchen, sondern darin, nicht mehr länger in bestimmten Gefühlen und Interaktionsmustern festzustecken oder süchtig nach ihnen zu sein. Natürlich ist das manchmal leichter gesagt als getan!

Aus der Entwicklungsperspektive geht es darum, Emotionen als soziale Signale zu empfinden, statt sich in ihnen zu verfangen. Publius Terentius Aferm, ein römischer Sklave und Dramatiker, schrieb um 150 v. Chr. den berühmten Satz: *»Ich bin ein Mensch, und ich glaube, dass mir nichts Menschliches fremd ist.«*

Emotionen – eine wörtliche Übersetzung aus dem Lateinischen wäre etwa »aus Bewegung« – sind innere Signale, die uns mit anderen interagieren lassen. Wut ist normalerweise eine Art inneres Grenzsignal, Traurigkeit ist ein Signal für den Verlust von Kontakt, Angst ist ein Signal für mögliche Gefahr. Einige spirituelle Traditionen scheinen in der Tat Wert darauf zu legen, diese Signale zu eliminieren. Ein hingebungsvoller Anhänger eines buddhistischen Lehrers erzählte mir einmal mit großer Ehrfurcht in der Stimme, dass sein Lehrer gesagt hatte, dass er seit 1982 keinen Zorn mehr empfunden habe, nachdem er beschlossen hatte, dass er dieses Gefühl nicht mehr haben werde. Daraufhin fragte ich mich, wie der Lehrer wohl mit der Scham umging, die diejenigen seiner Schüler gefühlt haben mussten, die zum Beispiel mit Wutproblemen zu kämpfen hatten. Im Gegensatz zu dieser Haltung steht, was der Dalai Lama in einem Interview mit *The Independent* vom Oktober 2015 zu diesem Thema zu sagen hatte: »Man hört nie auf, sich über kleine Dinge zu ärgern. In meinem Fall passiert das, wenn meine Mitarbeiter etwas Unbedachtes tun. Dann wird meine Stimme hoch. Aber nach ein paar Minuten geht es vorbei.« (https://www.independent.co.uk/news/people/the-dalai-lama-reveals-what-makes-him-angry-it-s-when-my-staff-do-something-carelessly-a6698646.html)

Das Erkunden und dann wieder Lösen von Gefühlen erscheint mir auch aus meinem psychotherapeutischen Hintergrund heraus interessant. Für die meisten Menschen, mit denen ich im Laufe der Jahre gearbeitet habe, besteht der erste nützliche Schritt in der Arbeit mit Emotionen darin, neugierig zu werden. Sobald wir neugierig auf unsere Emotionen und Gefühle werden können, schaffen wir einen sicheren Raum, in dem wir sie erkunden können. Wenn es Ihnen allein nicht gelingt, neugierig zu werden, suchen Sie sich jemanden, der diese freundliche Haltung der Neugierde für Sie einnimmt, während Sie sich der Erkundung widmen. Wie können Sie diese Emotion im Körper spüren? Aus der Forschung wissen wir, dass es ohne Körperempfindungen keine Gefühle gibt und dass Gefühle somit buchstäblich die Bedeutungsgeber unseres Unterbewusstseins sind. Wenn wir den ersten Schritt gemacht haben, auf ein Gefühl neugierig zu werden und es zu erkunden, dann können wir uns darin üben, es zu berühren und in seiner Tiefe zu fühlen. Wir können uns Zeit lassen zu akzeptieren, dass es da ist, sodass zur Neugier nun auch ein Gefühl der Akzeptanz hinzukommt. Dies ist kein Test, sondern eine Übung – keine Sorge also, wenn es mit dem Annehmen nicht sofort klappt. Etwas Mühe gehört dazu, wenn man etwas gerade erst übt. Dann lösen Sie sich nach einer Weile wieder von diesem Gefühl. Üblicherweise ist die einfachste Methode, sich von einer ›klebrigen‹ Emotion zu lösen, dieselbe, die Mütter bei ihren kleinen Kindern anwenden: Ablenkung. Denken Sie an etwas oder tun Sie etwas ganz anderes, bis das Gefühl sich legt beziehungsweise in seiner Intensität nachlässt.

Auch spirituelle Ansätze haben integrative Wege gefunden, mit Emotionen umzugehen. In einer meditativen Übung, die ich von meinem Lehrer gelernt habe, können wir einen weiteren Schritt in diesem Prozess des Eintretens in ein Gefühl, des Erkundens der Erfahrung und des Loslassens dieses Gefühls tun. Zuerst erinnern wir uns jeweils ein bis zwei Minuten lang an verschiedene Situationen mit unterschiedlichen Gefühlen. Idealerweise wählen wir eine Mischung aus Gefühlen, die wir mögen und solchen, die wir nicht mögen, zum Beispiel fünf oder sechs der folgenden Gefühle: Angst, Zorn, Traurigkeit, stille Freude, spielerische Freude, Fürsorge, Liebe, Scham, Schuld, Dankbarkeit, Mitgefühl. In einer Fortführung dieses meditativen Prozesses können wir zwei gegensätzliche Gefühle gemeinsam in unser Gewahrsein nehmen: Was geschieht, wenn wir Ärger und Dankbarkeit gleichzeitig in unserem Bewusstsein halten? Eine Version dieser Meditation findet sich in Kapitel 11.

Meditative Praktiken und die präfrontale Ebene

Der präfrontale Kortex ist ein wichtiger Teil unserer riesigen Großhirnrinde, die auf jeder Seite in vier Lappen unterteilt ist. Die präfrontalen Bereiche sind von zentraler Bedeutung für die bewusste Wahrnehmung und Entscheidungsfindung. Sie erhalten Informationen aus allen anderen kortikalen Bereichen, so dass wir zunächst einen kurzen Blick auf die anderen Lappen werfen wollen.

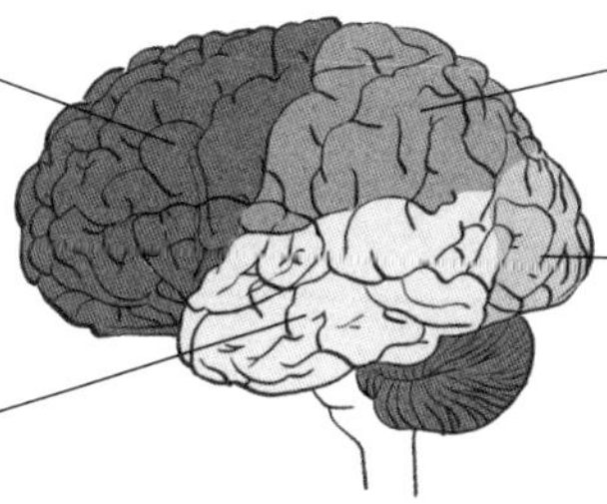

Abb. 8: Diese Abbildung zeigt den Stirnlappen mit dem für die exekutiven Funktionen zuständigen präfrontalen Kortex und dem motorischen Kortex, den Scheitellappen mit dem sensorischen Kortex und dem sensorischen Integrationskortex, den Hinterhauptslappen mit dem visuellen Kortex und den Schläfenlappen, der (unter anderem) für die emotionale Verarbeitung zuständig ist.

Die *Okzipital-(Hinterhaupts-)lappen* erzeugen und verarbeiten visuelle Eindrücke. Diese können sowohl aus den Signalen des Auges als auch aus der Eigenaktivität des Gehirns gebildet werden, wie z.B. Vorstellungsbilder, Tag- und Nachtträume und sogar die spontanen Visionen, die in einigen meditativen Zuständen auftreten.

Die *Parietal-(Scheitel-)lappen* sammeln alle inneren und äußeren Sinneseindrücke ebenso wie die Erfahrung unserer Umgebung und unserer Lage im Raum zu einem einzigen Körpererleben. Diese Lappen werden nach ihrer Funktion auch als sensorisches Assoziationsareal bezeichnet. Bei gewissen höheren Bewusstseinszuständen hemmt die Signalübertragungsstation des Gehirns, der Thalamus, alle Signale an diesen Bereich, wodurch die Praktizierenden jegliches Gefühl für die körperliche Orientierung und ihre physischen Grenzen verlieren.

Die Temporal-(Schläfen-)lappen verarbeiten Klänge und Bedeutung – und bei uns Menschen auch Sprache und unseren emotionalen Ausdruck. Nach Austin (1998) sind sie auffallend schlecht mit der Thalamus-Relaisstation verbunden. Das mag ein Grund dafür sein, dass verbale Beschreibungen so unzulänglich und unbeholfen sind, wenn es um Erfahrungen des höheren Bewusstseins geht. Die Temporallappen organisieren auch eine innere Landkarte mit einem Ich-Gefühl, einer Vorstellung von einem »Ich-hier-drin«. In vielen, wenn nicht sogar in den meisten höheren Bewusstseinszuständen – ebenso wie in der normalen Reifung – wird die selbstfokussierte Realität (dieser Schläfenlappen-Landkarte) transparenter und sie relativiert sich. Wir erfahren uns selbst immer stärker als Teil eines größeren Zusammenhangs und weniger als Mittelpunkt des Universums.

Der präfrontale Bereich, der Frontal-(Stirn-)lappen, der beim Menschen größer ist als bei jedem anderen Tier, ist wesentlich für Narrative, Entscheidungsfindungsprozesse, das Selbstwertgefühl und die moralische Entwicklung. (Auf den motorischen und prämotorischen Kortex, der ebenfalls dem Frontallappen zugehörig ist, werden wir hier nicht näher eingehen.) Gleichzeitig ist dieser Bereich als regulierende Instanz mit allen primitiveren Schichten des Gehirns in Verbindung. Das bedeutet, dass unsere Geschichten über uns und unsere Welt einen tiefgreifenden Einfluss auf unsere emotionalen und somatischen Zustände ausüben. Interessanterweise sind die beiden Hemisphären unterschiedlich ›gestimmt‹, was in ›Split-Brain‹-Experimenten (Gazzaniga 1998) erforscht wurde, bei denen der breite Pfad zwischen der rechten und linken Hemisphäre, das Corpus Callosum (Abb. 7, S. 55), betäubt wird. Ist der linke Präfrontallappen auf sich allein gestellt, erzeugt das eine positivere, glücklichere Stimmung, gleichzeitig ist er aber von den emotionalen und somatischen Netzwerken des Gehirns weitgehend abgetrennt. Da der linke Präfrontallappen über bessere verbale Fähigkeiten verfügt, erfindet er auch Geschichten, die zu dem passen, was er erlebt – ein Prozess, der als »Konfabulation« bezeichnet wird. Ist der rechte Frontallappen allein aktiv, sind wir angespannter, ängstlicher und weniger verbal orientiert, haben aber auch viel besseren Kontakt zu unserem eigenen emotionalen und somatischen Erleben und dem anderer. Bei Menschen, die sich schon lange verkörperten Meditationsübungen widmen, kann der linke präfrontale Bereich eng mit dem rechten verbunden bleiben – und dadurch auch mit den tieferen somatischen Prozessen. Jahre- oder jahrzehntelanges Meditieren schult auch die Fähigkeit, die Aufmerksamkeit zu fokussieren, ohne zu sprechen oder sich Gedanken zu widmen, und bewirkt Veränderungen in diesem Bereich des Gehirns. Er wird dominanter und gewinnt an Einfluss. Hierdurch entsteht ein tieferes und stabileres Gefühl der Freude und Präsenz und häufig nimmt auch die Wahrung der persönlichen Grenzen dann nicht mehr so viel Aufmerksamkeit in Anspruch (Mingyur Rinpoche & Swanson 2010). Wenn die meditative Praxis Mitgefühl einschließt, wird die Art von emotionaler Resonanz, die zu einem ›Caregiver Burnout‹ führen kann, viel schwächer, während beständigere empathische und mitfühlende Zustände mit einem Gefühl der Handlungsbereitschaft verknüpft sind, das darauf abzielt, den Schmerz zu lindern (Goleman & Davidson 2017).

Die Begriffe ›Achtsamkeit‹ und ›Meditation‹ umfassen eine große Bandbreite an Übungen. An dem einen – ganz elementaren – Ende des Spektrums finden sich einfache und spielerische Körperscan- und Atemübungen, an denen sogar Vierjährige schon Spaß haben können. Diese Art von Übung fördert das Empfinden für unseren Körper und unsere tiefe Beziehung zur somatischen Lebendigkeit. Auch wenn das Spiel auf einfachen Prinzipien beruhen und unterhaltsam sein kann, können selbst Erwachsene von einer spielerischen Komponente in der Meditation stark profitieren, denn sie stellt ein wesentliches Gegemittel zu der allgegenwärtigen Dissoziation und dem objektivierten Selbst-Gefühl/Ich-Gefühl unserer Zeit dar.

Übungen zum »inneren Beobachten«, gelegentlich auch als Einsichts-Meditation (Goldstein & Kornfield 1987/1989) bezeichnet, sind eine verfeinerte Form der Praxis. Sie bringen die Perspektive einer ganz feinen, inneren, beobachtenden, bezeugenden Präsenz ein, die einerseits immer noch sehr im Körper zu Hause ist, aber gleichzeitig auch weiter und tiefer reicht als unser Körper und unsere Gefühle. Die Gehirnkapazität für diese Art von innerem selbst-beobachtendem Blick beginnt sich im Alter von etwa acht Jahren zu entwickeln, sodass fortan zu jeder Zeit im Leben innere Beobachtungspraktiken kultiviert werden können. Wie bei anderen Übungs- und Entwicklungsschritten sollte das Kind oder der Erwachsene auch hier idealerweise von einfühlsamen und sachkundigen Lehrern unterstützt werden. In dieser Art von meditativer Schulung unterscheidet man zwei Hauptformen. Die erste ist allgemein unter dem Sanskrit-Begriff *Shamatha* bekannt und schult die bewusste Stabilität und Fokussierung der Aufmerksamkeit. Sie ist eine Art Krafttraining für den mentalen »Muskel«, der für die Aufmerksamkeitsspanne zuständig ist. Diese Form wird häufig als erstes geübt, während *Vipassana*, das offene Gewahrsein, eine »feinspürige« Praxis darstellt, in der man mit der Aufmerksamkeit bei all den unzähligen Erfahrungen jeden Augenblicks verweilt – und zwar mit der vollen Aufmerksamkeit, ohne sich auf irgendwelche der Gedanken, Gefühle oder inneren und äußeren Empfindungen zu fokussieren oder sich in ihnen zu »verfangen«.

Ein Überblick über die Wirkung der Meditation auf das dreieinige Gehirn

Kurz gesagt muss eine Meditationspraxis alle drei neuroaffektiven Ebenen ansprechen und ein Gleichgewicht zwischen ihnen herstellen. Es folgt ein kurzer Überblick darüber, wie dies geschehen kann.

Auf der autonomen Ebene können Meditationsübungen die Erfahrung der Zugehörigkeit zur Welt, eine spontane, entspannte Aufmerksamkeit, die tiefgehende Wahrnehmung innerer und äußerer Empfindungen, die Fähigkeit, sich in die Rhythmen somatischer Lebendigkeit hinein zu entspannen, die Synchronisation mit anderen Menschen und Veränderungen in der eigenen Energie wie auch in der einer Gruppe fördern. Es entstehen tiefere Zustände, die mit einer paradoxen Aktivierung des autonomen Nervensystems einhergehen.

Auf der limbischen Ebene können Meditationspraktiken das Reifen unseres Gefühlslebens und unsere Stressresilienz unterstützen. In einer Art von Übung erkundet man die primären Emotionen und die Fähigkeit, sich von ihnen zu lösen, oder auch die Erfahrung, gegensätzliche Gefühle gleichzeitig im Gewahrsein zu halten, wie etwa Zorn und liebevolle Wertschätzung. Übungen für die limbische Ebene erforschen und verfeinern auch die später reifenden, oft als Herzensgefühle bezeichneten, Erfahrungen der Liebe, der Dankbarkeit, des Staunens und des Mitgefühls. Es ist immer wichtig, diese Übungen und Erfahrungen in unseren primären Beziehungen als tatsächlich gefühltes Erleben im Zusammensein mit Familienmitgliedern, Partnern, Freunden, Tieren oder der Natur zu verankern. Genauso wichtig ist es, dass wir uns bemühen, die weitaus größere Gruppe von Menschen, die uns gleichgültig sind und solche, die wir aktiv nicht mögen, oder auch die Menschheit im Allgemeinen, in diese Praxis einzubeziehen. Ohne diese persönliche Erdung verliert man ganz leicht die Weisheitsintegration, die mit der Verarbeitung unserer gelebten Gefühle und unserer lebendigen Beziehungen einhergeht. Bleiben wir jedoch auf der unpersönlichen Ebene, kann es am Ende passieren, dass wir uns eher wie Linus aus dem Cartoon »*Peanuts*« fühlen: »Ich liebe die Menschheit! Es sind die MENSCHEN, die ich nicht ausstehen kann!«

Auf der präfrontalen Ebene ist es wichtig, dass meditative Praktiken die Fähigkeit unterstützen, sich von persönlichen Narrativen und intensiven Erfahrungen – guten wie schlechten – zu lösen, sich also zu desidentifizieren, und sich einem kontinuierlichen Prozess zu verpflichten, der immer weitere und komplexere Erfahrungsbereiche umfasst, und zwar sowohl angenehme, lustvolle als auch schmerzhafte oder langweilige.

Meditation wird im Allgemeinen in der Abgeschiedenheit oder still in einer Gruppe praktiziert. Der Vorteil ist, dass man es ganz alleine tun kann. Der Nachteil ist ebenfalls, dass man niemanden dazu braucht. Ohne Austausch mit anderen kann es nämlich schwierig werden, zu bemerken, dass man die Meditation gerade dazu benutzt, sich an Tagträumen oder Visionen zu berauschen oder über eine Art Trance vor den eigenen Schwierigkeiten zu flüchten, anstatt das Gewahrsein zu entwickeln und zu erweitern.

7
Meditation, Gebet und das Gehirn

»Möge die Straße dir entgegeneilen,
möge der Wind immer in deinem Rücken sein.
Möge die Sonne warm auf dein Gesicht scheinen
und der Regen sanft auf deine Felder fallen.
Und bis wir uns wiedersehen,
halte Gott dich sicher in seiner Hand.«
— Alter keltischer Segensspruch

Meditatives Gebet oder andächtige Meditation?

Im vorausgegangenen Kapitel haben wir unserer Betrachtung der spirituellen Praxis die neuroaffektive Entwicklung des Gehirns zugrunde gelegt. In diesem Kapitel werden wir einen Blick auf die klassischen spirituellen Praktiken werfen und sehen, wie sie das Gehirn und die Bewusstseinszustände regulieren.

Lassen Sie uns zuerst das Gebet betrachten: viele Gebete sind persönliche um irgendetwas Gutes. Kinder beten zum Beispiel für gute Noten, und Menschen jeden Alters beten um Gesundheit für kranke Angehörige. Kriegerische Nationen bitten Gott um seinen Segen für ihre Waffen und den Sieg im Kampf. Das Gebet kann jedoch noch viel tiefer gehen.

Im Kern des Gebets steckt die Absicht, uns mit einer tieferen Präsenz zu verbinden, von der wir ein Teil sind, von der wir durchdrungen sind und umfangen werden, sowie die Absicht, unsere Wahrnehmung auf die Qualitäten des Gesegnetseins zu lenken. Der alte keltische Segensspruch am Anfang dieses Kapitels gehört zu meinen Lieblingssprüchen. Er stammt aus einer langen mündlichen Tradition, vermutlich aus dem ersten Jahrtausend (n. Chr.). Der Meditation und dem esoterischen Gebet ist gemeinsam, dass sie versuchen, einen Weg, eine intime Nähe, zwischen dem Persönlichen und dem Transpersönlichen zu schaffen. Dies ist auch aus den Schriften von Teresa von Avila ersichtlich, einer der führenden frühen Schriftstellerinnen, die als eine der ersten über das christliche Geistgebet geschrieben hat. Sie schrieb, das kontemplative Gebet sei ein intimer Austausch mit einem guten Freund, von dem wir uns sicher seien, dass Er uns liebe, und mit dem wir oft und sehr gern allein zusammenkämen.

In ihren Schriften konzentriert sich Teresa durchgängig auf die Liebe und nicht auf auswendiggelernte einstudierte Gebete, Gedanken oder Fürbitten. Ihre Namensvetterin, Therese von Lisieux, war eine weitere berühmte christliche Mystikerin, die bereits im Alter von 24 Jahren starb. Hier ist eine ihrer Betrachtungen zum Wesen des Gebets:

> *»Für mich ist das Gebet ein Aufwogen des Herzens,*
> *ein einfacher Blick zum Himmel empor,*
> *ein Ausruf des Erkennens und der Liebe,*
> *aus der Mitte der Prüfung wie aus der Mitte der Freude.«*
>
> — Thérèse von Lisieux

Wie zu Beginn dieses Buches bereits erwähnt, haben sich unsere modernen westlichen Kulturen in der psychosozialen Entwicklung von Kindern und Erwachsenen zunehmend auf Individuation und Individualisierung ausgerichtet. Das hat dazu geführt, dass viele, wenn nicht gar die meisten Menschen sich als getrennt und isoliert von anderen und letztlich sogar von der ganzen Welt und dem Universum erleben. Das spiegelt sich auch in unserer Sprache und unseren Alltagsvorstellungen wider. Nehmen wir etwa den ganz unschuldigen Begriff des »Auf-die-Welt-Kommens«, eine gängige Metapher für das Geborenwerden. Eigentlich müsste man richtiger sagen, dass wir in der Welt auftauchen, ähnlich einer Welle, die im Ozean auftaucht. Und so wie die Welle im Ozean bleibt und sich bewegt, so bleiben und bewegen auch wir uns während unseres ganzen Lebens in der Welt. Wenn wir sterben, löst sich unser Körper wieder in die Welt hinein auf, und was mit unserem Bewusstsein geschieht, weiß eigentlich niemand so recht. Die folgende Anekdote wird dem buddhistischen Dzogchen-Meister Chagdud Tulku zugeschrieben. Einmal fragte ein Schüler ihn: »Wie ist es eigentlich, sich nach dem Tod in den Bardos-Zuständen (der traditionelle Begriff für Bewusstseinszustände) zu befinden?« Chagdud antwortete: »Ich weiß es nicht, ich bin ja noch nicht tot.« Meditation und Gebet bringen uns auf natürlichem Wege dazu, über die Natur unseres Bewusstseins nachzudenken. Auch Wissenschaft und Philosophie prägen mit ihrem Interesse an der Natur des Bewusstseins die Art und Weise, wie wir unser intimstes Ich-Empfinden verstehen können. Deshalb wollen wir jetzt einen kurzen Blick darauf werfen.

Was ist Bewusstsein überhaupt, und woher kommt es?

Eigentlich weiß niemand, woher das Bewusstsein kommt. Der moderne Philosoph David Chalmers (2010) hat diese Frage als »das schwierige Problem« der Bewusstseinsforschung beschrieben. In der Wissenschaft gilt jedoch das Grundprinzip, dass zur Erklärung der bekannten Fakten die jeweils einfachste Theorie anzuwenden ist. Tauchen neue Fakten auf, die der besten aktuell gültigen Theorie widersprechen, muss eine neue gefunden werden. Bis dahin können konkurrierende und einander widersprechende Theorien lange Zeit nebeneinander existieren. Unsere aktuelle, allgemein akzeptierte wissenschaftliche Arbeitstheorie über das Bewusstsein ist, dass sich sowohl das Leben als auch das Bewusstsein, also die Fähigkeit, bewusste Erfahrungen zu machen, aus der physischen Materie entwickelt haben. Nach diesem Verständnis ist alle bewusste Erfahrung eine Funktion des Gehirns. Diese Position vertritt zum Beispiel der von mir sehr geschätzte und weltweit als Autorität auf dem Gebiet der Stress- und Evolutionspsychologie geltende Wissenschaftler, Universitätsprofessor und Autor Robert Sapolsky.

Auch wenn ich eine große Anhängerin fundierter wissenschaftlicher Erkenntnisse besonders auf dem Gebiet der Evolutionspsychologie bin, ist für mich jedoch eine alternative Theorie besser nachvollziehbar. Die vielleicht schlüssigste Beschreibung davon stammt vom Nobelpreisträger Robert Lanza, der seine und Bermans Theorie als »*Biozentrismus*« bezeichnet. Diese Theorie besagt, dass das Universum seinem Wesen nach dazu prädisponiert ist, Lebensformen und bewusste Erfahrungen zu entwickeln, und dass dies bedeuten muss, dass es mit einer Form von vorbestehender Eignung sowohl für Leben als auch für Bewusstsein ausgestattet ist (Lanza & Berman 2008, 2016). Soweit ich das sehen kann, können wir nach derzeitigem Wissensstand weder die eine noch die andere Theorie widerlegen. Aus meiner Sicht als Psychotherapeutin und Meditierende finde ich jedoch, dass der Biozentrismus die praktikablere Theorie ist, weil sie besser zu dem Gefühl der Einheit und Ganzheit in tieferen Meditationszuständen passt und in ihr auch das andächtige »Aufwogen des Herzens« Platz hat, das die christliche Mystikerin Thérèse von Lisieux so wunderbar beschrieben hat. Die Meditation kann als ein stilles, inneres, wortloses Staunen über das Geheimnis unserer innersten Bewusstseinserfahrung erlebt werden. All die verschiedenen Meditations- und Gebetspraktiken können zu »veränderten Bewusstseinszuständen« führen, oft zu Zuständen existenzieller Weisheit und zu transpersonalen Erfahrungen. Einblicke in ein ›bewusstes Universum‹ wurden übrigens auch in den poetischen Schriften von Quantenphysikern beschrieben.

Nach diesem kurzen Ausflug in die Philosophie wollen wir nun die schwierige Frage des Bewusstseins beiseitelassen und zu unseren meditativen Praktiken zurückkehren.

Körper, Bewegungsrituale und das autonome Nervensystem

Langsame, präzise und sich wiederholende Bewegungen aktivieren tiefe autonome Strukturen. In vielen Forschungsarbeiten zur Meditation wurde festgestellt, dass die Basalganglien im Hirnstammbereich zusammen mit den evolutionsgeschichtlich jungen Präfrontallappen aktiviert werden. In funktionellen Magnetresonanzscans der Gehirne von Zen-Meditierenden im Skejby-Krankenhaus in Dänemark fanden die Forscher, dass aufmerksame und langsame, sich wiederholende Bewegungen, wie die Teezeremonie oder das Zen-Bogenschießen, die Basalganglien aktivieren (Ritskes et al. 2002).

Austin (1998) ist der Meinung, dass die natürliche Koordination der Aufmerksamkeit und sich wiederholender Körperbewegungen für die Erfahrung von »Flow« von zentraler Bedeutung ist, wie wir sie in dynamischen Bewegungsprogrammen, einschließlich des einfachen Joggens, oder auch in langsamen Körperübungen erfahren können, die mit der Atmung und Mantren koordiniert werden. Wann immer wir uns zusammen mit rhythmischen oder sehr langsamen, sich wiederholenden Bewegungen in vertiefter Aufmerksamkeit üben, profitieren wir von diesem Zustand des Flow. Wenn Sie zu Fuß zur Arbeit gehen oder mit dem Fahrrad fahren und zusätzlich ein Mantra oder immer wieder ein einfaches Gebet sprechen, so wird das mit großer Wahrscheinlichkeit Ihr Gefühl des Im-Fluss-Seins verstärken. Solch ein kurzes Gebet kann aus jeder beliebigen Tradition stammen. Es kann ein christliches »Gottes Segen«, ein buddhistisches »Om Mani Padme Hum« oder das »Latifa« der Sufis sein, oder etwas, was Sie ganz nach eigenem Belieben wählen. Wichtig ist nur, dass Sie Ihre Aufmerksamkeit darauf konzentrieren können und dass es Sie an ein Gefühl von Spirit, an ein Gefühl des Heiligen oder Alles-Beseelenden erinnert.

Auch andere Aktivitäten können diese Koordination zwischen der autonomen und der präfrontalen Ebene stimulieren und den Geist im gegenwärtigen Moment ankommen und sich beruhigen lassen. Eine häufig angewendete Methode, um uns von all den Aufgaben, die uns beschäftigen, zu lösen, ist, die Atemzüge bis 10 oder 50 oder 100 zu zählen und jeweils neu zu beginnen, wenn man nicht mehr weiß, wo man den Faden verloren hat. Rhythmische rituelle Tänze und Niederwerfungen stimulieren und synchronisieren ebenfalls große Areale des Gehirns. Newberg und d'Aquili (1999) weisen darauf hin, dass selbst die tiefsten und primitivsten Schichten des Gehirns durch rituelle Bewegungen ansprechbar sind. Wenn zwei Eidechsen, die einander umwerben, ihre ritualisierten, sich wiederholenden Paarungsbewegungen synchronisieren, wird das Gehirn mit Neurotransmittern überschwemmt, die für lustvolle Gefühle sorgen. Wir wissen nicht, wie sich das für eine Eidechse anfühlt, aber beim Menschen sind Kaskaden derselben Neurotransmitter mit dem Erleben intensiver Präsenz und Freude verknüpft.

Die Atmung und die Mandelkerne

Die Amygdala, der »Mandelkern«, ist ein winziges, mandelförmiges Organ tief im limbischen System (siehe Abb. 3, S. 47). Wir haben auf jeder Seite eine Amygdala, tief im jeweils linken und rechten Temporallappen, im primitivsten Teil des limbischen Bereichs des Gehirns.

Besonders die rechte Amygdala spielt für unser gesamtes emotionales Spektrum eine wesentliche Rolle, doch besonders bekannt ist sie im Zusammenhang mit Angst- und Traumareaktionen. Das normale Aktivitätsniveau der Amygdala ist an unsere Atmung gekoppelt: beim Einatmen baut sich Aktivität auf, und beim Ausatmen nimmt sie wieder ab. Diese wellenförmige Aktivität erfasst auch größere Bereiche des Gehirns (Austin 1998). Sie reguliert sogar den so genannten Vagustonus, die autonome Aktivität, die unsere Organsysteme beeinflusst. Das bedeutet, dass sich die Aktivität des Herzens, aber auch anderer Organe, während des Einatmens erhöht und während des Ausatmens verringert. Unser ganzer Körper ist in diesem wellenförmigen Wechsel von Ausdehnung und Entspannung begriffen.

Im Gehirn geschieht Lernen durch Assoziation. Wenn Sie beim Aufwischen des Bodens – und nur dann – immer summen, werden Sie irgendwann beim Boden-Aufwischen automatisch anfangen, zu summen, und umgekehrt wird Sie das Summen an das Boden-Aufwischen erinnern. Spirituelle Praktiken nutzen dieses assoziative Lernen auch in Atemübungen. Im Buddhismus gibt es eine bekannte »mitfühlende Atemübung« namens *Tonglen*. Dabei lädt der Praktizierende mit jedem Einatmen aktiv die Erfahrung des Leidens der Welt ein und verbindet sie mit dem energiegeladenen, aktiven Teil des Atemzyklus, der mit einem Gefühl von Stärke oder Kraft einhergeht. Beim Ausatmen sendet er Licht oder Segen zurück in die Welt und verbindet dies mit der Mühelosigkeit und Entspannung des normalen Ausatmens. Diese Übung nutzt die Atmung, um uns mit den Leiden der Welt um uns herum zu verbinden. Der tiefe somatische Rhythmus der Atmung schult unsere Aufmerksamkeit und lädt uns dazu ein, den Mut zu haben, verschiedene Formen von Schmerz zu fühlen, die wir lieber vermeiden würden, und uns dazu zu verpflichten, mit Mitgefühl zu reagieren. Da wir in dieser Praxis des Tonglen immer wieder den Zyklus des Einatmens auf Schmerz und des Ausatmens auf Mitgefühl durchlaufen, sollte sie uns auch dabei helfen, eine eventuell vorhandene Tendenz auszugleichen, entweder in Schmerz und Verzweiflung steckenzubleiben, oder ungerührt im inneren ›sicheren Raum‹ des Mitgefühls zu verharren. Letzteres könnte man als »compassion without passion« bezeichnen, als Mitgefühl ohne Gefühl. Die buddhistische Lehrerin Pema Chödrön lehrt und schreibt seit Jahrzehnten über diese Übung. Eine aktuelle Version ihrer Beschreibung findet sich online in der buddhistischen Zeitschrift *Lion's Roar:* https://www.lionsroar.com/how-to-practice-tonglen/.

Entlang der Mittellinie atmen

Eine andere Gruppe von Atemübungen orientiert sich am Kern beziehungsweise der Mittellinie des Körpers. Unsere zentrale Nord-Süd-Achse verläuft von oben am Kopf bis zum Beckenboden und Steißbein. Das Neuralrohr, das entlang dieser Mittellinie verläuft, ist bereits 17 Tage nach der Empfängnis voll ausgebildet. Unser ganzer Körper und alle unsere Bewegungsmuster sind um diese Achse herum organisiert, ebenso wie unser Selbstgefühl, unser Bewusstsein des eigenen Zustands. Esoterische Traditionen arbeiten mit einer Reihe von Energiezentren entlang dieser Mittellinie, sowohl im Kopf als auch im Körper, die im Hinduismus als Chakren bezeichnet werden (»Chakra« bedeutet Rad). Das im Westen bekannteste ist das hinduistische System mit sieben solchen Zentren. Alle Chakren befinden sich in Nervengeflechten entlang der Wirbelsäule, die jeweils mit bestimmten endokrinen Organen in Verbindung stehen, die für die Regulierung einer ganzen Reihe von Prozessen unerlässlich sind. Dazu gehört etwa der gesamte innere Stoffwechsel (die Homöostase), das Energieniveau, die Fortpflanzung, unser Wachstum und unsere Entwicklung sowie die Reaktion des Körpers auf Verletzungen und Belastung.

Viele spirituelle Systeme arbeiten in Atemübungen mit dieser zentralen Achse und legen dabei den Fokus entweder speziell auf den Herzbereich oder auf die kontinuierliche Verlagerung der bewussten Aufmerksamkeit entlang der Wirbelsäule nach oben und unten. Die Absicht dieser Übungen besteht darin, den Fluss zwischen den Energiezentren zu verstärken, die im esoterischen Verständnis mit den endokrinen Drüsen und den dazugehörigen Nervengeflechten in Verbindung stehen. In vielen der formalen Atemübungen, die ich gelernt habe, und von denen Sie fünf in Kapitel 15 finden werden, konzentriert man sich darauf, Energie und Aufmerksamkeit mit dem Einatmen nach unten fließen zu lassen und mit dem Ausatmen nach oben

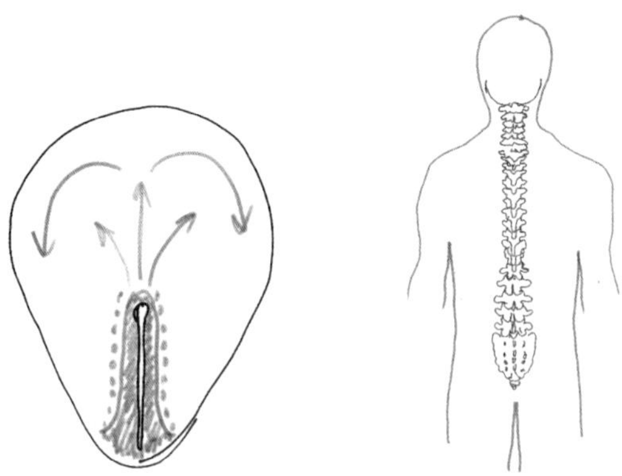

ABB. 9: Hier ist die sich bildende Mittellinie (der Primitivstreifen) in einem 15 Tage alten Embryo sowie die voll ausgebildete Mittellinie (Wirbelsäule) im Körper eines Erwachsenen dargestellt.

zu entlassen. In anderen Systemen, wie zum Beispiel im Yoga oder in traditionellen Meditationsformen, werden Atemübungen hauptsächlich in umgekehrter Richtung gelehrt: man lenkt hier mit dem Einatmen die Wahrnehmung zum Beispiel vom Kreuzbein zum Kopf. Wegen dieser unterschiedlichen Praxis werde ich häufig gefragt, warum ich bei der Bewegung nach unten zum Einatmen einlade. Der primäre Grund ist, dass ich es so gelernt habe, aber darüber hinaus ergibt es mir auch Sinn. Wir modernen »Westler« sind im Großen und Ganzen viel stärker ›oben‹ in unserem Kopf beziehungsweise Energiesystem als ›unten‹ im Bauch und unseren Körperempfindungen. Die natürlichen energetischen Prozesse im Körper verlaufen sowohl nach oben als auch nach unten. Dadurch, dass wir unser Gewahrsein beim Einatmen in die eine oder andere Richtung lenken, kommunizieren wir mit unseren tiefliegenden wortlosen Teilen und betonen beim Einatmen in der Aufwärtsbewegung stärker die räumliche Weite und die mentale Energie, und mit dem Einatmen in der Abwärtsbewegung stärker die Verkörperung.

Aufmerksamkeit und Bewusstsein stabilisieren

Das Aufmerksamkeitsassoziationsareal im präfrontalen Kortex steuert unsere willentliche Aufmerksamkeit und ist an Lern- und Unterscheidungsprozessen beteiligt. Während Sie diesen Text lesen, hat Ihr präfrontaler Kortex ein starkes Netzwerk aktiviert, das Ihre Sprachassoziationsareale und Ihren motorischen Kortex einschließt. Wenn Sie stattdessen das Buch weglegen und sich auf etwas Schönes im Raum konzentrieren oder wenn Sie Ihr Bewusstsein offen in den Empfindungen der Atmung und Ihres Körpers und Ihrer Umgebung ruhen lassen, werden Ihre präfrontalen Lappen ein anderes Netzwerk aktivieren, ohne die Sprachzentren, aber einschließlich des somatosensorischen Kortex. In diesem Fall benutzen Sie Ihre präfrontalen Areale ohne nennenswerte Beteiligung der sprachlichen Netzwerke. Sie haben auch die Möglichkeit, Ihre präfrontale Aufmerksamkeit entspannter und weniger kontrollierend einzusetzen. In unserer Gesellschaft legen wir großen Wert auf verbale Beschreibungen und bewusste Kontrolle. Wenn wir also eine Meditationsanweisung hören oder lesen, reißen sich die meisten von uns automatisch zusammen, machen sich bereit zu handeln und versuchen, den schwer arbeitenden Verstand noch besser zu kontrollieren. Es bedarf im Allgemeinen einer bewussten, präfrontalen Entscheidung, sich von diesem kontrollierenden Denkprozess zu lösen.

Pema Chödrön (2009/1998), die buddhistische Lehrerin, die ich im Zusammenhang mit der Tonglen-Meditation erwähnt habe, lehrt auch eine Meditationstechnik, bei der man die Gedanken als »Denken« bezeichnet und dann die Aufmerksamkeit wieder auf den Atem lenkt. Ich hatte immer schon das Gefühl, dass es ein schönes, spielerisches Paradoxon ist, wenn man mithilfe eines Gedankens das Denken reduziert. Die von mir bevorzugte Methode zur Entspannung des Geistes besteht darin, das zarte Flüstern von Anstrengung und Kontraktion wahrzunehmen, das mit jeder verbalen Aktivität und Kontrolle einhergeht und das wir normalerweise überhören beziehungsweise als unumgänglich erachten. Nehmen wir diese Anstrengung einmal wahr, können wir damit spielen, sie schmelzen zu lassen wie Eiscreme an einem warmen Tag oder sie zu entspannen wie ein Seidentuch in einem von feuchtwarmem Dampf erfüllten Badezimmer. Unabhängig von der Methode, die wir anwenden, wird der präfrontale Kortex weniger aktiv, je vertrauter wir mit tieferen und weiteren Formen der Wahrnehmung werden. Gleichzeitig wird er mit tieferen Teilen des Gehirns synchronisiert und in Resonanz gebracht, zum Beispiel mit der Regulierung der Wachheit im Hirnstamm und mit dem vorderen Teil des limbischen Gyrus (siehe Abb. 2, 3 und 4 [S. 45 ff.]), der das Gefühl von Fürsorge und das Empfinden von Vergnügen und Lust aktiviert. Hierdurch fühlen sich unser Erleben und unser Denken ruhiger, klarer, sanfter und ausgedehnter an.

Erfahrungen des Eins-Seins

Es gibt eine Reihe von Studien, die meditative Erfahrungen sowie Erinnerungen an tiefe meditative Erlebnisse erforschen. Zwar ist es der Wissenschaft kaum möglich, perfekte Bedingungen für das Auftreten spontaner tiefer meditativer Erfahrungen herzustellen, da diese in der Regel ihrem eigenen Zeitplan folgen. Hingegen sind Erinnerungen an solche Erlebnisse im Rahmen von Hirnscan-Untersuchungen leichter zu aktivieren. Bereits in den 1990er Jahren untersuchten d'Aquili und Newberg (1999) mystische Zustände bei christlichen Nonnen und buddhistischen Mönchen. In dem Versuch, gemeinsame Beschreibungen zu finden, die nicht an eine bestimmte Religion gebunden sind, benannten sie diese Zustände als »absolutes einheitliches Sein«. Einige Jahre später bat Beauregard in Kanada Karmeliterinnen, während des PET-Scans zu beten und dabei auch frühere Erfahrungen der christlichen Unio Mystica, d.h. der Einheitserfahrung mit Gott, zu erinnern (Beauregard et al. 2006).

Als Ergebnis dieser und anderer vergleichbarer Experimente fand man heraus, dass bestimmte Meditations- oder Gebetserfahrungen mit bestimmten Aktivitätsmustern im Gehirn korrelieren. Wenn Menschen tiefer in ein entspanntes, offenes Bewusstsein gleiten, werden bestimmte Teile des Kortex weniger aktiv. Die Aktivität im Scheitellappen, in dem das Erleben von Körper, Zeit und Außenwelt koordiniert und gesteuert wird, nimmt ab und unsere alltägliche Erfahrung der Körperempfindungen und selbst der Bewegungen beginnt sich zu verändern. Zu den häufig gemachten Meditationserfahrungen gehören ein Gefühl des Schwebens, die

Wahrnehmung unterschiedlich großer Körperteile, spontane Schaukelbewegungen oder die Erfahrung, sich von außen zu betrachten. Auch die Zeit dehnt sich aus oder schrumpft, und eine Meditation von 50 Minuten kann sich unendlich lang anfühlen oder im Nu vorbei sein. In noch tieferen Bewusstseinszuständen wird das gesamte Sinnessystem der Parietal- und Okzipitallappen zur Gänze deaktiviert, und die Empfindung von Körper, Raum und Zeit geht vollständig verloren. Solch eine Erfahrung kann natürlich beängstigend sein, wird aber normalerweise als glückselig und friedlich erlebt. Sie wird im Allgemeinen als Zustand wahrgenommen und beschrieben, in dem die Person sich entweder in Nicht-Raum und Nicht-Zeit verliert oder eins mit allem und aller Zeit wird.

Ist Gott das Nebenprodukt einer gestörten Hirnaktivität?

Ist Gott lediglich das Produkt einer elektrischen Aktivität im rechten Schläfenlappen? Dies behaupteten einige der vielleicht bekanntesten Forschungsarbeiten über religiöse Erfahrungen in den 1990er Jahren. Dr. Persinger, der anfangs Präadoleszente untersuchte (Persinger 1991), stellte fest, dass der Schläfenlappen besonders aktiv ist, wenn Menschen sich an religiöse oder außersinnliche Erfahrungen erinnern oder diese beschreiben. In weiteren Forschungen stimulierte er den Temporallappen mit einem schwachen elektromagnetischen Reiz und entdeckte, dass die Betroffenen das Gefühl bekamen, es habe alles einen überwältigenden und äußerst inspirierenden Sinn, und als sei etwas im Raum anwesend. Viele der Versuchspersonen erlebten diese Präsenz als positive Wesenheiten wie etwa Gott oder Engel, während andere sie als dämonisch und böse, quasi dem Teufel gleich, erlebten.

Über Jahrzehnte war die häufigste wissenschaftliche Annahme, dass religiöse und spirituelle Erfahrungen auf eine ungewöhnliche oder abnorme Aktivität in bestimmten Gehirnbereichen, vor allem im Schläfenlappen, zurückzuführen sind. Joseph (2000) stellte zum Beispiel die Theorie auf, dass viele der religiösen Führungspersönlichkeiten der Geschichte an einer Hyperaktivität des Schläfenlappens litten. Es besteht kein Zweifel, dass außergewöhnliche Erfahrungen tatsächlich manchmal zu Halluzinationen und religiösem Wahnsinn geführt haben, in denen dann laute Stimmen und gewalttätige Visionen »göttlich diktierte« Zurechtweisungen in Form von Selbstbestrafung, Menschenopfern, Vergewaltigungen, Folter, Märtyrertum und Selbstmord anordnen. Wie wir in Kapitel 6 gesehen haben, können meditative Zustände, genauso wie Traumen und Flow-Zustände, die paradoxe Aktivierung verstärken, und der Betroffene erlebt einen – manchmal immensen – Anstieg an Energie und Intensität. In der Arbeit mit hochenergetischen Zuständen ist immer Vorsicht geboten, denn sie können zutiefst verstörend sein. Eine unausgewogene Schläfenlappenaktivierung kann zu Erfahrungen von Gewalttätigkeit und Größenwahn führen. Ich habe dies vor einigen Jahrzehnten auf schmerzliche Weise erfahren und gelernt, in einer Situation in meinem Berufsleben, die mich aufs Äußerste verunsichert hat – wenn auch mit einem Happy End. Im folgenden Fall geht es nicht um Meditation, sondern um einen Zustand sehr hoher Energie, der durch einen einwöchigen psychotherapeutischen Workshop aktiviert wurde, bei dem die Teilnehmer vor Ort wohnten.

Ein Kollege (Psychiater) schickte eine sensible Klientin in einen einwöchigen Intensiv-Workshop, den ich zusammen mit einem Kollegen leitete. Nach etwa der Hälfte des Workshops konnte diese Teilnehmerin nachts nicht mehr schlafen und wanderte durch die Flure, weil sie spürte, wie eine außergewöhnliche, angenehme Energie durch sie hindurch und zwischen ihr und der Welt hin- und herströmte. Wir versuchten es mit Schlaftabletten. Wir probierten es mit Erdungsübungen, Grenzübungen, Realitätsprüfungen, Gesprächen mit ihrem Psychiater, Gesprächen und nächtlichen Containment-Sitzungen mit mir. Alles war vergeblich. Mit jedem weiteren Tag driftete sie weiter in ihre außergewöhnliche Realität ab, in der Bäume, Tiere und Gebäude ihr göttliche Geheimnisse anvertrauten, und mit denen sie während der Therapiesitzungen der anderen Gruppenmitglieder laut sprach. In einem einwöchigen Intensiv-Workshop konnten wir dem unmöglich auf verantwortungsvolle Weise Raum geben. Schließlich mussten wir die Hilfe des Psychiaters in Anspruch nehmen und sie in ein psychiatrisches Krankenhaus einweisen lassen. Ich war am Boden zerstört. Ein paar Monate später ging es ihr zu meiner Überraschung gut genug, um – mit dem Segen ihrer Psychiater – am Nachbereitungswochenende der Gruppe teilzunehmen. Es stellte sich heraus, dass es in ihrer Familiengeschichte als das Schlimmste galt, was jemals passieren konnte, »verrückt zu werden« und in eine psychiatrische Klinik eingewiesen zu werden, wie das der Tante ihrer Mutter geschehen war. Sie wiederholte genau diese Geschichte – aber mit einem neuen Ausgang. Sie hatte ein wunderschönes Weihnachtsfest in der offenen Psychiatrie erlebt. Durch die psychotische Episode und die Einweisung in die Klinik hatte sie sich den Dämonen ihrer Familiengeschichte gestellt und sie besiegt.

Die Stabilisierung der Aufmerksamkeit und des Bewusstseins in Zuständen hoher Energie

Nach Peter Levine, dem Begründer des Traumatherapiesystems Somatic Experiencing (SE)®, ist die sogenannte *Titration*, ein Prozess, in dem die Betroffenen wiederholt und in kleinen Dosen mit dem überwältigenden Erlebnis in Kontakt gebracht werden, die Methode der Wahl für die Arbeit mit Zuständen hoher Energie (Levine 1997/1999, 2010/2011; Rahm & Meggyesy 2019). Titration hilft dem primitiven Nervensystem, sogar ein Ausmaß an traumatischer Intensität zu integrieren, bei dem die Persönlichkeit nicht mehr normal funktionieren kann. Auf diese Weise kann das Nervensystem als Gesamtes eine größere Resilienz, also eine erhöhte Belastbarkeit und Selbstwirksamkeit entwickeln sowie mehr Selbstvertrauen, verbunden mit der Fähigkeit, in bedrohlichen Situationen (mit hoher Energie) angemessen zu handeln. Oft entsteht hierdurch auch ein tieferes Gefühl des Kontakts mit anderen Menschen und mit der natürlichen Welt. Wenngleich die in der Meditation verwendeten Methoden anders sind als die Titration im Somatic Experiencing (SE)® und wenngleich überwältigende Erfahrungen in der Meditation häufig – allerdings mit Sicherheit nicht immer – positiv wahrgenommen werden, so gilt prinzipiell auch für die meditative Praxis, dass hierdurch Integration, Resilienz und Selbstwirksamkeit gestärkt werden.

In tieferen Bewusstseinszuständen scheint sich in der Hirnaktivität ein weitreichendes kohärentes Pulsieren zwischen Hirnstamm und Mittelhirn, die das autonome Nervensystem (ANS) steuern, und dem Neokortex zu entwickeln. Da sich der Sitz der Angst und des intensiven Erlebens von Sinn und Bedeutung, die Amygdala, sozusagen ›in der Mitte‹ befindet und sie ein primärer Regulator der autonomen Funktion ist, kann dieses kraftvolle Pulsieren starke emotionale Schaltkreise auf neuen Intensitätsstufen in Gang setzen. Die Erfahrung zeigt, dass es ein entsprechend entwickeltes Ich braucht, um mit diesen transpersönlichen Erfahrungsebenen verantwortungsvoll zu arbeiten – eine Kompetenz, die die Frau in meinem Intensivworkshop noch nicht entwickelt hatte. Primitive Triebe und Emotionen tauchen ganz plötzlich und sehr farbenfroh auf, getarnt als visionäre Erfahrungen, die einer Sehnsucht oder einer Angst von uns entsprechen.

Der Rat, der in dieser Situation seit jeher gegeben wird und der im Erleben ein Paradoxon darstellt, ist, sich noch tiefer in einen Zustand neutralen Beobachtens, in eine neutrale Zeugenschaft, fallen zu lassen und zuzulassen, dass sich die Erfahrung in ihrer vollen Intensität entfalten darf. In einer eher christlich orientierten Sprache können wir ein solches Geschehen als Geschenk Gottes betrachten und dann die Erfahrung und uns selbst voller Dankbarkeit zurück an Gott geben. Wie auch immer man es genau gestaltet, geht es darum, sich von der Tendenz zu lösen, diese außergewöhnliche Erfahrung festhalten und besitzen zu wollen. Wir schulen die Fähigkeit, diesen intensiven Inhalt in unserem Gewahrsein wieder loszulassen, und entdecken dann vielleicht, dass diese Erfahrungen von Kraft und Schönheit »klebrig« sind. Wir sehnen uns danach. Sie machen uns süchtig. Wie bei allen Süchten können wir auch hier in einem ständigen Verlangen gefangen sein und andere Aspekte unseres Lebens mögen im Vergleich dazu farblos erscheinen. Es gibt jedoch weitaus tiefere Erfahrungsebenen, die sich allerdings nur auftun, wenn wir von dieser suchterzeugenden Dynamik ablassen können. Da jede tiefere Ebene eine neue Intensität bietet, wird es auch zukünftig nicht an Möglichkeiten fehlen, sich im Loslassen zu üben. Wenn entspanntes Beobachten oder das Zurückgeben der Erfahrung an Gott nicht ausreicht, um im Gleichgewicht zu bleiben beziehungsweise um höchst bewegende Erfahrungen zu machen, ohne dass diese sich unserer bemächtigen, dann lautet der Rat, etwas sehr Einfaches und Körperliches zu tun. Gehen Sie Joggen, putzen Sie Ihr Fahrrad, graben Sie den Garten um, machen Sie im Haus sauber. Während der Meditation oder des Gebets kann man sich zu diesem Zweck schütteln, sich mit den Fingern auf den Kopf klopfen, tief durchatmen, sich strecken oder aufstehen und umhergehen, bis man spürt, wie die Energie nachlässt beziehungsweise sich integriert. Die präfrontale Kontrolle und das gesamte sensomotorische System werden darüber aktiviert und wirken unterstützend dabei mit, die hoch aktivierten emotionalen neuronalen Netze leiser zu drehen oder herunterzuschalten.

Mitgefühl und die »neue« linke Gehirnhälfte

In den letzten 20 Jahren wurden einige faszinierende Meditationsstudien aus dem Labor von Richard Davidson veröffentlicht. Da Davidson selbst meditiert und Mitglied der Mind & Life Meetings ist, in denen jedes Jahr westliche Wissenschaftler mit dem Dalai Lama sprechen, gelang es ihm, für seine Studien Meditierende zu finden, die schon ein Leben lang praktizieren. (Aufzeichnungen dieser Meetings mit dem Dalai Lama finden Sie unter https://www.mindandlife.org/mind-and-life-dialogues/.) Er arbeitete mit buddhistischen Mönchen mit mindestens 10.000 Stunden Meditationspraxis, wenn sie sich in einen Zustand versetzen, in dem das Mitgefühl für alle Wesen das Bewusstsein erfüllt. Es wurden mehrere offensichtliche Veränderungen festgestellt. Zum einen verzeichnete man ungewöhnlicherweise eine kohärente Gammaaktivität im Gehirn. Gehirnströme im Gammabereich werden von intensiver fokussierter Aufmerksamkeit verstärkt, und bei gewöhnlichen Menschen sind sie instabil und schwach. Während der Meditationen lag jedoch bei vielen der Mönche die Gammaaktivität um 700 bis 800 Prozent höher als sie jemals bei normalen, gesunden Menschen gemessen wurde. Die zweite bemerkenswerte Veränderung war eine stark erhöhte Aktivität im linken Stirnlappen. Die dritte bestand in einer verstärkten Aktivität im motorischen Kortex, verbunden mit einer intensiv empfundenen Bereitschaft, etwas zu *tun*, um zu helfen. Bei den Mönchen waren diese Zustände auch außerhalb der Meditationen vorhanden, allerdings in geringerem Maße. Durch die Meditation erzeugte Zustände waren bei ihnen zu Persönlichkeitsmerkmalen geworden (Goleman & Davidson 2017; interessant ist auch folgender YouTube-Clip mit Goleman: https://www.youtube.com/watch?v=10J6crRacZg).

Der linke präfrontale Kortex ist evolutionsgeschichtlich am jüngsten und wird oft als Sitz des »Ich«, beziehungsweise des Ich-Empfindens angesehen. Von der Warte der spirituellen Entwicklung her gesehen ist es interessant, dass langandauerndes, intensives, unpersönliches Mitgefühl, das heißt ein Zustand, den Tiere und selbst die meisten Menschen nicht kennen, anscheinend den linken Stirnlappen aktiviert. Der linke präfrontale Kortex hat, wie erwähnt, auch eine andere Stimmungslage als der rechte – er ist standardmäßig auf glücklich und positiv eingestellt, während der rechte eher ängstlich und negativ ist.

Diese positive Stimmung und ein beachtliches Maß an erhöhter Gammaaktivität waren bei den Mönchen auch außerhalb der Meditationssitzungen vorhanden. Eine weitere Veränderung war die starke Aktivität des motorischen Kortex. Matthieu Ricard, einer der Mönche in einer frühen Studie, beschrieb sie als eine ganz und gar uneingeschränkte Bereitschaft zu handeln und zu helfen (Lutz et al. 2004).

Resonanz zwischen Menschen

Praktizierende stellen sehr oft fest, wie viel einfacher es ist, gemeinsam zu meditieren – »… man bekommt Hilfe aus dem gemeinsamen Feld«. Sowohl Menschen als auch Tiere scheinen eine angeborene Fähigkeit zu haben, sich somatisch zu synchronisieren und dadurch in Resonanzbeziehung miteinander zu treten. Wenn sich alle Mitglieder einer Gruppe auf eine gemeinsame Aufgabe konzentrieren, sei es ein militärisches Manöver, ein Hausbau, sei es Kochen oder Meditieren, stellt sich die Synchronisation auf natürliche Weise ein (Praszkier 2016). Das bedeutet, dass eine gemeinsame Meditationsübung oder eine geführte Meditation dazu genutzt werden kann, eine meditative »Trägerwelle« in einer Gruppe aufzubauen. Meiner Erfahrung nach ermöglicht ein größeres bewusstes Gewahrsein eine größere innere Kohärenz in den einzelnen Gruppenmitgliedern, sodass sie Teil dieser Resonanz werden können. In der Praxis kann das empathische Feld gefördert und gestärkt werden, indem man die Mitglieder das Gruppen»gefühl« und die gemeinsamen Aufmerksamkeitszyklen zu Beginn einer Gruppenmeditation wahrnehmen lässt. Dies wirkt als ein Gegengewicht zu der Tendenz in unserer heutigen Zeit, sich als einzelne getrennte Atome zu erleben, die sich zufällig im selben Raum befinden.

Spirituelle Erfahrungen und spirituelle Reife

Ein Aspekt der spirituellen Praxis ist die Praxis selbst – ein anderer ist die Art der Erfahrung, die entsteht. Ein dritter Aspekt hat mit der Art der Bedeutung zu tun, die wir unseren Aktivitäten und Erfahrungen zuschreiben. Wie wir bei der Entwicklung der präfrontalen Mentalisierungsfähigkeit über die gesamte Lebensspanne hinweg gesehen haben, kann die gleiche Art von Lebenserfahrung für verschiedene Menschen völlig unterschiedliche Bedeutung haben. Bei zwei meiner Klientinnen wurde innerhalb weniger Monate jeweils Krebs im Endstadium diagnostiziert. Die eine fragte sich unaufhörlich, was sie wohl getan hatte, um dieses schreckliche Schicksal zu verdienen und was sie daraus vielleicht lernen sollte. In den restlichen Jahren mit der Krankheit, die ihr die medizinische Behandlung noch ermöglichen konnte, trauerte sie und schloss langsam Frieden mit ihrem Verfall, während sie sich auf die Dinge konzentrierte, die sie vor ihrem Tod noch tun und sehen wollte. Die andere Klientin weigerte sich entschieden, der Versuchung nachzugeben, über das »Warum ich?« nachzugrübeln, und stürzte sich stattdessen in das leidenschaftliche und erfolgreiche Bemühen, zwei Zweige ihrer erweiterten Familie zu versöhnen, die sich 30 Jahre lang geweigert hatten, miteinander zu sprechen. Angesichts dieses letzten Wunsches eines sterbenden Familienmitglieds, und nicht zuletzt mit ihrer Hilfe, nahmen diese Menschen die Kommunikation miteinander wieder auf und konnten sogar Frieden schließen. Während sie Tag für Tag die unzähligen Dinge tat, die notwendig waren, um zu trauern, zu wüten, zu lieben und ihr Leben loszulassen, nahm ihr Strahlen immer mehr zu, und schließlich starb sie friedlich in den Armen ihres Mannes und ihrer erwachsenen Kinder. Sie erinnerte mich an Thomas Moores Betrachtungen zu Rainer Maria Rilke, in denen er die Passion mit der Fähigkeit gleichsetzt, »betroffen« oder »bewegt« zu sein, und sie als essenzielle Energie der Seele bezeichnet. Er erwähnt Rilkes Beschreibung dieser passiven Kraft als »Muskel des unendlichen Empfangs« und räumt ein, dass wir die Fähigkeit, uns bewegen zu lassen, nicht oft als Stärke oder als das Wirken eines kraftvollen Muskels wahrnähmen. Dennoch, so erinnert er uns, sei die Bewegtheit für die Seele, so wie für die Blume in Rilkes Gedicht, die schwierigste Aufgabe und gleichzeitig die wichtigste Rolle, die sie in unserem Leben innehätte (Moore 1992/2010).

Die beiden Frauen fanden, jede auf ihre Art, eine Passion, einen Weg, betroffen und bewegt zu sein. Wollen wir unsere Mentalisierungsfähigkeit, unsere Weisheit und eine spirituelle Haltung und Praxis entwickeln, sind wir gleichermaßen auf unsere Leidenschaft wie auf unsere Leidenschaftslosigkeit angewiesen.

Inspiriert von der Arbeit Erik Eriksons entwickelte James Fowler ein System von Entwicklungsstufen des Glaubens mit starken Parallelen zur Entwicklung von Mentalisierung. Anstatt verschiedene Religionen zu vergleichen, betrachtete er die vielen

Reifegrade in der Sinngebung, die sich in allen wichtigen Glaubenssystemen finden. Wie in anderen Entwicklungsmodellen auch liegt der Schwerpunkt in den ersten Stufen auf einem egozentrischen, konkreten und magischen Verständnis in einem animistischen Universum, in dem Götter, Geister und Ahnen besänftigt und verehrt sein wollen. Auf den nächsten Reifestufen wird die Welt des Glaubens von einzelnen göttlichen Autoritätsfiguren bestimmt, die über uns richten. Die Wahl der Religion kann aber auch einen gewissen Pragmatismus widerspiegeln. Ein solcher Wechsel vom Animismus zur göttlichen Autorität wurde in einem Interview aus den 1960er Jahren mit einem einheimischen Bewohner einer abgelegenen und dicht bewaldeten Vulkaninsel im Pazifik, auf der Weiße und Missionare erst etwa ein Jahrzehnt zuvor angekommen waren, genial eingefangen. Das Dorf dieses Mannes hatte sich sehr schnell zum Christentum bekehren lassen. Als er nach dem Grund dafür gefragt wurde, erklärte er, Jesus sei ein besserer Gott als die traditionellen Vogelgeister. Bevor sie Jesus kannten, wurden die täglichen Aktivitäten von den Bewegungen der zahlreichen und vielfältigen Vögel bestimmt, die für sie Weissagungscharakter hatten. Flogen ihm zum Beispiel bestimmte Vögel über den Weg, während er zu einem anderen Dorf unterwegs war, um Waren zu tauschen, bedeutete dies, dass er seine Reise abbrechen und nach Hause zurückkehren musste. Das machte es schwierig, Dinge zu erledigen. Bei Jesus musste er nur ein oder zwei Mal am Tag beten und konnte reisen, wann immer er wollte. Diesem Gott zu folgen war also ganz offensichtlich sehr viel vernünftiger!

Mit zunehmender spiritueller Reife entstehen in unserem Leben mehr weltzentrierte, systemische und globale Haltungen, die sich durch die Bereitschaft auszeichnen, persönliche Bedürfnisse hintanzustellen. Vielleicht wäre es sogar treffender, zu sagen, dass persönliche Bedürfnisse durch ein Handeln zugunsten des größeren Allgemein-Wohls erfüllt werden.

Ohne dass wir auf rationales Denken, Wissenschaft und gesunden Menschenverstand verzichten müssen, führt uns diese Betrachtungsweise wieder zurück zu unserer Beziehung zu einer Welt, die sich lebendig und heilig anfühlt, die leuchtend und von kostbarer Bedeutung ist.

Transkulturelle und meditative Perspektiven zur Weisheit

Wir wollen an dieser Stelle noch einen weiteren Blick auf die Weisheit werfen, diesmal von einer kulturellen und meditativen Warte aus. Es scheint eine Menge interkultureller Überlappungen bezüglich der Art und Weise zu geben, wie wir Menschen Weisheit betrachten. Es lassen sich aber auch einige Unterschiede feststellen, zumindest ist dies das Ergebnis einer Studie (Takahashi & Bordia 2000):

Im Gegensatz zu den westlichen Studierenden sahen die östlichen Studierenden eine enge Verbindung zwischen Weisheit und einem Gefühl von Besonnenheit und Umsicht. Für sie war Weisheit also sowohl mit Emotionen als auch mit Wissen verknüpft, während die westlichen Studierenden die Weisheit viel stärker nur mit Wissen in Verbindung brachten. Was Ähnlichkeiten und Übereinstimmungen betrifft, so werden einige der folgenden Eigenschaften in vielen Kulturen in Ost und West als zentrale Aspekte von Weisheit anerkannt (Staudinger, Dörner & Mickler 2005; Staudinger & Glück 2011; Meeks & Jeste 2009):

- Offenheit für Erfahrungen
- Kreativität
- prosoziale und altruistische Einstellungen und Verhaltensweisen, die auf Moral und Ethik beruhen
- soziale Kompetenz
- die Fähigkeit, auch unter ungewissen Umständen klare und umsichtige Entscheidungen zu treffen
- praktische Lebenserfahrung
- emotional im Gleichgewicht sein
- Bewusstsein um den Einfluss der psychischen Dimension einschließlich der Reflektionen über sich selbst und andere
- Toleranz gegenüber dem Wertesystem anderer.

Diese Auflistung hat große Ähnlichkeit mit der Entwicklung von Weisheit, die wir in Kapitel 5 aus entwicklungspsychologischer Sicht beschrieben haben. Altruistisches Denken aktiviert den ziemlich alten medialen präfrontalen Kortex. Optimal oder doch bestmöglich getroffene moralische Entscheidungen aktivieren jüngere Hirnareale und verbinden sie mit alten und primitiven. Einige der jungen Areale, etwa der dorsolaterale präfrontale Kortex, sind rational und haben eine gute Kontrolle über Aufmerksamkeit und Arbeitsgedächtnis. Andere, wie der mediale präfrontale Kortex, sorgen für emotionales und soziales Engagement. Wieder andere, wie der anteriore zinguläre Kortex, sind gut im intuitiven Empfinden und im Erkennen von Konflikten. Sie stehen mit der Amygdala im ältesten Teil des limbischen Gehirns in Verbindung, die an allen starken Emotionen beteiligt ist. Bei dem neurobiologischen Blick auf Weisheit geht es allem Anschein nach um eine optimale Nutzung der Netzwerkfunktion zwischen evolutionär alten und neuen Hirnarealen.

Es soll an dieser Stelle nicht unerwähnt bleiben, dass viele Menschen lediglich eine oder zwei Stufen der »modernen« Fähigkeiten entwickelt haben. Weisheit ist keine Frage von Alles-oder-Nichts. Es sieht tatsächlich so aus, als sei die Option, Weisheit zu entwickeln, biologisch fest verdrahtet. In Studien an Walen (Johnstone &

Cant 2010) wurden in den Gruppen mit post-reproduktiven Weibchen, sogenannten Großmüttern, höhere Überlebensraten dokumentiert. Was den Menschen betrifft, fanden die Autoren einer Studie über die Bhagavad Gita, den berühmten altindischen religiösen Text, eine hohe Übereinstimmung zwischen den darin beschriebenen Weisheitskonzepten und jenen, die in der modernen internationalen Forschung skizziert werden (Jeste & Vahia 2008).

Als ich mich mit der Entwicklung des Gehirns zu beschäftigen begann, war ich von der Art und Weise beeindruckt, wie esoterische Praktiken – Meditation, Gebet, spirituelle Übungen und Kontemplation – unterschiedliche Methoden entwickelt haben, die jeweils entweder den Arbeitsstil des biologisch jungen oder den des biologisch alternden Gehirns nutzen und stärken. Die Übungen, die das »junge Gehirn« ansprechen, betonen Fokussierung, Klarheit und Intensität: komplexe aufeinanderfolgende Aufgaben, Reflexionen und Visualisierungen und ein starker, beständiger Fokus. Die Methoden, die das alternde Gehirn ansprechen, betonen eine langsamere und ganzheitlichere Einstellung: Hingabe an etwas Größeres als sich selbst, ein Gefühl von weit offener, weicher Wahrnehmung von sich und allem um einen herum und die Einbeziehung möglichst vieler sensorischer, emotionaler und mentaler Systeme.

Die meisten von uns werden eine Vorliebe für den einen oder anderen Stil haben. Praktizieren wir in der Meditation oder im Gebet beide Stile, wird unser Gehirn optimal angesprochen. Wenn wir eine auf diesem Weg gewonnene Balance mit in unsere privaten Beziehungen, sozialen Netzwerke und unser Arbeitsleben nehmen können, säen wir damit vielleicht die Samen für eine tiefgreifende Veränderung zum Besseren.

Wir haben uns nun die theoretischen Landkarten des Lebens und der meditativen Vertiefung angesehen, die als Anleitung und Inspiration in Psychotherapie, Pädagogik und Coaching dienen können. Um in der Praxis eine gute Therapeutin oder ein guter Therapeut zu sein, muss man allerdings ein guter Guide sein können. Und ein guter Führer ist man, wenn man die Landschaften persönlich kennt, in und durch die man andere geleitet.

Wollen wir diese Landschaften kennen lernen, brauchen wir Mut, Kraft und Verletzlichkeit, uns der Tiefe hinzugeben – den Rhythmen, dem Flow und der Musik unseres Lebens. Damit Sie einige Schritte in diese Landschaften unternehmen können, bilden eine Reihe von Meditationsanleitungen den Kern des nächsten Teils dieses Buches. In einigen werden wir die innere Lebendigkeit und Synchronisation erkunden, in anderen werden wir uns unserer individuellen Erfahrung von »Spirit«, vom Alles-Beseelenden zuwenden. In einer weiteren Gruppe von Meditationen werden wir uns mit Beziehungen, Emotionen und Herzensgefühlen beschäftigen. In den letzten längeren Anleitungen geht es darum, bestimmte Lebenserfahrungen ins

Gleichgewicht zu bringen und loszulassen und in dem beobachtenden Gewahrsein zu ruhen, das jede unserer Erfahrungen durchdringt. Schließlich finden Sie in Kapitel 15 eine Reihe von fünf kurzen Übungen, die die Energie in Balance bringen und die Ihnen helfen sollen, sich zu erden, sowohl in Ihrem Alltag und Ihrer Arbeit als auch in der meditativen Vertiefung, die Sie hoffentlich in den Meditationen der Kapitel davor erfahren werden.

Ich hoffe, Sie erfreuen sich an ihnen allen.

8
Im Körper sein

»Hat man eine Sprache einmal gelernt,
kann man sie kaum wieder verlernen.
Seele hat die Sprache des Körpers gelernt.«
— Saroj Aryal

Die Meditationsanleitungen

Mit diesem Kapitel beginnt der praktische Teil dieses Buches. In den Kapiteln 8 bis 14 finden Sie Transkripte von Meditationsanleitungen aus meinen Trainings und Workshops. Für diejenigen, die die Meditationsanleitungen lieber anhören als lesen möchten, haben Birgit (die Übersetzerin dieses Buchs und Dolmetscherin in vielen meiner Meditationskurse) und ich Tonaufnahmen erstellt, die von den Käuferinnen und Käufern des Buches von der Website des G. P. Probst Verlags (www.gp-probst.de) heruntergeladen werden können (siehe Seite 16). Sie werden in einer englischen Version mit meiner eigenen Stimme und in einer deutsch-englischen Version (mit der konsekutiven Übersetzung durch Birgit) zur Verfügung gestellt. Diese Aufnahmen wurden in meinem eigenen Meditationsraum in Kopenhagen extra für dieses Buch von Petra Rickert (www.pr-imagefilm.de) aufgenommen. Wir beschäftigen uns in den Tonaufnahmen mit den gleichen Themen wie in den Transkripten. Tonaufnahmen und Transkripte sind jedoch nicht identisch.

In diesem und den folgenden Kapiteln gibt es am Ende jeder Anleitung einen kurzen Überblick über die Grundstruktur der Meditation, etwa wie die Zutatenliste für ein Rezept. Damit können sich die experimentierfreudigen Leserinnen und Leser unter Ihnen eine eigene Version der jeweiligen Meditation zusammenstellen. Die Meditationserfahrenen picken sich vielleicht aus der Anleitung lediglich heraus, was sie anzieht, während sich wieder andere vorzugsweise den Tonaufnahmen – in der einen oder in der anderen Sprachfassung – widmen möchten. Unter letzteren sind sicherlich viele, die gerade erst damit beginnen, das Meditieren für sich zu erkunden. Natürlich können Sie auch Transkripte, Tonaufnahmen und »Rezepte« nach Belieben miteinander kombinieren oder als Inspiration für sich selbst und für Ihre eigene Arbeit nutzen, zum Beispiel in der Therapie mit Klientinnen und Klienten. Wofür auch immer Sie sich entscheiden mögen, ich hoffe, dass Sie es hilfreich finden werden, diese verschiedenen Möglichkeiten zur Verfügung zu haben.

Über das Ansprechen verschiedener präfrontaler Ebenen in der Meditation

Einleitend möchte ich nochmal die Tatsache erwähnen, dass alle Meditationen die bewusste Aufmerksamkeit schulen und dass dies eine präfrontale Fähigkeit ist. Als kurze Wiederholung aus Kapitel 3 fasse ich hier die Schritte der präfrontalen Entwicklung noch einmal zusammen: Die grundlegende Fähigkeit, sich zu entscheiden, willentlich die Aufmerksamkeit auf etwas zu lenken – anstatt zuzulassen, dass unsere Aufmerksamkeit einfach nur gefangengenommen wird –, beginnt sich im Alter von etwa einem Jahr zu entwickeln. Irgendwann im Alter zwischen zwei und vier Jahren entwickeln wir die Fähigkeit, Symbole zu benutzen, so dass wir uns vorstellen können, dass eine Banane ein Mobiltelefon ist, mit dem wir Gespräche mit imaginären Freunden führen können. In den darauffolgenden Jahren können wir mithilfe der Fähigkeit, uns etwas vorzustellen, komplexe Fantasiewelten mit Räubern und Gendarmen und Drachen und Helden entstehen lassen, die wir im kindlichen Rollenspiel mit anderen teilen. Langsam entwickeln wir die Fähigkeit, Fantasievorstellungen und Spielimpulse mit anderen Kindern zu koordinieren und miteinander immer bessere Spiele entstehen zu lassen. Schließlich reift unser Gehirn im Alter von sechs bis acht Jahren normalerweise so weit heran, dass wir mithilfe unserer Vorstellungskraft ein inneres Modell davon erzeugen können, wie wir durch die Augen anderer aussehen oder sogar davon, wie es ist, ein anderer Mensch zu sein. Wir können auch einen inneren »Zeugen« finden, der uns einen objektiveren Blick auf uns selbst und auf andere ermöglicht. Alle diese Ebenen der präfrontalen Aufmerksamkeit werden oft auch unter dem Begriff der Achtsamkeit zusammengefasst.

In den ersten Meditationen werden wir, wie in den meisten meditativen Praktiken üblich, mit der grundlegendsten Art von Aufmerksamkeit beginnen und das wahrnehmen, was unsere Sinne uns an Informationen aus dem Körper und dem autonomen Nervensystem mitteilen. In vielen Psychotherapierichtungen, die ihren Fokus auf eine Integration auf körperlicher Ebene legen, ist der Blick ebenfalls genau auf die Wahrnehmung dieser Informationen durch die Sinne gerichtet. Dies kann auf viele verschiedene Arten geschehen. Die häufigste Art schult auch die Fähigkeit, die Aufmerksamkeit zu steuern, was eigentlich bereits eine viel subtilere und fortgeschrittenere Angelegenheit ist. In Kapitel 3 haben wir dies als sechste Entwicklungsstufe kennengelernt: die Fähigkeit zum neutralen Beobachten, die Fähigkeit zur Zeugenschaft. Eine klassische Meditationsanleitung ist zum Beispiel folgende: »Nimm deine Atmung wahr. Wann immer du merkst, dass deine Gedanken abschweifen, kehre mit der Aufmerksamkeit einfach zum Atem zurück.«

Diese Anleitung arbeitet mit der Verbindung zwischen der grundlegenden präfrontalen Aufmerksamkeit und den Empfindungen, die aus dem Inneren des Körpers kommen und im parietalen Kortex organisiert sind. Diese grundlegende Aufmerksamkeit wird in dieser Anleitung jedoch mit einer subtilen Kontrollanweisung gekoppelt: »… kehre mit der Aufmerksamkeit zum Atem zurück.« Dies ist viel schwieriger als zum Beispiel: »Nimm deine Atmung wahr. Nimm nun einen tiefen Atemzug und halte den Atem an … und atme wieder aus. Nimm wahr, wie sich dein Körper nun anfühlt.« Diese letztere Version der Anleitung ist auf die Wahrnehmung und die willentliche Bewegungssteuerung ausgerichtet, die wir zu Beginn des zweiten Lebensjahres erlernen, während sich die für die erste Anleitung wichtige Aufmerksamkeitssteuerung erst einige Jahre später entwickelt. Es ist eine ziemlich fortgeschrittene Fähigkeit, einigermaßen ruhig zu sein und auf innere Impulse und Gefühle zu achten, wenn wir lieber reden oder herumrennen und spielen möchten. Sobald Sie als Therapeutin einen erwachsenen Klienten oder ein Kind (oder auch sich selbst) auffordern, auf innere Empfindungen zu achten und auch über einen längeren Zeitraum dabei zu bleiben, arbeiten Sie mit dieser bereits höher entwickelten präfrontalen Ebene, bei der einer verbalen Aufforderung oder Anweisung Folge geleistet werden soll. Wenn Sie in der glücklichen Lage sind, mit einem Klienten oder einem Kind mit guter Kontrolle oder vielleicht sogar einer harmonischen Verbindung zwischen der präfrontalen und der autonomen Ebene zu arbeiten, dann klappt das. Bei vielen anderen, eher vulnerableren, Kindern (und manchen Erwachsenen) werden Sie nicht so viel Glück haben und es wird nicht funktionieren, weil diese noch nicht in der Lage sind, diese Fähigkeit zu entwickeln. Dem Entwicklungsstand dieser Kinder entspricht es vermutlich als Lernaufgabe für den nächsten Entwicklungsschritt viel besser, wenn Sie mit ihnen im gemeinsamen Spielen Bewegungs- und Körperempfindungen erkunden oder auf einem Spaziergang zusammen interessante Dinge entdecken, die Sie auf dem Weg sehen. Sich über das auszutauschen, worauf die Aufmerksamkeit spontan gelenkt wird, aktiviert die spielerische limbische Ebene zusammen mit der älteren Basisaufmerksamkeit des präfrontalen Kortex. Nicht jeder Mensch ist bereit, auf den späteren präfrontalen Ebenen zu lernen und zu reifen, egal, wie alt er sein oder wie sehr er es sich wünschen mag.

Nachdem wir die grundlegende Fähigkeit zur Aufmerksamkeit entwickelt haben, aber noch bevor wir lernen, unsere Aufmerksamkeit zu steuern, ohne uns ablenken zu lassen, ist die Vorstellungskraft die nächste Kompetenz, die sich im präfrontalen Kortex herausbildet. In vielen Meditationen nutzt man Bilder und Visualisierungen. Das werden wir ebenfalls tun, denn die Vorstellungskraft kann enorm hilfreich sein. Wir müssen uns nur darüber im Klaren sein, wann wir welche Fähigkeit nutzen wollen: sprechen wir gerade die grundlegende Aufmerksamkeit der dritten Entwicklungsebene (vgl. S. 47 f.) an, oder die kreative Vorstellungskraft der vierten (vgl. S. 48) oder die neutrale Beobachtung und Zeugenschaft der sechsten (vgl. S. 50)? Einmal saß ich in einem Vortrag über die Bedeutung der vollumfänglichen Präsenz im Hier und Jetzt. Nach zwanzig Minuten kündigte der inspirierende Redner eine geführte Reise zu diesem Vortragsthema an, und wir alle stellten uns voller Erwartung darauf ein. Er begann: »Stellen Sie sich vor, Sie laufen einen wunderschönen Sandstrand im Sonnenuntergang entlang. Fühlen Sie den Sand zwischen Ihren Zehen und den Wind auf Ihrer Haut …«, und so weiter. Es war eine wunderbare, inspirierende und entspannende Anleitung – und sie hatte absolut nichts mit meinen tatsächlichen, physischen »Hier und Jetzt«-Empfindungen zu tun, wie ich da auf einem Stuhl in einem Konferenzsaal saß und zusammen mit ein paar hundert weiteren Konferenzteilnehmern die klimatisierte Luft atmete. Stattdessen bescherte es uns allen eine schöne gemeinsame Fantasiereise. Ich hatte eine Anleitung auf der sechsten Ebene, auf der des neutralen Beobachtens, erwartet – und was wir erhielten, war die vierte Ebene der kreativen Fantasie. Diese kreative Vorstellungskraft ist wunderbar; wir können sie zum Beispiel zur Bewusstseinserweiterung nutzen, indem wir innerlich Alternativen durchspielen oder sogar trainieren. Wenn wir z. B. traurig sind, können wir üben, uns an eine Zeit zu erinnern, in der wir glücklich waren und uns in das innere Erleben davon »fallen« zu lassen (ganz nebenbei bemerkt: eine Erinnerung ist immer auch eine Form der Imagination).

Wir können die Vorstellungskraft außerdem dazu nutzen, eine aktuelle Erfahrung zu erweitern. Wenn wir uns zum Beispiel der Atmung widmen, können wir uns, während wir die Luft bei jedem Atemzug ein- und ausströmen fühlen, die uns umgebende Luft im Raum und in den uns umgebenden Plätzen im Freien vorstellen. Wenn wir unsere Aufmerksamkeit dann wieder auf unseren Atem lenken, wird sich diese innere Veränderung in unserem mentalen ›Rahmen‹ oft ausdehnen und die Empfindungen unserer Atmung verändern.

Was uns im tiefsten Inneren bewegt, ist nicht zahm

Meditative Praktiken und viele psychotherapeutische Interventionen setzen zwar beim Körper an, doch die tieferen Dynamiken des somatischen und autonomen Systems werden bei jenen von ihnen häufig übersehen, die ›nur‹ damit arbeiten, die Aufmerksamkeit möglichst tief gehen zu lassen. Tiefer zu gehen bedeutet, wieder in Kontakt mit dem grundlegendsten inneren Raum zu kommen, *und das zu seinen Bedingungen.* Mit anderen Worten heißt das, auf den spontanen Veränderungen der autonomen Erregung und dem Erleben von Vergnügen und/oder Unbehagen zu surfen. Diese Ebene wird von allem beeinflusst, auch davon, wie Sie mithilfe Ihrer präfrontalen Aufmerksamkeit auf sie achten. Stellen Sie sich diese Ebene einen Augenblick lang als eine Art wildes Tier vor, das in Ihnen lebt und keine Worte kennt. Wenn ihm die Art und Weise, wie Sie ihm Aufmerksamkeit schenken, unangenehm ist, reagiert es mit Unruhe oder Passivität, oder es zieht sich in sich selbst zurück. Wenn Sie regelmäßig mit Tieren zu tun haben, besonders wenn sie wild, verwildert oder einfach nicht sehr zahm sind, oder wenn Sie mit schwer geschädigten Erwachsenen oder Kindern arbeiten, werden Sie wahrscheinlich bemerken, dass sie auf konzentrierte Aufmerksamkeit häufig wie auf eine Bedrohung reagieren, als stellte dies ein Signal für einen möglichen Angriff dar. Nicht ganz so offensichtlich ist, dass Ihr autonomes Nervensystem möglicherweise auf Ihre eigene fokussierte Aufmerksamkeit auf ähnliche Weise reagiert. Ist die Aufmerksamkeit entspannt und eher unfokussiert, ist es weniger wahrscheinlich, dass solch eine Reaktion ausgelöst wird.

In den folgenden Meditationen werde ich Sie immer wieder dazu einladen, in solch eine weniger fokussierte, globalere und entspanntere Form der Aufmerksamkeit zu gleiten, die nichts Bestimmtes bewirken soll. Uns im Westen fällt das oft schwer, denn unsere Sozialisation und unsere Schulen lehren uns drei Dinge, als gehörten sie zwingend zusammen: aufpassen, unser Tun und Handeln unter Kontrolle haben und still sitzen. Ab einem Alter von zwei Jahren wird immer mehr Wert auf diese Fähigkeiten gelegt. Das bedeutet, dass unsere Aufmerksamkeit in pädagogischer Absicht regelrecht darauf geschult wird, entweder zu handeln oder Impulse zu kontrollieren. Wenn Sie sich danach sehnen, sich tiefer in die Meditation oder in Ihre Lebendigkeit fallen zu lassen, besteht der erste Schritt darin, diese kleine Kontraktion in Ihrem Bewusstsein zu bemerken, die entsteht, wenn Sie sich fokussieren.

Nehmen Sie sich jetzt einen Augenblick Zeit dafür.

Können Sie jetzt das Gefühl der Wachheit in Ihrer Erinnerung aufrufen, das Sie haben, wenn Sie morgens gerade im Aufwachen begriffen sind? Anfangs ist man noch nicht sehr wach. Dann wacht man noch etwas mehr auf. Irgendwann ist man wach genug, dass die Aufmerksamkeit sich auf ein Projekt richten kann, wie z.B. aufstehen und ins Bad gehen oder eine Tasse Tee oder Kaffee trinken … Irgendwo in der Mitte zwischen sehr schläfrig und wach genug, um ein Projekt zu haben, liegt der Moment eines inneren Raumes. Können Sie sich an das Gefühl eines solchen inneren Raumes erinnern? Dieser Moment des Übergangs, egal wie winzig er vielleicht sein mag, ist ein guter Ausgangspunkt für die Art von Aufmerksamkeit, die wir anstreben. Mein spiritueller Lehrer, Jes Bertelsen, beschreibt das ganz einfach und sehr schön. Er sagt: »Wir alle wissen, wie man sich in den Schlaf fallen lassen kann. Was wir hier lernen, ist, sich ins Wachsein fallen zu lassen.«

Wenn wir uns im Wachwerden versuchen, entdecken wir anfangs vielleicht, dass es harte Arbeit ist, etwas zu verlernen, das wir gewohnheitsmäßig tun. Wir beginnen damit, dass wir uns auf die Aufgabe konzentrieren, also arbeiten wir buchstäblich daran, uns zu entspannen. Der geflüsterte innere Dialog könnte etwa so lauten: »Okay, ich werde mich jetzt entspannen und gleichzeitig ganz genau aufpassen. Das ist ganz schön schwer. Moment mal, es soll aber nicht schwer sein! Ich muss mich auf das

Entspannen konzentrieren. Ich muss mich entspannen. Ich muss … .« Für viele Menschen scheint es einfacher zu sein, sich zuerst zu entspannen, die Gedanken einfach unfokussiert schweifen zu lassen und sich selbst erst dann um ein bisschen konkrete Aufmerksamkeit zu bitten – sofern man sich dann noch an diese Instruktion erinnert. Ein weiterer Kniff, der in vielen Meditationsschulen gelehrt wird, ist, den Moment zu ehren, in dem wir entdecken, dass wir abgelenkt sind – während dieser Sekunde sind wir nämlich voll in der Gegenwart, während wir im nächsten Moment vielleicht schon wieder damit beschäftigt sind, uns über unsere Ablenkbarkeit aufzuregen, oder zu versuchen, unsere Aufmerksamkeit besser unter Kontrolle zu haben, und so weiter. Meiner Erfahrung nach lassen sich diese mentalen Turbulenzen reduzieren, wenn wir den Übergängen zwischen den Aktivitäten mehr Aufmerksamkeit schenken. Wir alle, insbesondere diejenigen von uns, die mit Kindern arbeiten, wissen, dass Übergänge nicht einfach sind. Sie erfordern große Veränderungen in unseren neuronalen Netzen, und es braucht viel Übung darin, die Aufmerksamkeit von einer Aktivität voll und ganz auf eine andere zu verlagern. Gleichzeitig sind Übergänge und Wechsel immer ein wesentlicher Bestandteil von Integration. So wollen wir uns als nächstes mit einer Übergangsmeditation befassen.

Eine Meditation für den Übergang – wie Berührung, Bewegungsimpulse und Gähnen uns helfen können

Jedes Mal, wenn Sie sich hinsetzen, -stellen oder -legen, um zu meditieren, empfiehlt es sich, erst einmal wahrzunehmen, wie sich Ihr Körper in diesem Moment anfühlt und was er möchte – nicht nur, um ihn zu beobachten, sondern um einigen der somatischen Impulse zu folgen, die normalerweise ganz einfach sind.

In der Folge finden Sie eine Anleitung für den Übergang in die Meditation. Während Sie lesen, nehmen Sie sich ruhig ein wenig Zeit, das Gefühl, das Sie bei jeder Anweisung bekommen, in aller Ruhe zu erkunden. Es herrscht keine Eile. In einer kleinen Anekdote aus Afrika heißt es, dass wir unsere Seele zurücklassen, wenn wir uns schnell bewegen. Seelen bewegen sich in einem gnädigen, gemächlichen Tempo. Haben wir uns beeilt, müssen wir uns danach ausruhen, damit unsere Seele uns einholen kann.*

---

* In dem wundersamen Buch »*Die verlorene Seele*« der Literaturnobelpreisträgerin Olga Tokarczuk benötigt die Seele etwa zwei Jahre, bis sie zu ihrem Besitzer zurückfindet, der in dieser Zeit gelernt hat, achtsam auf seine Seele zu warten.

– Meditation EINS –

Der Übergang in die Meditation mithilfe des Gähnens

Setzen Sie sich bequem auf einen Stuhl oder auf den Boden. Wenn Ihnen das lieber ist beziehungsweise für Sie besser funktioniert, können Sie sich stattdessen auch hinlegen, stehen oder langsam gehen. Nehmen Sie sich jetzt etwas Zeit und Raum … schließen Sie die Augen und gähnen Sie … und streichen Sie über Ihr Gesicht oder massieren Sie es ganz sacht.

Nehmen Sie wahr, ob Ihre Füße auch leicht massiert werden möchten.

Spüren Sie nach, ob Ihre Schultern ein bisschen nach oben gekrochen sind.

Wenn ja, unterstützen Sie sie, indem Sie sie so hoch wie möglich nach oben ziehen.

Und mit dem nächsten Ausatmen entspannen Sie sie … und gähnen Sie.

Wir haben im Moment kein bestimmtes Ziel. Wenn also ein Teil Ihres Körpers sich strecken und dehnen will, dann geben Sie dem nach, und wenn er sich einfach nur irgendwie weiter bewegen will, dann erkunden Sie diese Impulse. Wenn Sie weiter gähnen wollen, tun Sie das einfach. Durch das Gähnen beginnen häufig die Augen zu tränen oder die Nase beginnt zu laufen. Wenn Sie sich die Nase putzen müssen, tun Sie das.

Wenn Sie ausatmen, und ganz besonders dann, wenn Sie gerade genüsslich gegähnt haben … aber eigentlich jedes Mal beim Ausatmen, wie auch gerade jetzt … schauen Sie jeweils einfach mal, ob Sie sich da hinein entspannen können …

Machen Sie sich im Moment keine Gedanken wegen des Einatmens.

Achten Sie nur darauf, wie sich das Ausatmen anfühlt … es ist nämlich jedes Mal ein bisschen anders.

Während Sie tiefer in dieses Gefühl eintauchen … werden andere Körperimpulse auftauchen und dann erlauben Sie Ihrer Wahrnehmung, ihnen zu folgen … vielleicht möchte Ihr Gesicht nochmals eine leichte Massage oder Sie möchten sich nochmals die Nase putzen … vielleicht taucht ein Impuls auf, sich hin und her zu wiegen oder ein wenig zu bewegen.

Sie gleiten in eine Haltung des Entdeckens … während Sie einen Atemzug nach dem anderen machen, entdecken Sie, was sich Ihr Körper in diesem Moment wünscht … und während Sie sich da hineingleiten lassen … taucht manchmal ein Gefühl des Wegdriftens oder Abschweifens auf.

Das ist der Geist, der sich entspannt. Lassen Sie ihn einfach ... Und entdecken Sie einfach das nächste Ausatmen, nämlich genau jenes, das jetzt gerade geschieht.

Wie fühlt es sich an? Wo im Körper nehmen Sie es wahr?

Jedes Ausatmen ist eine kleine Einladung, die vom Leben kommt. Eine Einladung zur Entspannung ... zur Hingabe ...

Es ist auch ein Spiel. Es ist ein Spiel, das uns über etwas hinausführt, was wir alle mit etwa zwei Jahren zu lernen begonnen haben. Wir alle haben gelernt, uns auf etwas zu fokussieren und gleichzeitig Kontrolle darüber auszuüben.

Wir alle haben gelernt, dass Aufmerksamkeit Anstrengung bedeutet.

Wir wollen nun damit spielen, etwas von dieser Anstrengung loszulassen. Jeder Atemzug lädt uns zu einer anderen Art von Aufmerksamkeit ein, zu einer leichten und angenehm weichen Art von Aufmerksamkeit ... vielleicht einer schmelzenden Art von Aufmerksamkeit ... oder einer schwebenden Art von Aufmerksamkeit.

Daran sind wir aber nicht gewöhnt. Deshalb kehren wir nach einer Weile zu dem zurück, was uns vertraut ist. Wir fangen an, uns anzustrengen und zu fokussieren.

Wenn das geschieht, nehmen Sie sich einen Augenblick Zeit, um sich nochmals zu strecken und zu dehnen ... oder sich zu bewegen ... oder zu gähnen ... oder einen Körperteil zu massieren, der danach verlangt ... bis Sie es wieder ein paarmal spannend finden, das Ausatmen zu spüren ... und einfach darin zu ruhen.

Wenn Sie noch ein wenig weiter gehen wollen in diesem spielerischen Experiment ... können Sie die Augen öffnen und den Boden oder die Blumen oder irgendetwas in der Umgebung betrachten, worauf Ihr Blick fällt, und sich weiter in Richtung einer entspannten, mühelosen Aufmerksamkeit sinken lassen.

Spielen Sie einfach mit dem Entspannen, überlassen Sie sich dem Ausatmen, während Sie den Boden oder etwas in der Umgebung betrachten.

Wenn Sie wollen, können Sie die Augen auch wieder schließen, und sachte zwischen offenen und geschlossenen Augen hin- und herwechseln.

Wenn Ihre Augen offen sind, blicken Sie sich mit weichem, entspanntem Blick um ... weiter mit der Hingabe, der Entspannung bei jedem Ausatmen.

Wie fühlt es sich jetzt an, auszuatmen und sich in die Umgebung hinein zu entspannen?

Dabei kann alles Mögliche auftauchen ... Angenehmes wie Unangenehmes. Vielleicht spüren Sie gerade eine gewisse Ungeduld, oder Sie müssen auf die Toilette ... oder es kann sich ganz wunderbar und entspannend anfühlen … oder vielleicht auch ganz anders …

Und jetzt ist es Zeit für den Übergang. Das erzeugt normalerweise eine leichte Unruhe angesichts der inneren Umorganisation, aber dieses Mal entspannen Sie sich einfach weiter damit und nehmen Sie wahr, wie Ihr System von selbst beginnt, sich auf Ihre nächste Aufgabe oder Aktivität vorzubereiten. Spielen Sie damit, Ihre Aufmerksamkeit hin- und herwandern zu lassen zwischen dieser tiefen inneren Unbeschwertheit und der spontanen Bewegung nach außen.

Lassen Sie sich Zeit, damit Sie den Wechsel nach draußen so vollziehen können, dass Sie Ihren inneren Raum nicht verlieren. Dabei werden Sie wahrscheinlich ein paarmal zwischen der stärker nach innen und dann wieder stärker nach außen gerichteten Aufmerksamkeit wechseln müssen, während Sie sich immer stärker Ihrer nächsten Aktivität zuwenden. Versuchen Sie dann im Laufe des Tages immer mal wieder, diesem unbeschwert entspannten Zustand, den Sie erkundet haben, erneut einen Besuch abzustatten.

Dies ist eine Möglichkeit, jede beliebige Erforschung des inneren Raums zu beginnen. Der Übergang in die Meditation erinnert mich an einen alten Zen-Witz. Ein Meister und ein Schüler sitzen nebeneinander. Sie meditieren schon eine Weile. Der Schüler dreht sich zu seinem Meister und fragt: »Was kommt als Nächstes?« Der verblüffte Lehrer wirft ihm einen Blick zu und herrscht ihn an: »Was meinst du damit? Genau darum geht es. Mehr kommt nicht.«

Wie bereits erwähnt sind die Meditationsanleitungen, einschließlich dieser ersten, sehr detailliert. Wenn Sie sich lieber selbst Ihren eigenen Ablauf zusammenstellen, aber etwas Inspiration durchaus schätzen, finden Sie vielleicht den folgenden Überblick über die einzelnen Schritte und die Struktur dieser Meditation hilfreich.

Die Struktur von Meditation EINS

Der Übergang in die Meditation mithilfe des Gähnens

- Nehmen Sie die spontanen Impulse und Empfindungen im Körper wahr und widmen Sie sich ihnen.
- Aktivieren Sie den ventrovagalen Aspekt Ihres autonomen Nervensystems (eine entspannende, emotional präsente innere Lebendigkeit, verbunden mit einem Gefühl der Lebendigkeit im Gesicht) durch angenehme, lustvolle Berührungen von Gesicht und Körper. (Mehr über das ventrale Vagus-System finden Sie auf S. 46 in Kapitel 3.)
- Provozieren Sie absichtlich und bewusst Gähn-Impulse. Dies erhöht die ventrovagale Aktivität.
- Entspannen Sie Ihr Gewahrsein in die Veränderungen der Atemregulation hinein und nutzen Sie diese, um sich ein wenig mehr ins Wachsein fallen zu lassen.
- Lassen Sie sich in das Gefühl des gegenwärtigen Augenblicks hineinsinken.
- Entwickeln Sie Zyklen des Entspannens – Loslassen von Projekten und Anstrengungen – neugieriger werden – sich stärker ins Wachsein fallen lassen.
- Gestalten sie den Übergang: Nehmen Sie etwas vom gerade Erlebten mit auf der Rückkehr zu den alltäglichen Aktivitäten und Aufgaben.

Bewegung in der meditativen Praxis

Zu Beginn einer Meditation ist es immer gut, sich zu strecken und zu dehnen oder sich ein wenig zu bewegen. Viele erfahrene Praktizierende haben mir gegenüber erwähnt, dass sie die Erfahrung gemacht haben, dass kräftige körperliche Bewegung vor der Meditation oder sogar leichte körperliche Aktivitäten zu Beginn den meditativen Prozess tatsächlich unterstützen. Das steht im Widerspruch zu dem, was die meisten Menschen unter Sitzmeditation verstehen: einen Prozess nämlich, bei dem man völlig still sitzen muss. Dies ist in der Tat eine Möglichkeit, Meditation zu praktizieren. Das absolute Stillsitzen schult unsere präfrontale Fähigkeit, Impulse zu hemmen, was bedeutet, dass wir uns genau dieser Impulse bewusst werden – es sei denn, wir dissoziieren uns stattdessen von ihnen. Das Hemmen von Impulsen ist unangenehm. Wir wollen am Handy nachschauen, ob wir eine Nachricht erhalten haben, wenn uns langweilig ist, oder uns bewegen, wenn wir Unbehagen empfinden oder wenn uns etwas wehtut. Solche Impulse wahrzunehmen und zu hemmen, und dann innerlich »einen Schritt zurückzugehen« indem man den mentalen Dialog als »Denken« bezeichnet, ist ein Training der Spitzenklasse in Willenskraft und Ausdauer. Allerdings spricht einiges gegen die strikte Praxis des Stillsitzens. Ich habe allzu viele Menschen Dinge sagen hören wie: »Ich kann nicht meditieren, weil ich nicht stillsitzen kann.« Oder: »Wenn ich es versuche, schlafe ich immer ein.« Oder: »Es ist mir einfach zu unangenehm.«

In meine Überlegungen zu Bewegung in der Meditation beziehe ich gern die Evolution des Gehirns mit ein. Nervensysteme scheinen evolutionsgeschichtlich ihren Ursprung im Bereich von Mägen und Verdauungstrakten genommen zu haben. Selbst heute noch hat unser ›Bauchhirn‹, das enterische Nervensystem und die Darmmikroben, einen großen Einfluss auf die Gehirnfunktion. Dieser Einfluss ist so groß, dass er seit einigen Jahren intensiv erforscht wird. Unser Darm und unser vegetativ-sensorisches und limbisch-emotionales System sind so eng miteinander verwoben, dass Nahrung, Verdauung, Sicherheit und Intimität sich gegenseitig ganz maßgeblich beeinflussen (Mayer 2011; Furness & Stebbing 2018).

Man nimmt an, dass sich die muskuläre Pumpleistung des Herzens aus der Bewegung unserer uralten Quallenvorfahren entwickelt hat. Der kräftige elektromagnetische Puls unseres Herzens, viel stärker als der des Gehirns, wird durch ein eigenes, separates Nervensystem gesteuert und ist eng mit dem autonomen Nervensystem koordiniert. Das Hauptaugenmerk des Gehirns in unserem Kopf hingegen scheint auf Bewegung zu liegen. Aus evolutionärer Perspektive wirkt es so, als würden uns die inneren Räume, die wir normalerweise bewohnen, als würden uns unser ganzes Denken und Fühlen, darauf vorbereiten wollen, uns zu bewegen und zu handeln (Wolpert, Ghahramani & Jordan 1995; Wolpert 2011).

In Hinblick auf diese alten somatischen Systeme, die sich lange vor der bewussten Wahrnehmung entwickelt haben, arbeite ich daher gerne mit dem nachgiebigen Ansatz der sachten, achtsamen Bewegung. Auf diese Weise werden sich – sofern der Körper nicht ein starkes Bedürfnis nach Aktivität signalisiert – allmählich von selbst eine natürliche Stille und die eine oder andere intrinsische Bewegung einstellen.

Damit meine ich eine Bewegung von innen heraus, die ohne unser Zutun entsteht, wie etwa eine kleine Schaukelbewegung. Es ist in der Tat auch in spirituellen Traditionen sowie in der gesamten westlichen Tradition der Bewusstseinsarbeit, Körpertherapie und der psychomotorischen Ansätze üblich, langsame und achtsame Bewegungen auszuführen. Normalerweise geschieht dies allerdings nicht während einer Meditation oder eines Gebets. In unseren berührungs- und bewegungsarmen Kulturen ist dies aber durchaus einen Versuch wert.

Wenn wir uns in der Entdeckung von Bewegungen und Selbstberührungen üben, die uns Vergnügen bereiten, erlaubt uns dies, eine andere und weniger stark kontrollierende Beziehung zu unserem Körper aufzubauen. Die Aufgabe des präfrontalen Kortex ist es dann, aufmerksam und neugierig zu sein und sich in ein sich immer stärker vertiefendes inneres »Lauschen« in alle Richtungen hinein zu entspannen. Diese Art der Praxis betont nicht die Kontrolle oder Disziplin, sondern die Koordination und Synchronisation im Bewusstsein und zwischen den verschiedenen neuronalen Netzen. Wir laden zu einer tiefen Auseinandersetzung mit unserer Neugier ein, indem wir zunächst die Aufmerksamkeit von dem einen Körperbereich auf einen anderen verlagern und dann unser aufmerksames Gewahrsein auffordern, immer mehr verschiedene sensorische und motorische Informationen gleichzeitig zu erfassen, indem wir immer mehr Details hinzufügen.

Das Gähnen

Schenken Sie dem Gähnen eine besondere Beachtung, eine besondere Einladung. Andrew Newberg hat das Gähnen als eines der bestgehüteten Geheimnisse der Neurowissenschaften beschrieben (Newberg & Waldman 2009). Stimmtherapeutinnen und Opernsänger nutzen das Gähnen schon seit langem, um die Stimme aufzuwärmen und Angst abzubauen. Von Gehirnscans weiß man, dass das Gähnen das ventrale Vagussystem und andere soziale Bereiche des Gehirns aktiviert, darunter auch den Präkuneus. Diese Struktur befindet sich im parietalen Kortex (vgl. Abb. 8, S. 85), dem sensorischen Integrationsbereich des Gehirns, und ist am System der Spiegelneuronen beteiligt. Dieses System ist von zentraler Bedeutung für unsere Fähigkeit, mit den Erfahrungen und Gefühlen anderer Menschen in Resonanz zu treten, und deshalb ist es auch unerlässlich für das Mitgefühl. In der Wissenschaft wird die Hypothese vertreten, dass dieser Bereich für das Bewusstsein eine wesentliche Rolle spielt, indem er uns Zugang zu Erinnerungen und zur Selbstreflexion verschafft. Allerdings nimmt die Leistung mit zunehmendem Alter und damit einhergehenden Aufmerksamkeitsproblemen ab. Möglicherweise könnten diese Fähigkeiten durch Gähnen angeregt, erhalten oder sogar wieder verbessert werden.

Das Gähnen reguliert auch die Temperatur und den Energieverbrauch unseres Gehirns. Der Impuls zum Gähnen entsteht in einer ganzen Reihe von Übergängen, bei denen sich das Gehirn auf ein neues neuronales Netz einstellen muss. Gähnen baut Stress ab, hilft uns beim Aufwachen, signalisiert uns, dass es Zeit wird, schlafen zu gehen und schärft unsere Wahrnehmung und Aufmerksamkeit. Wenn wir gähnen, wird auch eine riesige Zahl an Neurotransmittern ausgeschüttet, die mit Lust, Sinnlichkeit, einer Leichtigkeit des Seins und zwischenmenschlicher Bindung zu tun haben. Bei mir selbst habe ich beobachtet, dass ich gähnen möchte, wenn ich den einen Klienten verabschiede und den nächsten empfange, aber auch, wenn eine Klientin beginnt, sich auf eine tiefere Ebene der Erkundung zu begeben. Newberg empfiehlt, tagsüber so oft wie möglich zu gähnen, und er erinnert uns auch daran, dass Gähnen so ansteckend ist, dass sogar das Lesen darüber den Impuls aktivieren kann!

Wenn sich von selbst kein Gähnen einstellt, kann es helfen, so zu tun, als ob, oder die entsprechenden Bewegungen in Kiefer und Zunge zu erkunden. Nach etwa fünf oder sechs Versuchen ruft das normalerweise ein echtes Gähnen hervor. Häufig signalisiert uns unser Körper, welche Dehnungen oder Bewegungen uns einem Gähnen näherbringen. Manchmal ist das eine Grimasse, oder, wie erwähnt, ein simuliertes Gähnen als Einladung zu einem echten.

Wenn Sie gähnen mussten, als Sie diesen Absatz gelesen haben, nehmen Sie sich nun einen Augenblick Zeit, um wahrzunehmen, was sich dadurch verändert hat.

Sie können die aktiveren und eher willentlichen Bewegungs- und Gähnprozesse vertiefen, indem Sie die Bewegung zunächst eher zulassen, als sie zu lenken, und dann Ihre Aufmerksamkeit in die Atmung und die Verbindung zwischen Impulsen und Atmung eintauchen lassen. Für viele Menschen ist dies einer der einfachsten Wege, in eine tiefere und bewusstere Präsenz zu gleiten.

In der nächsten Meditation nehmen wir sensorische Details hinzu und erforschen die zarten Empfindungen und Bewegungen in den verschiedenen Phasen der Atemwellen.

– Meditation ZWEI –

Inneres Lauschen: Bewegung und Atmen

Nehmen Sie sich einen Augenblick Zeit, um wahrzunehmen, wie sehr Sie Ihre Absicht und Ihren Willen einsetzen, wenn Sie sich strecken und dehnen … Haben Sie jetzt einfach Bewegungen ausgeführt, die Sie oft machen? … Wie sehr tun Sie das, oder wie sehr lauschen Sie in Ihren Körper hinein, um zu erfahren, wonach es ihn verlangt? Welcher Teil Ihres Körpers möchte jetzt gerade gedehnt werden oder sich bewegen?

Wenn Sie dem folgen, was geschieht dann?

Und spüren Sie nach, ob sich darin das eine oder andere Gähnen finden lässt.

Gibt es Bewegungen, die gut zu einem Gähnen passen?

Während Sie das tun, erkunden Sie eine kleine Weile das Gefühl des Sitzens … indem Sie sich auf Ihrem Sitz etwas hin- und herbewegen … auf Ihrem Beckenboden … auf den Sitzbeinhöckern …

Nehmen Sie wahr, was dabei mit Ihrer Atmung geschieht.

Spielen Sie mit der Bewegung. Erkunden Sie, was bewirkt, dass Ihre Atmung sich offener oder freier anfühlt.

Es ist wie ein inneres Lauschen: welche Art von Bewegung, auf den Sitzbeinhöckern, im Becken, mag meine Atmung eigentlich gerade?

Laden irgendwelche Bewegungen zu einem Seufzen oder Gähnen ein?

Gehen Sie jetzt weiter hinunter in Ihre Beine und Füße.

Nehmen Sie wahr, wie viel Ihres Gewichts auf dem Beckenboden und den Sitzbeinhöckern ruht und wie viel auf den Beinen und Füßen.

Was passiert in Ihrer Atmung, wenn Sie anfangen, mit dieser Gewichtsverteilung etwas zu spielen? … durch kleine Bewegungen in Ihren Beinen … und Ihren Füßen und Zehen?

Nun wollen wir nach oben zum Kopf gehen.

Spielen Sie ein wenig damit, Hals und Kopf zu bewegen. Seien Sie neugierig. Wie fühlt sich das an?

Lauschen Sie auch in diesen Bereich … Welche Bewegungen möchte dieser Teil Ihres Körpers gerade machen? … Die Bewegungen, die der Körper machen will, sind häufig ziemlich anders als die, von denen wir denken, dass sie gut für ihn sind. … Wozu haben Ihr Kopf und Hals jetzt Lust?

Was geschieht in Ihrer Atmung, wenn Sie dem folgen?

Nehmen Sie wahr, wie selbst ganz kleine Bewegungen mit dem Kopf und dem Hals Ihre Gewichtsverteilung bis ganz hinunter in Ihren Körper verändern …

… und nehmen Sie wahr, wie jedes Ein- und Ausatmen die Position Ihres ganzen Körpers verändert … auch den inneren Raum bis hinunter in Ihr Becken …

Und nehmen Sie sich schließlich ein wenig Zeit, um Ihre Arme und vor allem die Unterarme und die Hände wahrzunehmen … oft benutzen wir sie, um etwas in der Außenwelt zu fühlen oder zu tun.

Doch wie ist das, wenn wir nur die Arme und Hände fühlen?

Was würden sie gerne tun, wenn sie einfach tun könnten, worauf sie Lust haben?

Und was passiert in Ihrer Atmung?

Gibt es Bewegungen in Ihren Armen und Händen, die mit der Atmung, dem Gähnen oder dem Seufzen einhergehen?

Nun wollen wir noch tiefer in die Atmung, vor allem ins Ausatmen, eintauchen.

Jedes Mal, wenn Sie ausatmen, schicken die Nerven ein Signal von Ihrem Zwerchfell zum Gehirn, das die Signalgeschwindigkeit in Ihrem ganzen Gehirn und in Ihrem gesamten Nervensystem verringert.

Mit jedem Ausatmen wird alles in Ihrem Nervensystem langsamer. Die Geschwindigkeit, mit der alle Nerven, die in den Muskeln und Organen und der Haut Ihres Körpers feuern, nimmt ab.

Nehmen Sie sich ein wenig Zeit, um diese Qualität zu bemerken … Schauen Sie, ob Sie die subtilen Empfindungen oder die Energieveränderungen, die durch diese Verlangsamung im Ausatmen entstehen, bemerken können … und zwar nicht nur die Empfindungen in Ihrer Brust oder Ihrem Bauch oder Rücken, sondern auch in Ihren Armen oder Beinen.

Inneres Lauschen …

Und während Sie in Ihrem Körper diesem Gefühl folgen, das durch die Atmung entsteht, nehmen Sie wahr, wie der Strom des Ausatmens irgendwann ausläuft … zu Ende geht.

In diesem Auslaufen, in diesem Zu-Ende-Gehen, gibt es einen Übergang oder eine Pause …

Und in diesem Übergang oder dieser Pause wird eine stille Sehnsucht der Körpers wahrnehmbar, der sich nach dem Einatmen sehnt.

Bleiben Sie mit Ihrer Aufmerksamkeit einfach eine Weile dabei und nehmen Sie jedes Mal wahr, wie dieser Übergang geschieht, vom Auslaufen des Ausatmens hin zum Gefühl des Hungers nach Sauerstoff, der Sehnsucht nach Luft und dem Aufblühen des Einatmens.

Und wie spüren Sie das in Ihrem Körper? ... im gesamten Körper? ... Gibt es irgendwelche Stellen, wo Sie Veränderung wirklich klar spüren? ... und andere Stellen, wo die Veränderung zarter und subtiler ist?

Nun zum Einatmen. Mit jedem Einatmen beschleunigt sich alles in Ihrem gesamten Nervensystem ...

Die Geschwindigkeit aller Aktivitäten im Gehirn, in allen Organen, in Ihren Muskeln und der Haut nimmt zu.

Nehmen Sie sich etwas Zeit, dies wahrzunehmen ... Ein Gefühl des Belebt-Werdens, ein Sich-Füllen ...

Und schließlich ... Gegen Ende des Einatmens stellt sich langsam und automatisch ein Gefühl des Gefüllt-Seins und der Sattheit ein. Diese Empfindung steuern wir nicht. Sie entsteht von selbst.

Und diese Sattheit erlaubt erneut einen natürlichen Übergang. ... einen Übergang vom Ein- zum Ausatmen ...

Bei manchen Menschen ergibt sich auch hier eine kleine Pause ...

Nehmen Sie sich ein wenig Zeit, diesen Übergang wahrzunehmen ... und auf die Veränderung des Gefühls des Gefüllt-Seins zu achten ... und auf die Veränderung in Ihrer Atmung und in Ihrem gesamten Nervensystem, von der höheren Energie beim Einatmen bis hin zum Loslassen und der Entspannung beim Ausatmen.

Wie fühlt sich das in Ihrem Körper an?

Und nehmen Sie zum Schluss noch einmal diesen beständigen Rhythmus wahr, diesen gesamten Zyklus von Veränderungen: Einatmen, Übergang, Ausatmen, Übergang, Einatmen.

Und vielleicht bemerken Sie, dass nicht Sie es sind, der oder die das tut – »Sie« atmen nicht.

Das Leben atmet.

Das Leben atmet Sie.

Es wird Zeit, das Gewahrsein wieder nach außen zu verlagern. … Doch alles, was wir gerade erkundet haben, findet weiterhin und immer noch statt.

Das Leben fährt damit fort, Sie zu atmen … So wie es das schon seit der Zeit macht, noch bevor Sie geboren wurden … und so wie es das weiterhin tut … schlafen, wachen, arbeiten, sich anstrengen … und entspannen.

Es folgt nun wieder ein Überblick über die einzelnen Schritte und die Struktur der Meditation.

Die Struktur von Meditation ZWEI

Inneres Lauschen: Bewegung und Atmen

- Nehmen Sie den Unterschied zwischen spontanen, lustvollen Körperimpulsen und absichtsvollen »sportlichen« Bewegungen wahr.
- Erkunden Sie die Verbindung zwischen den Bewegungen in verschiedenen Teilen des Körpers und tiefen Atemzügen oder Gähnen, und wie die innere Synchronisierung und die ventrovagale Aktivität hierdurch verstärkt werden.
- Erkunden Sie, welche Kombination von Atmen und Sitzen (oder Stehen, Liegen oder Sich-Bewegen) der Atmung die größtmögliche Freiheit lässt.
- Passen Sie mithilfe des inneren Lauschens die Bewegung an die Atemwellen an.
- Nehmen Sie wahr, wie das Ein- und Ausatmen den Körper in einer beständigen, rhythmischen Bewegung sein lässt.
- Nehmen Sie die Empfindungen in den verschiedenen Phasen des Atmens ganz genau und im Detail wahr.
- Nehmen Sie wahr, wie man richtiggehend fühlen kann, wie die Wellen der Atmung die Energie und die Aktivität des Nervensystems steuern, und bemerken Sie die feinen inneren Energieveränderungen.
- Nehmen Sie wahr, dass nicht Sie aktiv das Atmen bewirken, sondern dass das Leben Sie atmet.
- Überleitung nach draußen …

Die systemische Wirkung der Atmung

Die Wellen unserer Atmung üben einen großen Einfluss auf Gehirn und Körper aus, und umgekehrt wird unser Atemrhythmus von somatischen, emotionalen und kognitiven Prozessen gesteuert. An den grundlegenden Kreisläufen im Gehirn, die die Atmung steuern, sind mehrere Zentren auf der autonomen Ebene beteiligt, wie etwa der Hypothalamus, das Mittelhirn, der Pons und die Medulla (vgl. Abb. 2, S. 45) und noch einige weitere auf der limbischen und neokortikalen Ebene. Chemische und mechanische Rezeptoren steuern die unbewussten Ebenen der Atmung, so dass sie sich automatisch an den Sauerstoff- und Energiebedarf anpasst, den wir haben, je nachdem, ob wir schlafen, sitzen oder rennen. Höhere Ebenen der Gehirnfunktion sind in der Lage, die grundlegenderen physischen Steuerungssysteme außer Kraft zu setzen. Wenn wir zum Beispiel emotional angesprochen sind, sorgen Signale aus dem limbischen System dafür, dass wir stärker atmen. Wenn wir in einen Streit mit unserem Partner – oder sonst jemandem – geraten, werden wir beginnen, schneller zu atmen. Wenn wir Angst vor der Prüfung haben, die wir bestehen müssen, erhöht sich die Atemfrequenz ebenfalls. Die präfrontale Ebene hat als allerletzte Instanz die Kontrolle über unser kostbares Atemsystem inne. Ab einem Alter von ca. zweieinhalb Jahren entwickeln wir einen gewissen Grad an bewusster Kontrolle über unsere Atmung, so dass wir den Atem anhalten oder einfach nur aus freien Stücken tief ein- und ausatmen können. Diese Fähigkeit wird in allen yogischen Atemübungen, dem sogenannten »Pranayama«, genutzt. Und moderne Computerprogramme werden eingesetzt, um eine bewusste Steuerung der Atmung zur Beeinflussung der Herzfrequenzvariabilität, der Schwankungsbreite der Herzfrequenz, zu trainieren. Mit jedem Einatmen wird das Herz schneller, mit jedem Ausatmen langsamer.

Das Zwerchfell ist an allen Atemprozessen beteiligt. Bordoni und Kollegen (2018) haben es sogar als Stimmgabel für unser gesamtes System und insbesondere für die elektrischen Rhythmen des Gehirns bezeichnet. Durch das Heben und Senken des Zwerchfells bewegt sich mit jedem Ein- und Ausatmen der Liquor im Schädel und in der Wirbelsäule, wobei das Gehirn und der Hirnstamm beim Ausatmen sachte zurückgeschaukelt und beim Einatmen wieder nach vorne zentriert werden. Was das Feuern und die Synchronisierung der Neuronen betrifft, reguliert das Einatmen das sensomotorische System, die Herzfrequenz, das limbisch-emotionale System und die kognitiven Fähigkeiten nach oben, während das Ausatmen sie hinunterreguliert und ›entspannt‹. Auf der kognitiven Ebene schwingen das Gedächtnis, die Aufmerksamkeit, die Sinneswahrnehmung, die Problemlösungsfähigkeiten und die Sprachkenntnisse sachte in diesem Rhythmus mit. Die Atmung durch die Nase scheint eine größere Wirkung zu haben als die Atmung durch den Mund. Ein Heroinsüchtiger nach erfolgreichem Entzug, mit dem ich einmal gearbeitet habe, hatte genau diese Dynamik anscheinend tatsächlich von sich aus entdeckt: Ihm war aufgefallen, dass er sich »erwachsener« fühlte und seine Impulse leichter kontrollieren konnte, wenn er durch die Nase atmete. Diese Erfahrung gab er später an andere Süchtige, die sich auch von der Sucht befreien wollten, weiter.

9
In der Biosphäre

»Es gibt in allen sichtbaren Dingen eine unsichtbare Fruchtbarkeit,
ein gedämpftes Licht, eine sanfte Namenlosigkeit, eine verborgene Ganzheit.
Es gibt in allen Dingen eine unerschöpfliche Süße und Reinheit,
eine Stille, die eine Quelle der Handlung und der Freude ist.
Sie erhebt sich in wortloser Sanftheit und strömt aus den unsichtbaren Wurzeln
allen geschaffenen Seins zu mir herauf, nimmt mich zärtlich auf
und grüßt mich in unbeschreiblicher Demut.
Dies ist zugleich mein eigenes Wesen, meine eigene Natur und die Gabe des Denkens
und der Kunst meines Schöpfers in mir, der als Hagia Sophia spricht,
der als meine Schwester, die Weisheit, spricht.«

— Pater Thomas Merton

Teil des Planeten sein

Seit Jahrzehnten und verstärkt in den letzten Jahren weisen immer mehr Wissenschaftler sowie gesellschaftliche und spirituelle Führungspersönlichkeiten auf die Gefahren hin, die sich aus der Tatsache ergeben, dass wir Menschen den Kontakt zur Welt verloren haben, als gäbe es eine »Natur«, und getrennt davon eine »von Menschen gemachte Zivilisation«. Viele Vertreter aus Psychologie, Spiritualität und Ökologie, die sich zutiefst Gedanken machen, weisen uns warnend darauf hin, dass diese weitreichende Entfremdung universell zerstörerisch ist. Viele Menschen fühlen sich wie unzusammenhängende Atome in einem riesigen, gefühllosen und gleichgültigen Universum. Die Vermutung liegt nahe, dass diese Entfremdung eine Rolle darin spielt, wie wir durch Nachlässigkeit und kurzsichtiges Profitdenken die planetaren Bedingungen für unser Überleben als Spezies zerstören – und kurzfristig, in den nächsten Jahrzehnten, sogar das Funktionieren unserer Gesellschaften.

Auf vielen Gebieten versucht man – oft verzweifelt – sich der Natur wieder anzunähern. In vielen Ländern verordnen Psychotherapeuten und Psychiater ihren Patientinnen und Patienten »Naturtherapie« oder »Waldbaden« mit deutlich positiver Wirkung bei Depressionen, posttraumatischen Belastungsstörungen und anderen psychiatrischen Störungen. Umweltexperten und Biologinnen bieten Naturworkshops an. Viele spirituelle Lehrer, darunter auch mein eigener, haben Meditationen entwickelt, die uns wieder mit dem Gefühl, Teil dieses Planeten, dieser Erde zu sein, in Kontakt bringen. Dem liegt die logische Überlegung zugrunde, dass wir fürsorglich sind, wenn uns etwas oder jemand nahe ist, sodass wir uns eins fühlen – und genau solch eine Fürsorge braucht unsere Umwelt, wenn wir weiterhin eine Zivilisation in ihr aufrechterhalten wollen, die diesen Namen noch verdient.

Inspiriert von Alan Watts, der im 20. Jahrhundert östliche Philosophie und Zen Buddhismus lehrte – ich werde später noch auf ihn zurückkommen –, könnte ich sagen, dass wir *in* einem Planeten leben, dessen Beziehung zu den Menschen die gleiche ist wie die des Ozeans zu seinen Wellen. So wie die Wellen sich im Ozean bewegen und nicht auf ihm, so leben wir Menschen *in* diesem Planeten und eben nicht *auf* ihm. Wir sind Mikroorganismen in der Biosphäre, dem Lebensfeld, das die lebendige Haut der Erde darstellt. Ausgehend von diesem Thema ergeben sich eine Vielzahl von Meditationen, die sich immer weiter verzweigen lassen. Ein Zweig bezieht sich auf die Zyklen von Nahrung, Wasser und den physischen Molekülen Ihres Körpers – woher kamen diese Moleküle, bevor sie zu Ihnen wurden, und wohin gehen sie, wenn Sie sterben? Ein weiterer Zweig lässt sich in Meditationen über die Erfahrung von Tag und Nacht und den Jahreszeiten erkunden. Wir bewegen uns ständig auf einem sich schnell und mit einer kleinen Neigung drehenden Planeten, und mit Hilfe unserer Vorstellungskraft können wir unsere Wahrnehmung von unserer eigenen, natürlicherweise egozentrisch um uns selbst drehenden Erfahrung auf die Erfahrung der sich um ihre Achse drehenden Welt verlagern. Wie mein Lehrer vor einigen Jahren in einem Training erwähnte, gelingt das am leichtesten bei Sonnenaufgang und Sonnenuntergang, wenn die allmähliche Bewegung der Erde in Relation zur Sonne am einfachsten zu sehen ist. Während der Tageshimmel eine tröstende Kuppel aus durchsichtigem Blau – oder aus Wolken – über uns aufspannt, kann unsere nackte Sicht in das Universum vom Nachthimmel selbst angezogen werden, während Lichtphotonen in unsere Augen eindringen, die von Sonnen stammen, die viele Hunderte, ja sogar Tausende von Lichtjahren entfernt brennen. Dies ist eine faszinierende – wenn auch wenig Erdung bietende – Perspektive für Erkundungen. Wir wollen stattdessen die ungefährlichere Erfahrung der Verbundenheit mit der größeren Welt erkunden.

In den beiden folgenden Meditationen werden wir uns nicht allzu weit vom Vertrauten entfernen. Wir werden unser Gefühl für die Schwerkraft erkunden und für die Luft, die sich in uns und um uns bewegt.

Eine Meditation zur Erdung – die Umarmung durch die Erde

In vielen Formen der persönlichen Entwicklung sind das Konzept der Erdung und der Zentrierung sehr wichtig. Um sich die Empfindung und die Wirkung von Erdung zugänglich zu machen beziehungsweise sie zu verbessern, arbeiten moderne Methoden häufig damit, dass man sein gesamtes Gewicht auf jeweils nur das eine Bein legt, dass man mit dem Bein aufstampft oder gegen den Boden drückt. Östliche Bewegungspraktiken wie etwa Tai Chi oder verschiedene Kampfsportarten haben wirkungsvolle Methoden, um die Fähigkeit zu stärken, das Nervensystem in Balance zu bringen und die Schwerkraft in Bewegung und Kampf zu nutzen. Die feinfühligen und wahrnehmungsorientierten psychomotorischen Traditionen Europas, die ihren Ursprung im 19. Jahrhundert haben und von denen viele vom Ballett abgeleitet wurden, betonten die Wiederaufnahme der Bewegungen der frühen Entwicklungsphasen und konzentrierten sich darauf, die Empfindung des Gewichts zu nutzen, um die Leichtigkeit der Bewegung und die Verkörperlichung zu verbessern.

All diese Methoden sind in der Arbeit mit der Erdung und Zentrierung sehr hilfreich. Und sie alle können auch in die Meditation zur Schwerkraft einbezogen werden, indem man die Meditation der jeweiligen Bewegung anpasst. Ich würde hier gerne den relationalen Aspekt hinzufügen. Es ist wichtig, uns bewusst zu sein, dass die Erdung im Wesentlichen nichts ist, das *wir* tun, sondern etwas, das die Erde tut und das wir *spüren* können. Unser Gefühl der »Erdung« oder des »Geerdet-Seins« entsteht aus der inneren Empfindung unseres Gewichts, der inneren Empfindung dafür, wie die Erde an unserem physischen Körper zieht. Der Begriff Erdung oder Schwerkraft ist allerdings eine ganz andere Sache als das Gefühl für diese Schwerkraft. Darum geht es in dieser Meditation.

– Meditation DREI –

Erdung: die Umarmung durch die Erde

Bitte beginnen Sie so, wie wir immer beginnen – indem Sie nämlich wahrnehmen, was Ihr Körper gern tun würde.

Und während Sie dem nachgehen, lenken Sie Ihr Gewahrsein darauf, wie sich Ihre Atmung mit Ihren Bewegungen verändert und ebenfalls bewegt …

Nehmen Sie wahr, ob es Bewegungen gibt, die es Ihnen ermöglichen, tiefer in sich zu gehen. Oft hilft es, die Augen zu schließen.

Woran erkennen Sie also, dass Sie tiefer gehen? … Sie spüren das in der Art und Weise, wie Ihr Nervensystem und Ihr Körper im Gesamten reagieren.

Die Reaktion kann ein Seufzen oder Gähnen sein … Es können Impulse auftauchen – vielleicht wollen Sie einen Fuß sachte massieren oder Ihren Nacken oder wollen sich ein wenig bewegen oder dehnen.

Die Reaktion kann darin bestehen, dass Ihr Körper Sie erkennen lässt, wie sich der richtige Bewegungs- und Atemrhythmus anfühlt – so etwas wie ein »Aaah, genau«. Das mag sehr deutlich sein … oder kaum wahrnehmbar.

Die Reaktion kann auch in tränenden Augen oder einer laufenden Nase bestehen.

Spielen Sie also ein wenig damit. Erkunden Sie, wie sich das anfühlt … und was Ihnen erlaubt – direkt jetzt –, etwas tiefer zu gehen …

Und während Sie sich kaum merklich oder auch mit etwas mehr Dynamik bewegen …

… nehmen Sie das Gefühl der Schwerkraft wahr, Ihr Gewicht … zunächst einfach nur das allgemeine Gefühl Ihres Gewichts …

Nehmen Sie sich nun ein wenig Zeit, um es zu erkunden. Sie können zum Beispiel Ihre Arme heben und deren Gewicht spüren. Wie fühlt sich das an?

Wie verändert sich die Gewichtsverteilung im Rest des Körpers, wenn Sie die Arme und Hände heben …?

Was geschieht in Ihrer Atmung?

Probieren Sie das ein paar Mal aus …

Erkunden Sie nun Ihr Gewicht auch in anderen Körperteilen, zum Beispiel durch die Bewegung Ihres Kopfes. Lassen Sie ihn nach vorne oder zur Seite oder nach hinten fal-

len … und heben Sie ihn dann an, bis er wieder gerade auf der Wirbelsäule sitzt … Langsam …

Inwiefern verändert sich Ihr Erleben des Gewichts in Ihrem Kopf? Was geschieht mit dem Gefühl von Gewicht und Gleichgewicht im Rest des Körpers?

Experimentieren Sie eine kleine Weile damit.

Mit anderen Körperteilen ist es ein wenig schwieriger. Aber trotzdem – wenn Sie versuchen, Ihren Körper ein wenig von Ihrem Sitz anzuheben und dann Ihr Gewicht wieder fallenzulassen, können Sie das Gefühl für das Gewicht Ihres gesamten Oberkörpers erkunden.

Das Gleiche können Sie mit Ihren Beinen tun. Heben Sie sie ein wenig an und nehmen Sie wahr, wie sich das Gewicht in Ihren Beinen anfühlt und wie es sich im restlichen Körper verlagert. Sie brauchen sie dazu gar nicht ganz vom Boden abzuheben. Es geht nur um den Akt des Anhebens und Entspannens.

Wenn Sie das so tun, bekommen Sie ein besseres Gefühl dafür, wie sich die Schwerkraft in Ihnen anfühlt.

So wie Sie jetzt sitzen, entweder ganz ruhig oder mit ein wenig Bewegung – schauen Sie einmal, ob Sie das Gefühl der Schwerkraft, des Gewichts, in Ihrem Inneren wahrnehmen können. Wie fühlen Sie es?

Die Schwerkraft hält eigentlich jede Zelle in Ihrem Körper … ob Sie sich nun bewegen oder still sitzen … ein- oder ausatmen … ob Sie auf sie achten oder sich völlig in Gedanken oder Gefühlen oder einem anderen Fokus verlieren.

Wir können es als eine innere Umarmung durch die Erde erleben. Der Planet selbst hält uns … Jeder noch so winzige Teil von uns wird in einer energetischen Umarmung gehalten.

Nehmen Sie wahr, was geschieht, wenn Sie sich in diesen Gedanken einfühlen.

Erlauben Sie sich, sich in dieses Gehalten-Werden hinein zu entspannen, dieses stille Halten der Welt.

Nehmen Sie ebenfalls wahr, dass die Möglichkeit, aufrecht zu sitzen, so wie Sie das jetzt gerade tun, von dieser stillen Umarmung und diesem stillen Gehalten-Werden abhängt und darauf angewiesen ist … die Erde unterstützt es.

Und bemerken Sie nun, wie jedes Ausatmen eine Entspannung, eine Hingabe an dieses Gehalten-Werden ermöglicht und mit sich bringt …

Und wie jedes Einatmen eine Fülle bringt … und mehr Energie und Ausdehnung im eigenen Körper und der eigenen Lebendigkeit.

Wie das Leben Sie atmet – in und mit der Umarmung der Erde.

Vom Leben ge-atmet … mit Atem versehen. Umarmt und gehalten durch die Erde.

Und jetzt wird es Zeit, mit dem Übergang zu beginnen.

Denken Sie daran: das Nervensystem integriert Zustände, indem es sich zwischen ihnen hin und her bewegt.

Lassen Sie sich Zeit, sich eine Weile umzusehen und sich dann wieder in diesen Raum gleiten zu lassen und dort kurz zu ruhen, bevor Sie sich wieder nach draußen bewegen. Auf diese Weise können Sie eine Art rhythmische Verlagerung der Aufmerksamkeit von innen nach außen und umgekehrt erzeugen.

Lassen Sie Ihr inneres und äußeres Erleben einander näherkommen … experimentieren Sie spielerisch ein wenig mit dem Lauschen und Schauen aus diesem Raum heraus.

Hier folgt wieder der Überblick über die Abschnitte dieser Meditation:

Die Struktur von Meditation DREI

Erdung: die Umarmung durch die Erde

- Erkunden Sie angenehme und lustvolle Körperimpulse.
- Erkunden Sie die Impulse, die zu mehr Entspannung, Integration und Offenheit führen.
- Nehmen Sie ganz allgemein das Gefühl des eigenen Gewichts wahr.
- Erkunden Sie, wie die Wahrnehmung des Gewichts Ihre Atmung beeinflusst.
- Nehmen Sie das Gewicht der verschiedenen Körperteile (Kopf, Arme, Beine, Schultern) wahr, indem Sie sie leicht bewegen und dabei auf das »Gewichtsempfinden« achten. Nehmen Sie ebenfalls wahr, wie andere Körperbereiche sich anpassen, damit das Gleichgewicht und die zentrierte Ausrichtung aufrechterhalten werden können, während Sie einen Arm oder das Bein oder den Kopf bewegen.
- Lassen Sie den Gedanken einfließen, dass das Gewicht tatsächlich etwas ist beziehungsweise von etwas stammt, was die Erde tut: Es ist ein Halten, eine Umarmung, eine Unterstützung für die Bewegung. Nehmen Sie sich etwas Zeit, um mit diesem Gedanken und dieser Empfindung zu spielen.
- Bemerken Sie, dass das Gefühl von Gewicht nicht etwas ist, das man erschafft, sondern etwas, das bereits vorhanden ist und das man ganz fein mit dem gesamten Körper wahrnehmen kann.
- Gestalten Sie den Übergang, indem Sie zwischen dieser inneren Wahrnehmung und der Aufmerksamkeit auf der äußeren Umgebung und Ihrer nächsten Aktivität hin- und herpendeln.

Die Erfahrungen, die ich in meinem eigenen Leben, in der Psychotherapie und in der Meditationspraxis gemacht habe, haben mich zu der Erkenntnis geführt, dass vieles von dem, was ich als *meines* empfinde, in Wirklichkeit nicht »meines« ist. Damit meine ich, dass nicht *ich* es tue. Einiges davon, wie meine Körperempfindungen, meine Gefühle, meine Muttersprache, meine Identität und meine Fähigkeit zur Bewusstheit, entstehen unterhalb meines bewussten Gewahrseins und sind ein Geschenk aus den Interaktionen mit meinen Eltern und meiner Familie in den ersten Jahren meines Lebens. Diese Aspekte haben sich seit jenen frühen, weitgehend vergessenen Tagen und bis heute immer wieder neu angepasst und so die Auswirkungen der ursprünglichen Interaktionen verändert. All dies sowie weitere Elemente, wie mein Körper selbst, meine Atmung, mein Biorhythmus, meine Gefühle von Erdung und Zentrierung, können so verstanden werden, dass sie zu der gewaltigen Entwicklung der Biosphäre, des Planeten und sogar unseres Sonnensystems im Universum zugehörig sind. Mein spiritueller Lehrer erinnert uns manchmal daran, dass unser Körper aus Sternenstaub besteht. Vielleicht ist es angemessener zu sagen, dass dieses »Ich« zu meinem Körper gehört. In diesem Sinne gehört mein Körper dem Planeten, also auch (das) »Ich«. »Ich« kann »meinen« Geist benutzen, um mich dem Erleben dieser tiefen Verbindungen hinzugeben. Das kann die Entfremdung, die viele von uns von der »natürlichen Welt« spüren, verändern.

Nach einer Meditation zur Umarmung durch die Erde fand eine Teilnehmerin die folgenden Worte für ihre Erfahrung:

> *Ich hatte immer das Gefühl, ich sei ganz schlecht geerdet, und jahrelang habe ich daran gearbeitet, das zu verbessern. Seit langem schon weiß ich, dass dieses Gefühl mit meiner schwierigen Kindheit zu tun hat. In meiner Familie habe ich mich nie willkommen gefühlt, und lange Zeit dachte ich, dass ich nie so richtig »landen« würde, wenn ich nicht weiter daran arbeite. Doch in dieser Meditation war alles plötzlich ganz anders … Ich hatte das Gefühl, dass die Erde mich hält und dass das immer schon so war, ich habe es nur nicht bemerkt! Es ist, als würde die Erde zu mir sprechen und sagen: »Okay, okay, du kannst so hoch springen, wie du willst, du kannst dich so weit weg fühlen, wie du willst, aber egal was du tust – es kann dir nichts geschehen, weil ich da bin.« Ich habe mich so sicher gefühlt!!*

Es ist wichtig, dass wir nicht unsere Narrative (s. Fußnote in Kap. 2, S. 27) – unsere Geschichten über das Leiden in unserem Leben – das Geschenk überschatten lassen, das uns über unseren Atem und Körper tagtäglich zuteil wird. Durch die Schwerkraft bleibt die Biosphäre, diese enorme, kostbare und empfindliche Blase, zu der wir gehören, irgendwie im riesigen geschmolzenen Kern »unseres« Planeten verankert.

Eine Meditation über die Luft

Als Kind galten viele meiner Erkundungen der Familienbibliothek und den großen Bücherstapeln, die allgegenwärtig waren. Darin befanden sich enorme Schätze, 50 Jahrgänge gebundener Exemplare von Illustrierten aus dem 19. Jahrhundert, eine komplette 43-bändige Enzyklopädie und unzählige Bücher aus den verschiedensten Bereichen – Belletristik, Philosophie, Wissenschaft und Science Fiction. Ein Titel, von dem sich die Fantasie der 13-jährigen sofort angesprochen fühlte, war Alan Watts' Veröffentlichung »*The Book: On the Taboo Against Knowing Who You Are*« (1989/2005). Ich wusste es damals nicht oder es kümmerte mich vielleicht auch nur einfach nicht, aber Watts war eine der maßgeblichen Persönlichkeiten in der Einführung der östlichen Philosophie und des Zen im Westen.

Von einigen wichtigen Zen-Lehrern beklagt und von anderen bewundert, hatte Watts die einzigartige Fähigkeit, in den Köpfen von Menschen Neugier auf neue Sichtweisen hervorzulocken. Genau das geschah auch im Kopf der 13-Jährigen, die ich damals war. Hier ist eine seiner Beschreibungen unserer Beziehung zur Welt, inspiriert von der Tradition des Vedanta.

»Außerdem erscheinen und verschwinden unsere Körperzellen und ihre kleinsten Bestandteile, ähnlich der Schwingung von Lichtwellen und dem menschlichen Prozess von Geburt und Tod. Ein menschlicher Körper ist wie ein Strudel; es scheint eine konstante Form zu geben, die man Strudel nennt, aber sie funktioniert gerade deshalb, weil kein Wasser in ihr bleibt. Auch die Moleküle und Atome des Wassers selbst sind in sich solche ›Strudel‹ – Bewegungsmuster, die keinen konstanten und nicht reduzierbaren ›Stoff‹ enthalten. Jeder Mensch ist die Form, die ein Strom annimmt – ein wunderbarer Strom aus Milch, Wasser, Brot, Beefsteak, Obst, Gemüse, Luft, Licht, Strahlung –, die alle ihrerseits Ströme sind« (Watts 1989, S. 47 im englischen Original).

In einer viel zeitgemäßeren und weltlicheren Version dieser Erkenntnis hat die BBC eine interaktive Website eingerichtet, auf der Sie Ihr Alter, Geschlecht, Größe und Gewicht eingeben können. Die Seite liefert Ihnen auf der Grundlage Ihrer Angaben alle möglichen Daten über Sie: die chemischen Elemente, aus denen Sie bestehen, wie viele Zellen Sie haben und so weiter (http://www.bbc.com/earth/story/the-making-of-me-and-you). Einige wenige Fakten von dieser Website möchte ich hier gern erwähnen:

Zunächst: Wir alle haben etwa 30 Billionen Zellen in unserem Körper! Halten Sie einen Moment inne – fühlen Sie sich in diesen Gedanken ein: 30 Billionen Zellen, die in Ihnen leben und atmen.

Zu welchen Emotionen und Empfindungen führt dieser Gedanke in Ihnen, wenn Sie ihn einen Moment auf sich wirken lassen?

Und dann: Unser Körper besteht zu etwa 60 Prozent aus Wasser und erstaunliche zwei Drittel unseres Körpergewichts bestehen aus (überwiegend gebundenem) Sauerstoff. Fühlen Sie sich für einen Moment in diesen Gedanken ein … welche Emotionen und Empfindungen tauchen dabei in Ihnen auf?

Sauerstoff ist Teil des Wassers, aber auch der Luft – die Luftmoleküle, die ständig in unserem Körper zirkulieren, brauchen wir zum Leben.

Hier folgt nun die Meditation über die Luft:

– Meditation VIER –

Luft in uns, Luft um uns

Beginnen Sie damit, dass Sie sich nach innen sinken lassen. Finden Sie die innere Haltung, in der Sie sich Ihren inneren Empfindungen überlassen.

Manche Ihrer Empfindungen sind vielleicht angenehm und entspannt, andere enthalten vielleicht eine gewisse Ladung oder Energie …

Nehmen Sie sich ein wenig Zeit, um diese beiden Qualitäten mit Ihrem Atem fließen zu lassen. Lassen Sie den Strom des Einatmens den Empfindungen in Ihrem Körper ganz nah kommen, als wollten Sie sie küssen.

Die Berührung durch Ihr Gewahrsein kann wie ein Kuss sein … für alles, was sich in Ihnen bewegt – Gedanken, Gefühle, Empfindungen …

Schmerz. Rastlosigkeit. Ein Gefühl der Ruhe. Ein Gefühl der Kälte oder Wärme.

Erlauben Sie einfach jeder Welle Ihrer Atmung und Ihrer Wahrnehmung, das, was Sie gerade erleben, ganz sachte zu berühren, sachte zu küssen …

Und nehmen Sie die Reaktion wahr, die dabei aus dem Feld Ihres Erlebens kommt.

Und kehren Sie wieder zurück zu Ihren Gefühlen oder Gedanken oder Bewegungsimpulsen – hat sich etwas verändert?

Geben Sie dem, was da ist, einfach Raum …

Und wenn es Bewegungen gibt, die dazu führen würden, dass Sie sich wohler fühlen, dann machen Sie sie ruhig, bewegen Sie sich einfach, wann immer es sich richtig anfühlt.

Und nehmen Sie nun wahr, wie es sich anfühlt, eine Form zu haben, eine Gestalt … das Gefühl, das sich über Ihre gesamte Hautoberfläche erstreckt …

… und bemerken Sie, wie sich mit jedem Ein- und Ausatmen Ihre Form verändert.

Der Raum, den Sie einnehmen … verändert sich.

Nehmen Sie also einfach ein Gefühl von Raum in sich wahr, in dieser sich verändernden Hülle …

Nehmen Sie wahr, wie mit jedem Einatmen Sauerstoff, Luft in Sie einströmt …

… und Ihren gesamten Körper durchströmt, sodass der Sauerstoff aus der Luft überall in Ihrem Körper ist …

… und jede Zelle nährt …

… und wie das CO_2, das Kohlendioxid, ein weiterer Bestandteil der Luft, aus dem gesamten Körper zurück in die Lunge strömt, und dann wieder ausgeatmet wird …

Experimentieren Sie ganz spielerisch damit, der Bewegung dieser Luft-Bestandteile in Ihnen mit Ihrer Aufmerksamkeit zu folgen …

… von den Nasenlöchern entlang der Atemwege nach oben in den Kopf, nach unten durch die Kehle und in die Bronchien und die Lunge …

… und wie sie von dort ganz fein durch all die Blutgefäße Ihres Körpers strömen, in Ihre Zellen …

… und wie dann die verbrauchte Luft, das Kohlendioxid, in Ihre Lunge zurückfließt und zusammen mit dem Sauerstoff, den Sie nicht absorbiert haben, als warme, feuchte Luft wieder abgegeben wird, durch die Bronchien, den Rachen, die Nase nach draußen …

Erkunden Sie einfach das gesamte Feld der Luft in Ihnen … wenn die Wellen des Lebensatems Sie so durchströmen …

Und nun nehmen Sie die Luft um Sie herum wahr … wie sie jede auch noch so winzige Stelle Ihrer Haut berührt …

Und bemerken Sie auch, wie sich dieses gesamte Feld beziehungsweise dieser Raum von Luft anfühlt … in dem Raum, in dem Sie sich gerade befinden …

… die Luft, die Sie haltend umgibt …

Lenken Sie Ihre Aufmerksamkeit abwechselnd auf die Qualität der inneren und der äußeren Luft.

Der Sauerstoff in Ihnen und um Sie herum wird von den Pflanzen draußen erzeugt.

Und das Kohlendioxid, das Sie ausatmen, nährt wiederum die Pflanzen.

Nehmen Sie sich ein wenig Zeit, um diesem Zusammenhang nachzuspüren … er wirkt in jedem Atemzug.

Erkunden Sie mit Ihrem Gewahrsein ein wenig Ihr eigenes Leben von dem Moment an, als Sie einige Zeit vor Ihrer Geburt zu atmen begonnen haben, bis jetzt.

Die Wellen des Lebens atmen in Ihnen …

… die beständige Bewegung Ihres inneren Raums …

… der Luftraum um uns und um die Erde …

… dieser Augenblick, dieser Augenblick jetzt …

… der größere Augenblick in der Zeit, der Ihr gesamtes Leben ausmacht.

Lassen Sie Ihr Gewahrsein all das umfassen und mit all dem verweilen.

Beginnen Sie jetzt, mit Ihrer Aufmerksamkeit Ausschau zu halten nach dem Weg, der Sie von diesem inneren Raum in einen etwas geselligeren Raum führt.

Und nehmen Sie wahr, dass dieser tiefe und weite Raum auch dann noch in Ihnen gegenwärtig ist, wenn Sie Ihre Augen öffnen …

Und während Sie Ihre Aufmerksamkeit wieder auf Ihren Alltag lenken … und die Menschen in Ihrem Leben … nehmen Sie sich gelegentlich Zeit, wahrzunehmen, dass Sie aus diesem tiefen und weiten Raum kommen.

Bei den Elementen dieser Meditation geht es um die Luft, die zwischen uns und der Welt zirkuliert.

Die Struktur von Meditation VIER

Luft in uns, Luft um uns

- Erkunden Sie angenehme Körperimpulse gemeinsam mit der Empfindung der Atmung und der Schwerkraft als Geschenk.
- Erkunden Sie die Impulse, die Entspannung, Integration und Offenheit fördern.
- Erkunden Sie mithilfe der Vorstellungskraft den Zyklus der Luft, von dem Sie ein Teil sind, während Sie den Empfindungen Ihrer Atmung folgen. Wenn Sie einatmen … zirkuliert von der Lunge aus der Sauerstoff im Körper und nährt 30 Billionen Zellen. Wenn Sie ausatmen … werden Abfallprodukte und CO_2 aus dem Körper ausgeschieden. Damit werden jene Bestandteile der Luft wieder in die Biosphäre abgegeben, die wir nicht mehr brauchen, die jedoch für die Pflanzen in unserer Umgebung und auf dem ganzen Planeten wichtig sind.
- Lassen Sie sich ein wenig Zeit, um tiefer in diese Gedanken und die damit verbundenen Empfindungen einzutauchen. Versuchen Sie, Ihrem Gedankenexperiment bis zu dem Sauerstoff, den Sie einatmen, zu folgen.
- Verweilen Sie etwas bei diesem gedanklichen Rahmen: dass Ihr physisches Wesen ein sich ständig verändernder Prozess ist, ein winziger Teil eines riesigen planetaren Luftkreislaufs.
- Wechseln Sie zu der Perspektive, von der aus Sie sehen können, wie dieser Atemaustausch zwischen Ihnen und der Pflanzenwelt schon Ihr ganzes Leben lang stattfindet.
- Gestalten Sie den Übergang, indem Sie Ihre Aufmerksamkeit hin- und herpendeln lassen zwischen den Erfahrungen, Gefühlen und Empfindungen aus dieser Meditation und den inneren Empfindungen, Gefühlen und Gedanken, die entstehen, wenn Sie Ihren Blick wieder auf Ihre Umgebung, Ihr Leben und Ihre nächste Aktivität lenken.

In unserem Teil der Biosphäre erhalten wir den Sauerstoff, den wir brauchen, aus der Luft. Im Gegensatz zu den Fischen sind wir Menschen gar nicht gut darin, ihn uns aus dem Wasser zu holen.

Unseren Luftraum wahrnehmen

Wenn wir beginnen, die fortwährende sensorische Wahrnehmung unserer Atmung mit dem mentalen Wissen über das Atmen zu verbinden, und wenn wir dies dann zu einem Bild vom Luftraum unseres Planeten erweitern, können zwei Dinge geschehen. Das eine ist, dass es uns zu viel ist. Unser inneres »wildes Tier« sagt: »Nein, auf keinen Fall. Dort gehe ich nicht hin. Das ist zu viel verlangt.« Die zweite Möglichkeit besteht darin, dass wir in großem Erstaunen eine innere Ausdehnung unseres Spürbewusstseins erfahren, das uns wissen lässt, dass wir in einem ständigen Austausch mit anderen Lebewesen leben und unser ganzes Leben lang schon in dieser Haut-Hülle der Erde existieren. Ja, das haben Sie schon richtig gelesen. Wir leben nicht *auf* diesem Planeten, sondern *in* ihm. Wir leben und sterben innerhalb der Biosphäre des Planeten, die im Verlauf der Jahrmillionen von lebendigen Geschöpfen erzeugt wurde und in ihrem Zusammenwirken die heutzutage herrschenden Lebensbedingungen geschaffen haben.

10
Spirit: das alles Beseelende, der Geliebte

»Die Stille ist Gottes Ursprache.
Alles andere ist eine unzulängliche Übersetzung.«
— Thomas Keating

Die Beziehung zu Spirit

Spirit, das Alles-Beseelende, der Geist – dies ist kein wissenschaftliches Thema. Wir lassen jetzt das Thema Gehirnfunktion hinter uns und wenden uns dem subjektiven Erleben zu. Wir tun dies mit dem Wissen, dass alle Erfahrung, auch die Wahrnehmung der Informationen, die unserem individuellen Erleben zugrunde liegen, subjektiv ist.

Um die Entwicklung unserer Wahrnehmung von Spirit zu verstehen, scheint es zwei sehr unterschiedliche Betrachtungsweisen zu geben. Bei der ersten geht man von einer Art Treppe aus. Auf einer Treppe steht man vielleicht mal auf zwei Stufen gleichzeitig, aber doch nie zur gleichen Zeit auf der ersten und zwölften Stufe. Bei der zweiten Betrachtungsweise können wir uns für die Entwicklung der Wahrnehmung von Spirit eine Art Eintopf vorstellen. Je mehr Zutaten der Eintopf beinhaltet, desto geschmackvoller ist er. Diese Metapher erscheint mir passend. Es gehen einem die Zwiebel und die Karotten ja nicht verloren, die man zu Beginn hineingetan hat, nur weil man kurz vor dem Servieren noch ein paar frische Kräuter darüber streut.

Im menschlichen Geist können – wie in einem Eintopf – potenziell jederzeit eine reife und eine unreife Ebene gleichzeitig aktiv sein. Vielleicht handeln wir in einem bestimmten Augenblick aus einem ganz primitiven Wunsch heraus und beten um Hilfe mit unseren persönlichen Ängsten und kleinen persönlichen Bedürfnissen und Sehnsüchten. Gleichzeitig oder kurz danach sind wir möglicherweise überwältigt von einem Gefühl wortloser Gnade, Ehrfurcht und Staunen oder von zutiefst empfundenem Mitgefühl. Nach einer weiteren Weile werden wir vielleicht etwas essen wollen oder auf die Toilette gehen müssen. So ist das eben. Tiefe Gefühle der Transzendenz sind nicht auf die Zeiten der Meditation, die Stunden des Gebets oder Orte der Andacht beschränkt. Manchmal schleichen sie sich einfach so auf leisen Sohlen heran. Theresa von Avila, die bereits erwähnte Mystikerin aus dem 14. Jahrhundert, soll beim Kochen oft in Zustände der Verzückung geraten sein. Darüber vergaß sie das Essen auf dem Herd und ließ es anbrennen, was letztlich dazu führte, dass die anderen Nonnen sie nicht mehr kochen lassen wollten (Flinders 1993).

Die Erfahrung der Gnade, das Geschenk eines tieferen, veränderten Zustandes, stellt sich meist ganz unerwartet ein, ähnlich wie das Geschenk, das uns beim Anblick wilder Vögel oder der ersten Frühlingsblumen zuteil wird.

In diesem Sinne folgt nun die erste meditative Einladung an Sie, sich mit Spirit, mit dem Alles-Beseelenden zu verbinden. Wenn in dieser Meditation nichts weiter geschieht, lassen Sie sich nicht entmutigen: Sie werden möglicherweise feststellen, dass die Einladung erst angenommen wird, wenn Sie sie schon wieder vergessen haben.

– Meditation FÜNF –

Spirit in unserem Gefühl von Lebendigkeit

Legen Sie beiseite, womit Sie beschäftigt waren … und beginnen Sie diese Meditation damit, dass Sie sich die Zeit nehmen, zu erfahren, was Ihr Körper möchte … gähnen … sich strecken und dehnen …

Wenn Ihr Körper irgendwo gedehnt, auf sonst eine Art bewegt oder sachte massiert werden möchte, gehen Sie dem einfach nach …

Nehmen Sie jetzt das Empfinden für Ihr Gewicht wahr … dieses innerliche Empfinden davon, wie die Erde uns umarmt … während wir uns bewegen … während wir gähnen.

Die Erde hält uns … Sie hält jeden Teil von uns in dieser Umarmung … Sie gibt beständig jedem Teil von uns Halt.

Lassen Sie sich in das Gefühl des Atmens sinken … nichts als Atmen …

… und spielen Sie mit Ihrer Fähigkeit, sich mit jedem Ausatmen ein wenig mehr zu entspannen.

Das ist nichts, was Sie beschließen könnten … Sie können es nur zulassen … ein wenig mehr Weichheit, wie eine angenehme Schlappheit, zulassen.

Und Sie nehmen wahr, dass dabei immer klarer wird, dass jeder Atemzug aus sich heraus entsteht …

… dass Sie gewissermaßen wie ein Ozean sind.

Die Wellen der Atmung entstehen von selbst …

… ob Sie auf sie achten oder nicht …

… ob Sie schlafen oder wach sind.

Das Leben atmet Sie … Das Leben lässt die Wellen im Ozean entstehen.

Gehen Sie von hier aus zu einer Erfahrung, die Sie vielleicht vor kurzem, vielleicht aber auch schon vor längerem, gemacht haben, zu einer Erfahrung jedenfalls, in der Sie ganz deutlich das Wunder und das Staunen darüber spüren konnten, dass Sie Teil von etwas noch viel Größerem als Sie selbst sind … eine Erfahrung von Ehrfurcht …

… die Erfahrung, plötzlich gewahr zu werden, wie Sie Teil des Ganzen sind und zu all dem dazugehören …

… das Gefühl, unter, in, über dem Wald oder dem Sonnenuntergang zu sein …

… oder das Erlebnis, ein Neugeborenes im Arm zu halten …

… oder der tiefe Friede, der sich nach dem Tod eines geliebten Menschen wie eine sich langsam öffnende Blüte ausbreiten kann … und alles ergreifen kann …

… wo plötzlich ein Gefühl von Weite und stiller Liebe und Weisheit herrscht.

Wortlos … unendlich … ganz still in allem präsent.

Vielleicht finden Sie mehr als eine solche Erfahrung, vielleicht auch eine, die eine etwas andere Färbung hat.

Manche dieser Erfahrungen sind gewaltig und verändern das ganze Leben.

Andere wiederum sind wie winzige Funken … wie die plötzliche Entdeckung an einem Wintertag … dass es leicht zu schneien begonnen hat.

Nehmen Sie wahr, wie sehr Sie sich bereit fühlen, diese Präsenz einzuladen … ins Hier und Jetzt.

Wenn es sich nicht stimmig oder richtig anfühlt, brauchen Sie das aber natürlich nicht zu tun. Natürlich dürfen Sie Ihre Grenzen wahren … so oder so ist es völlig in Ordnung … Sie können auch einfach nur zuhören oder sich entspannen.

In der Sufi-Tradition wird dieses Gefühl der Gegenwart von Spirit der »Geliebte« genannt.

Der Geliebte wird Ihrem Gewahrsein so nahe kommen, wie Sie es wollen, und nicht näher.

Nehmen Sie also die Einladung wahr, die Ihrer Atmung innewohnt … an diese riesige, weite Präsenz.

Nehmen Sie wahr, was geschieht, wenn Sie das tun.

In der jüdischen Tradition heißt es, Gott habe keine anderen Hände als die unseren.

Gott habe keine anderen Augen als die unseren.

Der Geliebte lebt bereits in jedem Teil von uns.

So wie auch im Rest der Schöpfung.

Nehmen Sie sich ein wenig Zeit, um zu sehen, wo diese Gedanken und Gefühle Sie innerlich hinführen.

Und nun ist es Zeit für den Übergang …

Wenn Sie nun die Augen öffnen und sich umsehen … wenn Sie beginnen, über die nächste Aktivität an diesem Tag nachzudenken… lassen Sie Ihre ganz tiefe Aufmerksamkeit gelegentlich zurückkehren zu dem stillen inneren Kuss des Atems, der unermesslich weiten, stillen Präsenz des Geliebten.

Die Struktur von Meditation FÜNF

Spirit in unserem Gefühl von Lebendigkeit

- Erkunden Sie lustvolle Körperimpulse zusammen mit den Atemwellen und der Umarmung durch die Erde.
- Entspannen Sie sich in all die verschiedenen Arten hinein, auf die das Leben sich in Ihnen bewegt.
- Erinnern Sie sich an eine Erfahrung ehrfürchtigen Staunens, an etwas, wo Sie sich als Teil von etwas viel Größerem als nur sich selbst erlebt haben, als Teil eines unermesslich weiten Ganzen. Lassen Sie die jüngsten Erinnerungen an solch ein Erlebnis in sich auftauchen.
- Wenn Sie spüren, dass es Ihnen widerstrebt, gehen Sie nur so weit, wie Sie sich damit wohl fühlen. Es ist nicht immer der richtige Zeitpunkt für solch intime Begegnungen.
- Entspannen Sie und lauschen Sie mit allen Sinnen, so als würden Sie der Bewegung der Bäume und Tiere im Wald lauschen … so, als würden Sie der feinen Lebendigkeit lauschen, die immer in irgendeiner Form vorhanden ist.
- Nehmen Sie eventuell vorhandene Qualitäten, sensorische Erfahrungen, Gefühle oder Gedanken wahr, die Ihnen dabei helfen, damit in Kontakt zu kommen.
- Gestalten Sie die Rückkehr zur alltäglichen Wahrnehmung, aber lassen Sie Ihr inneres Empfinden immer wieder Kontakt zu Ihrem Gefühl von Spirit aufnehmen beziehungsweise lassen Sie es dahin zurückkehren. Wann immer es Ihnen während des Tages in den Sinn kommt, nutzen Sie die Gelegenheit, sich ihm wieder zuzuwenden.

Unsere Verbindung mit Spirit ist ein intimes, sehr persönliches Thema, von Herzen kommend und oft ohne Worte. In den Gruppen wird es nach Meditationen wie dieser meist sehr still. Wenn die Teilnehmerinnen und Teilnehmer dann anfangen, etwas von ihrer Erfahrung mitzuteilen, beziehen sich die Beschreibungen ihrer tieferen Erlebnisse oft auf ein allgegenwärtiges und alles durchdringendes Gefühl, Teil von allem zu sein. Und nicht selten sind sie überrascht zu entdecken, dass diese Qualität nicht nur überall um uns, sondern auch überall in uns vorhanden ist.

Vertrauen, innerster Kern und Spirit

Diese Erfahrung der inneren und äußeren Universalität von Spirit, vom Alles-Beseelenden, findet sich in den esoterischen Traditionen auf der ganzen Welt. Hier sehen wir sie in Vers 6 des Tao Te Ching, in der Übersetzung von Stephen Mitchell (Lao tzu 2006):

The Tao is called the Great Mother:	*Das Tao wird Urmutter genannt:*
Empty yet inexhaustible,	*Leer und doch unerschöpflich,*
It gives birth to infinite worlds:	*gebirt sie eine unendliche Zahl von Welten:*
It is always present within you.	*Sie ist immer gegenwärtig in dir.*
You can use it in any way you want.	*Du kannst sie nutzen ganz so wie du willst.*

Wie ich in Kapitel 7 bereits erwähnt habe, ist die zentrale Achse des Körpers ein wahrhaft guter innerer Anker für Atemübungen und zur Zentrierung. Wir wollen in den nächsten Absätzen kurz auf die Entwicklung der Mittelachse eingehen und aus dieser Perspektive einen Blick auf den Raum werfen, in dem Körper und Spirit in uns verwoben sind.

Etwa zwei Monate vor der Geburt entwickelt das Baby einen kräftigen Dehnungs- und Streckreflex, der den Körper und die Beine auf die volle Länge streckt (und der einen erheblichen Druck auf die Blase der Mama ausübt). Bei einem normalen Neugeborenen kann dies als Stehreflex gesehen werden, der bereits stark genug ist, dass das Kind sein eigenes Gewicht tragen kann. Über diese Art von Streckung wird das Spürbewusstsein für die Empfindung einer Mittellinie entwickelt. Die Streckung des Körpers und der Beine funktioniert nämlich nur dann, wenn wir zentriert sind. Babys arbeiten beständig mit ihrer Mittellinie – solche interessanten Dinge wie Mund, Nase und Genitalien befinden sich alle auf der Mittellinie. Junge Babys sind oft intensiv damit beschäftigt, ihre Bewegungen zu koordinieren, die Hände über der Körpermitte zusammenzubringen, ihre Füße hochzuziehen, um an den Zehen zu saugen und ein klares Gefühl für die Längsorganisation des Körpers und das Verhältnis der beiden Seiten zueinander zu bekommen. Steht das Baby unter starker Belastung, zeigt sich im Allgemeinen das Gegenteil, nämlich ein Verlust der Organisation des inneren Kerns. Ein stark verstörter Säugling wird nicht nur laut schreien, sondern auch beginnen, mit Armen und Beinen um sich zu schlagen und sich mit dem ganzen Körper zu drehen und in korkenzieherartigen Bewegungen zu winden. Selbst bei uns Erwachsenen ist es so, dass es sehr merkwürdig und dysreguliert aussieht und sich auch so anfühlt, wenn wir uns auf eine Art und Weise bewegen, die keinen Bezug zu unserem Kern erkennen lässt. Das ist ein deutliches Signal, dass etwas nicht stimmt. Denken Sie zum Beispiel an einen stark Betrunkenen, der die Straße entlangläuft. Der Verlust der Kernorganisation bedeutet den Verlust der Fähigkeit zur Regulation von Energie. Aus der Entwicklungsperspektive ist gut nachvollziehbar, dass wir ein starkes Gefühl für den Körperkern entwickeln müssen, wenn wir eine möglichst große Chance haben wollen, höhere Energiezustände zu erleben und zu halten und transpersonale Erfahrungen zu machen, ohne in traumatische, dysregulierte Zustände versetzt zu werden.

Die innere Erfahrung der Verbundenheit mit unserem Kern bedeutet, den länglichen Raum im tiefen Inneren des Körpers zu spüren, der sich vom Beckenboden durch den ganzen Rumpf und Hals bis in den Raum in der Mitte des Kopfes nach oben erstreckt und der noch darüber hinausgeht, der nach oben und nach unten hineinreicht in den Fluss zwischen uns und der größeren Präsenz, in die wir eingebettet sind. Dies hilft uns, unsere Energie und spirituelle Praxis unter Bezugnahme auf die Mittellinie zu organisieren und zu regulieren. Östliche Praktiken legen hinsichtlich der Entwicklung eines höheren Bewusstseins großen Wert auf die Mittellinie. Wie in Kapitel 7 erwähnt, gibt es mehrere Chakra-Systeme, die sich ebenfalls auf die Mittellinie des Körpers beziehen, und die auch Zentren oberhalb und außerhalb des physischen Körpers einschließen.

Im Bioelektromagnetismus, der sich auf wissenschaftlicher Ebene mit dem menschlichen Energiesystem beschäftigt, findet man einige faszinierende Übereinstimmungen mit dem alten östlichen Verständnis von Energiesystemen. Dies mag wie Hokuspokus erscheinen, bis man sich mit der bioelektrischen Forschung und der Erkenntnis befasst, dass das, was wir als festen, physischen Körper erleben, eigentlich ein komplexes elektrisches Feld ist, wobei das stärkste Organfeld das Herz darstellt. Dieses elektrische Feld durchdringt unseren Körper nicht nur, sondern erstreckt sich auch in den Raum um ihn herum. Das *Forbes Magazine* (Frazer 2017) erklärt bioelektromagnetische Felder folgendermaßen: Auf der Ebene der Atome, aus denen wir bestehen, gibt es keine physische Materie. Was da jedoch existiert, sind Elektronenfelder. So gesehen besteht der Grund dafür, dass mein Körper nicht durch den Stuhl sinkt, auf dem ich sitze, während ich diese Zeilen schreibe, darin, dass das elektrische Feld des Stuhls das elektrische Feld meines Allerwertesten abstößt. Dieses Forschungsfeld hat in mir schon immer die Frage aufkommen lassen, ob unser Körperempfinden mit all den wechselnden energetischen Erfahrungen vielleicht in vielerlei Hinsicht der »Realität« besser entspricht als irgendwelche physikalischen Beschreibungen und Messwerte.

Von dieser vielleicht etwas poetisch gefärbten Vermutung meinerseits kommen wir nun zu einer Meditation für das Empfinden des inneren Kerns und von Spirit.

– Meditation SECHS –

Unser innerer Kern und Spirit

Nehmen Sie sich auch jetzt wieder etwas Zeit, in Ruhe anzukommen.

Nehmen Sie wahr, was in Ihrem Körper gerade passiert.

Was würde Ihr Körper gerne tun? Möchte er noch ein bisschen wacher werden oder ein wenig mehr zur Ruhe kommen? Oder vielleicht ein klein wenig von beidem …

Gähnen ist immer eine gute Möglichkeit … eine einfache und eine erstaunliche Art und Weise, präsent zu werden. Erkunden Sie also, mit welchen Bewegungen Sie Ihren Körper zum Gähnen oder Ankommen oder Lebendigwerden einladen können.

Vielleicht durch eine Berühung … oder indem Sie ihn dehnen und strecken … oder eine Bewegung entstehen lassen.

Wenn Sie sich die Nase putzen müssen, ist es ein gutes Zeichen dafür, dass Ihr ventrales Vagalsystem, Ihr System der sozialen Zugewandtheit so funktioniert, wie es sollte und wie es muss, um Ihre Energie zu regulieren.

Und wenn Sie mehrmals gähnen, nehmen Sie wahr, wie sich vom einen Gähnen zum anderen Ihr innerer Zustand ändert.

Das ist nichts, was Sie steuern könnten. Es ist etwas, das durchs Gähnen passiert.

Am Gähnen ist das Gesicht beteiligt … man kann nicht gähnen, ohne das Gesicht zu bewegen. Wenn wir auf unser Gesicht achten, so nehmen wir normalerweise nur das Äußere davon wahr. Hier wollen wir uns nun ein wenig Zeit nehmen, nicht nur die äußere Oberfläche, sondern auch die tieferliegenden Bereiche des Gesichts wahrzunehmen.

Achten Sie nun also auf Ihre Stirn und die Augen … und schließen Sie die Augen ein paar Mal so fest Sie können, um einfach mal die Muskeln an der Oberfläche zu spüren.

Und dann lassen Sie los.

Lenken Sie Ihre Aufmerksamkeit jetzt darauf, wie sich der Augapfel ganz tief im Inneren anfühlt. Sie können mit geschlossenen Lidern langsam und sachte die Augen bewegen … als wollten Sie in verschiedene Richtungen schauen. Nehmen Sie wahr, wie es sich anfühlt, wenn Sie die Augäpfel bewegen …

Schauen Sie, ob Sie ein Gefühl für die Tiefe des Augapfels bekommen können, bis zu seinem hintersten Teil … Es ist eine Bewegung, die ziemlich tief in Ihrem Kopf stattfindet …

… und sie erfasst Ihren Sehnerv, der bis zu Ihrer Sehrinde im Hinterkopf hineinreicht.

Und nun zur Atmung … jedes Mal, wenn Sie einatmen, gibt es eine Bewegung kühler Luft, die durch die Nase nach oben und tiefer in Ihre Stirn und Ihren Kopf nach hinten strömt und dann durch den Hals zurück nach unten fließt.

Nehmen Sie also wahr, wo Sie die kühle Luft des einströmenden Atems zwischen Ihren Augen ganz tief im Gesicht fühlen können.

Vielleicht können Sie die Wirkung auch in Ihren Nebenhöhlen spüren, also über und unter den Augen.

Spüren Sie, wie Ihnen die Empfindung dieser tiefen Gesichtsstrukturen, zusammen mit der Oberfläche Ihres Gesichts, ein Gefühl für die ganze Tiefe Ihres Kopfes vermittelt.

Nehmen Sie nun Kontakt mit Ihrem inneren Gefühl von Spirit auf … und laden Sie es in diese tiefen Räume in Ihrem Kopf ein.

Und fühlen Sie als nächstes Ihre gesamte Mundpartie. Sie können mit Ihrem Mund, Ihrem Kiefer und Ihrer Zunge alle möglichen Bewegungen machen … die vielleicht noch das eine oder andere Gähnen aktivieren.

Nehmen Sie sich zunächst ein wenig Zeit, um wahrzunehmen, wie sich die Kiefergelenke anfühlen … und die Muskeln um sie herum, die seitlich am Kopf bis weit nach oben reichen.

Fühlen Sie sich in Ihre Zunge ein, lassen Sie sie den Raum erkunden, den sie schon Ihr ganzes Leben lang bewohnt … Ihren Mund. Wie möchte sie jetzt in diesem Raum sein?

Welche Bewegungen lassen Sie die ganze Zunge von der Zungenspitze bis in den tiefen Bereich unter dem Kiefer und hinunter in die Kehle spüren, wo sie entspringt?

Fühlen Sie, wie es ist, wenn Sie sehr langsam schlucken … und achten Sie darauf, wie fein die Bewegungen in Ihrem Kiefer und Rachen aufeinander abgestimmt sind.

Spüren Sie die kühle Luft, die in Sie einströmt, nach oben in die Stirn, zurück nach unten und in den Hals, und in die Lunge … Nehmen Sie sich einen Moment Zeit, ein wenig spielerisch zu experimentieren: Atmen Sie erst durch die Nase, dann durch den Mund und schließlich durch beide. Inwiefern fühlt sich das unterschiedlich an?

Und weiter nach unten … jedes Mal, wenn Sie einatmen, aktivieren sich drei Kernstrukturen … Ihr Kieferboden, der »Boden« Ihres Brustkorbs und Ihr Beckenboden.

Nehmen Sie sich nun ein wenig Zeit, um sich auf Ihre Zunge und den Kieferboden, also den unteren Teil Ihres Kiefers, zu konzentrieren.

Nehmen Sie den Raum des inneren Kerns wahr, durch den Hals und die Brust nach unten, und wie er sich im Rhythmus mit Lunge und Herz bewegt.

Und auch in diesem Raum: Begrüßen Sie Spirit, laden Sie Spirit ein, das Alles-Beseelende.

Der nächste »Boden« und derjenige, der oft am leichtesten zu spüren ist, ist das Zwerchfell.

Man kann es im tiefen Innenraum des unteren und sogar auch mittleren Brustkorbs spüren. Man spürt die Kontraktion, die Abwärtsbewegung des Zwerchfells beim Einatmen.

Es massiert ganz sanft die Leber, den Magen und die Eingeweide … und auch andere Organe.

Und mit jedem Ausatmen löst und hebt es sich und sorgt dafür, dass die Luft aus der Lunge strömt.

Und es ist auch rhythmisch mit den Muskeln unter dem Kiefer koordiniert …

… sodass jedes Mal, wenn Sie einatmen und dabei das Zwerchfell aktiviert wird, auch die Zungenwurzel, also auch der Kieferboden, eine Aktivierung erfährt.

Nehmen wir uns einen Moment Zeit, um diesen zentralen Bereich wahrzunehmen, in dem die Bewegung koordiniert wird.

Nehmen Sie nun vom Scheitel bis zum Solarplexus wahr, wie Sie sich mit jedem Atemzug sanft bewegen und dabei ein Gefühl von Spirit, ein Gefühl des Wunders der Lebendigkeit, in diesen Raum einladen oder darin wahrnehmen.

Und wenn wir vom Zwerchfell weiter nach unten gehen, gelangen wir zum dritten »Boden«, der an der Atmung beteiligt ist, zu Ihrem Beckenboden. Lassen Sie Ihr Bewusstsein nach unten gleiten, durch den zentralen Raum von Bauch und Becken, den Raum mit Ihrem Darm und Ihren inneren Geschlechtsorganen …

… sowie durch Enddarm, Anus und Blase …

… bis ganz hinunter zum Beckenboden als Ganzem … der ebenfalls mit jedem Einatmen aktiviert wird …

… und sich mit jedem Ausatmen entspannt … jeder Atemzug bewegt und massiert Ihren gesamten Beckenbereich.

Laden Sie Spirit ein weiteres Mal in dieses ganze Feld ein, in Ihren Bauch, die Eingeweide, die inneren und äußeren Geschlechtsorgane, die Blase und den Anus.

Spüren Sie nun diese gesamte zentrale Bewegungssäule, Ihren Kern, als eine bewegte, lebendige Präsenz vom Kopf bis hinunter zum Beckenboden.

Und während Sie dies spüren, laden Sie Ihr Gefühl von Spirit ein, Ihnen in diesem ganzen bewegten, lebendigen inneren Kern zu begegnen.

Spirit ist da bereits … Spirit wohnt ihm bereits inne …

Die Einladung gilt also vielmehr unserer eigenen Verbindung und unserem eigenen Gewahrsein.

Wir verlagern unsere Wahrnehmung auf eine Weise, dass wir die Qualitäten und Färbungen unseres Gefühls von Spirit willkommen heißen können.

Für diese Qualitäten haben wir gar keine Worte.

Die einzige Sprache, die Gott oder Spirit spricht, ist die Stille.

Und doch können wir Qualitäten erkennen wie:

Stille Ruhe.

Sanftheit und Güte.

Mitgefühl.

Freude.

Kraft.

Freiheit.

Offenheit.

Unermessliche Weite.

Und eine unendliche Frische.

Etwas, das keinen Namen hat.

… …

Und nun wird es Zeit, die Aufmerksamkeit langsam nach draußen zu verlagern.

Folgen Sie Ihrem eigenen Weg nach draußen, während Sie Ihre Aufmerksamkeit allmählich auch auf die Außenwelt richten.

Hier sind die Bausteine der Meditation:

Die Struktur von Meditation SECHS

Unser innerer Kern und Spirit

- Kommen Sie zur Ruhe, indem Sie Bewegung, Gähnen und Atmung erkunden, was die innere Synchronisierung und die ventrovagale Aktivität erhöht.
- Erspüren Sie die tiefliegenden Strukturen von Gesicht und Kopf.
- Nehmen Sie wahr, wie der Boden von Kiefer, Zwerchfell und Becken jeweils entlang der Mittellinie und aneinander ausgerichtet sind …
- Fühlen Sie in Ihre Zunge und deren Ansatz tief in Ihrem Mund zum Rachen hin.
- Nehmen Sie das Zwerchfell wahr und die Synchronisierung seiner Bewegung und Aktivierung mit der Zungenwurzel.
- Achten Sie auf Ihren Beckenboden und das innere Becken und darauf, wie das Becken ebenfalls an dieser synchronen Aktivierung beteiligt ist.
- Fühlen Sie die gesamte lebendige »Säule« in Ihrer Mitte.
- Laden Sie Spirit in jede Ihrer Empfindungen ein.
- Verweilen Sie bei den Erfahrungen, die entstehen.
- Übergang …

Wo ist denn Spirit überhaupt?

Spirit in sich selbst zu suchen ist eine knifflige Angelegenheit. In dieser Meditation haben wir in der Mittellinie mit Spirit gearbeitet. Wenn uns diese Herangehensweise irgendwann leicht fällt, können wir von jeder Stelle im Körper aus solch ein »Telefonat mit Spirit« beginnen: von der Leber, den Ellbogengelenken, Fußsohlen, dem Innenohr, Anus, von wo auch immer. Dieser meditative Zugang zu Spirit ist häufig sowohl herausfordernd als auch erfrischend neu, denn wir konfrontieren uns dabei mit tiefsitzenden und primitiven Überzeugungen darüber, wo man in Kontakt mit Spirit kommen kann. Für viele der Teilnehmerinnen und Teilnehmer an meinen Trainings ist der Gedanke in gewisser Weise neu, dass Spirit etwas ist, das in ihrem Inneren gegenwärtig ist. Und das, obwohl viele von ihnen mit irgendeiner Form von Christentum und daher mit der Vorstellung aufgewachsen sind, dass sie Gott oder Jesus Christus ihr Herz öffnen, ihn in sich einlassen können. Wir suchen Spirit – oder spirituelles Erleben – oft außerhalb von uns, in der Natur, in einem Sonnenuntergang, bei spirituellen Lehrern oder Leiterinnen oder in Zusammenhängen, die uns erbauen. Für die meisten von uns haben das Beantworten von eMails, ein Verkehrsstau oder das Wäschewaschen nichts Erhebendes. Auf der Suche nach

Spirit den Blick nach innen zu richten, vielleicht sogar beim Wäschewaschen oder während wir im Stau stehen, verringert unsere Neigung, sich nach spiritueller »Nahrung« im Außen zu sehnen. Wie mein Lehrer Jes Bertelsen sagt: Das, wonach wir uns sehnen, befindet sich im Herzen genau dieser Sehnsucht – und je mehr wir uns anstrengen und in unserem Sehnen nach außen lehnen, desto weiter entfernen wir uns davon. Das gilt auch für psychotherapeutische Prozesse. Unsere Beziehung zu Spirit spiegelt gewöhnlich auch unsere Bindungsmuster wider. Wenn wir uns in unseren Beziehungen nach dem anderen verzehren, verlieren wir unsere eigene Mitte. Die aber ist der einzige innere Raum, in dem wir uns überhaupt erfüllt fühlen können.

Wenn wir uns allerdings in höchster Selbstgenügsamkeit in uns selbst versenken, mit starken Grenzen nach außen, wird sich unsere Fähigkeit zur Hingabe, die in den tieferen Erfahrungen steckt, zurückziehen. Eine weitere Falle besteht darin, sich mit Spirit identifizieren zu wollen. Wir sind aus Spirit gemacht, aber es ist nicht das Zuhause unseres Bewusstseins. Das ist gar nicht weiter merkwürdig. Dass wir aus Atomen bestehen, erfasst unser Bewusstsein gewöhnlich ebenfalls nicht. Solange wir wie Wellen sind und uns mit unserer Wellennatur identifizieren, können wir uns nicht gleichzeitig auf angemessene Weise als Ozean erleben. Die Abkehr von der Identifikation mit der Welle ist keine Frage eines anderen Denkens, obwohl dies sicherlich ein Nebenprodukt ist. Meiner begrenzten Erfahrung nach ist es eher eine Qualität und vielleicht auch ein Gefühl des Verlustes der inneren Merkmale, anhand derer wir uns als uns selbst erkennen. Solche Erfahrungen erinnern mich an eine Geschichte aus *»Alice im Wunderland: Hinter den Spiegeln«*. In einem ihrer Abenteuer kommt Alice zu einem Wald und verspürt den Drang, hineinzugehen, um sich unter den Bäumen abzukühlen – doch sobald sie im Wald ist, sind ihr alle Worte und Namen abhandengekommen, so dass sie weder den Wald noch sich selbst oder irgendetwas anderes benennen kann. Sie wundert sich darüber, denn sie kann ihre Hand an den Baum legen, weiß aber nicht mehr, wie er heißt. Nach einer Weile trifft sie dort ein anderes Wesen, und sie sind überglücklich, zusammen und nicht allein zu sein. Auf dem Rückweg aus dem Wald hat Alice den Arm um das andere Geschöpf gelegt. Als sie draußen sind, kehren die Worte und die Identität wieder zu ihnen zurück. Plötzlich ist Alice wieder Alice, ein Menschenkind, und das andere Wesen ist – ein Kitz! Es springt davon, rennt um sein Leben vor dem gefährlichen Menschen. Für uns wie für Alice gilt: Uns so zu entspannen, dass wir die Worte, unser Identitätsgefühl oder unser Gefühl, eine individuelle Welle zu sein, verlieren, ist nichts, das wir willentlich »tun« könnten. Vielmehr finden wir uns vielleicht plötzlich im Wald wieder, in dem es keine Worte gibt, oder werden ganz unerwartet von dem Gefühl ergriffen, der Ozean zu sein. Was wir realistischerweise »tun« können, ist, auf spielerische Weise mit den Perspektivverschiebungen von Welle zu Ozean, von innerstem Kern zu Spirit und von einem weiter ausgedehnten Ich-Gefühl zu Spirit zu experimentieren.

11
Gefühle und Beziehungen

»Es gilt nicht, unsere Gefühle zu verjagen oder zu bezwingen. Vielmehr gilt es, sich ihnen zuzuwenden und sie mit Fantasie und Intelligenz zum Ausdruck zu bringen.«

— T. K. Coleman

Alle Emotionen sind sozialer Natur – und alle sozialen Interaktionen sind emotionaler Natur

Emotionen sind ein uraltes soziales Motivationssystem, so alt, dass es sich wahrscheinlich schon bei sozialen Fischen entwickelt hat. Tatsächlich finden einige Evolutionswissenschaftler so viele Ähnlichkeiten zwischen uns und diesen entfernten Vorfahren, dass sie argumentieren, wir seien immer noch Fische, wenn auch höher entwickelte.

Emotionen sind im Grunde immer mit einer Interaktion mit der Welt und sind in der Regel mit anderen Lebewesen verknüpft, auch dann, wenn diese Interaktion nur im Geist oder sogar bloß im Unterbewusstsein stattfindet. Emotionen lenken uns hin zu Interaktionen, die sich sicher, vertraut und gewohnt anfühlen. Der Fachbegriff dafür ist ich-synton – diese vertrauten Interaktionen passen zu unserer Erfahrung von uns selbst und unserer Welt. »Vertraut« und »sicher« ist oft nicht dasselbe wie »gut« oder »angenehm«. Möglicherweise fühlt es sich vertraut an, Konflikten aus dem Weg zu gehen oder Streit anzuzetteln. Alle Emotionen entwickeln sich durch Hirnstrukturen unterhalb unserer bewussten Wahrnehmung und steigen von dort aus ins Bewusstsein auf. Bewusst regulieren können wir Emotionen erst, wenn wir sie wahrnehmen, das heißt, nachdem die Emotion entstanden ist – wenn sie also bereits da ist. Wir kennen wahrscheinlich alle die Erfahrung, dass wir ein Gefühl haben, für das wir keinen »Grund« finden können. Warum bin ich jetzt gerade gereizt … oder glücklich? Unsere rationalen Überlegungen entstehen in einem ganz anderen Teil von uns als unsere Emotionen, und diese beiden Bereiche kommunizieren auch nicht immer miteinander. So kann unsere Vernunft zwar als zivilisiert oder zahm angesehen werden, doch das gilt keineswegs für unsere Emotionen. Sie gehören zu einem grundlegenderen und wilderen Teil von uns. Vielleicht einem, der noch von den Fischen übrig ist. Wenn wir mit diesen wilderen Teilen von uns selbst, zum

Beispiel mit tiefen Emotionen, zu tun haben, ist es normalerweise am sinnvollsten, mit ihnen in einem bestimmten Rhythmus zu arbeiten: in das Gefühl hineintasten … ihm Raum geben … auf eine Sehnsucht oder Neugier warten … Zeit geben … es wieder berühren … Im Somatic Experiencing (SE)®, der von Peter Levine entwickelten Traumatherapie, wird dieser Prozess der tropfenweisen Erkundung als *Titration* bezeichnet (Levine 1997/1999, 2010/2011; Rahm & Meggyesy 2019).

In der folgenden Meditation werden wir mit sieben Grundemotionen arbeiten, die die meisten Dreijährigen problemlos erkennen würden. Das sind Angst, Wut, Traurigkeit, spielerische Freude, stille Freude, Scham oder Schuld und Stolz*. Diese Emotionen bilden einen großen Teil unserer grundlegenden emotionalen Kapazität und unseres »Gefühlswortschatzes«. Im Laufe ihrer Entwicklung können sich verschiedenste komplexere Gefühle herausbilden, denn wir wählen auf unserer grundlegenden emotionalen Farbpalette als Reaktion auf verschiedene Situationen und kognitive Rahmen zunehmend komplexere Farbnuancen. Vielleicht machen wir uns Sorgen um andere oder um uns selbst, was mit Angst verbunden sein kann. Es könnte sein, dass wir Eifersucht empfinden, die aus einer besitzergreifenden und gierigen Wut stammt und manchmal auch aus einem Gefühl der Trauer. Wir sind vielleicht etwas verlegen, was mit einem Gefühl der Scham verbunden sein kann. Möglicherweise ist da ein Gefühl der Dankbarkeit und des Mitgefühls, das wiederum auf dem Gefühl der Verbundenheit, Fürsorge und Freude beruht.

In Kontakt mit den sieben Emotionen

Zu Beginn dieser Meditation ist etwas Vorbereitung nötig. Wenn wir im Workshop damit arbeiten, bitte ich die Teilnehmerinnen und Teilnehmer, sich still hinzusetzen und sich etwas Zeit zu nehmen, um über die einzelnen Emotionen nachzudenken und für jede eine Situation auftauchen zu lassen, in der diese in den letzten ein oder zwei Wochen präsent war. Rufen Sie sich die Situation ins Gedächtnis, erinnern Sie sich an das Gefühl, das Sie hatten, und nehmen Sie wahr, wie es sich in diesem Moment anfühlt, während Sie sich daran erinnern. Der Trick besteht darin, ein klares Gefühl für jede einzelne Grundemotion zu bekommen und dabei weder in sie hineinzufallen und zu ertrinken, noch sie nicht mehr loslassen zu können oder zu wollen. Mit all diesen verschiedenen Gefühlen in Kontakt zu kommen ist eine komplexe Angelegenheit. Die meisten Menschen entdecken dabei, dass sie mit einigen Gefüh-

---

* »Heute bin ich« (van Hout 2012) ist ein Bilderbuch für Kinder (ab dem zweiten Lebensjahr) ebenso wie für Erwachsene. Auf jedem Bild bringt ein Fisch ausdrucksstark eines dieser Gefühle zum Ausdruck und lädt so zu einem spielerischen Identifizieren mit diesen Bildern ein.

len ganz leicht Verbindung aufnehmen können, während andere schwer aufzuspüren und wieder andere so »klebrig« sind, dass wir sie kaum mehr loswerden, wenn wir sie einmal fühlen. Es ist hilfreich, ein klareres Gefühl und stärkeres Bewusstsein für unsere emotionale Landschaft zu bekommen, denn damit steigen unsere Chancen, die einzelnen Elemente darin besser ins Gleichgewicht zu bringen.

Nehmen Sie sich für jedes der folgenden Gefühle in beliebiger Reihenfolge eine oder zwei Minuten Zeit, um eine nicht allzu weit zurückliegende Situation sowie die dazugehörigen Empfindungen auftauchen zu lassen:

- Angst
- Wut
- Traurigkeit
- spielerische Freude
- stille Freude
- Scham oder Schuld
- Stolz

Vielleicht möchten Sie für die ein- bis zweiminütigen Intervalle einen Timer verwenden.

Emotionen und das Gefühl von Spirit

Zu Beginn der Meditation werden wir mit jedem Gefühl behutsam Kontakt aufnehmen und unser Gefühl von Spirit ebenfalls einladen, mit dabei zu sein. Dies dient gewissermaßen unserem Umlernen. Die meisten Menschen neigen dazu, zu glauben, dass manche Gefühle spiritueller sind als andere. Spontan glaubt der Großteil der Menschen, dass die positiven Gefühle spiritueller und die negativen weniger spirituell sind. Das ist bedauerlich, denn eigentlich benötigen wir das Gefühl von Spirit viel stärker, wenn wir Angst, Wut, Trauer, Scham oder Schuldgefühle verspüren.

– Meditation SIEBEN –

Sieben Emotionen und Spirit

Nehmen Sie sich wieder ein wenig Zeit, um anzukommen … vielleicht zu gähnen … Nehmen Sie wahr, ob irgendetwas in Ihrem Körper sich Aufmerksamkeit wünscht, ein wenig massiert werden oder sich bewegen möchte.

Nehmen Sie die tiefe innere Erfahrung der Umarmung durch die Erde wahr … die innere Anziehungskraft …

… und dieses stete, erstaunliche Geheimnis, wie die Atmung geschieht, Welle für Welle … immer wieder.

Öffnen Sie sich nun Ihrem Gefühl von Spirit oder rufen Sie es in sich wach, laden Sie es in Ihre Wahrnehmung ein …

Und berühren Sie nun sachte Ihre Empfindung von Trauer … Ihre Erfahrung, traurig zu sein, zu trauern … Und begegnen Sie darin auch Ihrem Gefühl von Spirit, oder laden Sie es ein, mit Ihnen in der Trauer gegenwärtig zu sein.

Lösen Sie sich nun vom Gefühl der Trauer.

Und fühlen Sie sich nun sachte in Ihr inneres Wissen um die Angst hinein … Und wenden Sie sich wieder Ihrem Gefühl von Spirit zu … laden Sie es wieder ein, da zu sein, in Ihnen gegenwärtig …

Und lassen Sie dieses Gefühl los.

Bewegen Sie sich ein wenig, wenn nötig, und gehen Sie dann weiter zu Ihrem inneren Wissen und dem Gefühl von Wut oder Gereiztheit. Und laden Sie Spirit ein, auch darin mit Ihnen zusammen präsent zu sein.

Und lassen Sie das Gefühl los.

Nehmen Sie nun mit Ihrem inneren Gefühl von spielerischer Freude Kontakt auf. Laden Sie Spirit ein, auch darin mit Ihnen präsent zu sein …

Und lösen Sie sich von diesem Gefühl.

Und auch jetzt: Wenn Sie sich ein wenig bewegen müssen, können Sie das tun.

Nehmen Sie nun Kontakt zu Ihrem Gefühl der stillen Freude auf … und laden Sie Spirit ein, mit Ihnen in diesem Gefühl da zu sein …

Und lösen Sie sich von diesem Gefühl.

Gehen Sie weiter zu einer Erfahrung mit Scham- oder Schuldgefühlen.

Und bitten Sie Spirit oder laden Sie Spirit in dieses Gefühl hinein ein oder begegnen Sie ihm darin …

Und lösen Sie sich von dem Gefühl.

Und auch jetzt wieder: Wenn Sie sich bewegen müssen … nehmen Sie sich den Raum dafür.

Und berühren Sie das Gefühl von Stolz in sich und laden Sie Spirit ein, mit Ihnen zusammen in diesem Gefühl präsent zu sein …

Und lassen Sie das Gefühl los.

Und als Letztes wollen wir all die Gefühle, mit denen wir gearbeitet haben, einladen, in unserem Gewahrsein aufzutauchen und präsent zu werden.

Sie machen die Grundfarben in unserem Leben aus … es sind Fähigkeiten, die uns erlauben, zu fühlen.

Wir sind mit keinem dieser Gefühle identisch, wir sind *keines dieser Gefühle … Wir erleben diese Gefühle und können Spirit in die Palette der vielen verschiedenen Gefühlsfarben einladen.*

Und es wird Zeit, zum Ende zu kommen. Lenken Sie Ihre Aufmerksamkeit auf Spirit … in Dankbarkeit.

Beginnen Sie sich jetzt langsam umzuschauen … und nehmen Sie immer wieder einmal Kontakt auf zu diesem inneren Prozess.

Die Struktur von Meditation SIEBEN

Sieben Emotionen und Spirit

- Sammeln Sie sich, indem Sie Ihre Atmung wahrnehmen, die Umarmung der Erde, eventuell Impulse, sich zu bewegen oder den Körper an einer bestimmten Stelle zu berühren, oder zu gähnen.
- Laden Sie Spirit ein, da zu sein.
- Nehmen Sie sich eine Minute Zeit, sich mit jedem dieser Gefühle zu verbinden, indem Sie eine Situation erinnern, in der es da war. Laden Sie bei jedem Gefühl auch Spirit ein, präsent zu sein:
    - Angst
    - Wut
    - Traurigkeit
    - spielerische Freude
    - stille Freude
    - Scham oder Schuld
    - Stolz
- Fühlen Sie alle Emotionen gleichzeitig, als eine innere Welt von Möglichkeiten, die alle mit Spirit in Verbindung stehen.
- Verweilen Sie ein wenig bei dieser Erfahrung.
- Gestalten Sie den Übergang und danken Sie Spirit, während Sie Ihre Meditation ausklingen lassen.

Emotionale Flexibilität

Das Ziel dieser Meditation besteht darin, die emotionale Flexibilität zu erhöhen. Denn sie hat in der Entwicklung zu emotionaler Reife eine Schlüsselfunktion inne. Emotional reifer zu sein bedeutet, dass die Emotionen mit einer Qualität und Intensität fließen und sich verändern, die dem Kontext natürlicherweise entsprechen – und dass es gleichzeitig möglich ist, aus ihnen herauszutreten und über sie nachzudenken. Bei dieser Meditation wird Verschiedenes deutlich. Da ist zum einen die Erfahrung, dass einige Gefühle ziemlich klebrig sind – es ist schwierig, sich von ihnen zu lösen, und sie übernehmen gerne über eine lange Zeit die Kontrolle –, was uns von einer tieferen Lebendigkeit im gegenwärtigen Moment wegführt. Zum anderen wird uns bewusst, dass wir bestimmte emotionale Gewohnheiten und Vorlieben haben, so dass wir mit einigen Emotionen viel häufiger in Berührung kommen, während andere auf unserer emotionalen Farbpalette mehr oder minder fehlen. Es kann auch schwierig sein, unsere Emotionen mit dem Gefühl von Spirit in Verbindung zu bringen oder uns zu einer höheren Warte »herauszuzoomen« – die Perspektive einzunehmen, bei der wir das Echo von allen auf einmal spüren können.

Diese Prozesse stellen für mich drei Aspekte der Disidentifikation dar: die Emotionen loslassen, uns mit Spirit verbinden und uns »herauszoomen«. Unsere Fähigkeit zur Disidentifikation muss einhergehen und im Gleichgewicht sein mit unserer inneren Fähigkeit, uns zu identifizieren, Emotionen zutiefst fühlen zu können – und uns an die Interaktionen oder Situationen zu erinnern, denen sie natürlicherweise angehören. Und wir sollten nicht aus den Augen verlieren, dass Gefühle unsere Aufmerksamkeit auf das Wesentliche lenken, also gewissermaßen eine Signalwirkung haben. In Kapitel 6, in dem wir uns mit diesem Thema befasst haben, habe ich den Dalai Lama zitiert: »Man hört nie auf, sich über kleine Dinge zu ärgern.« Wir sollten also nicht anstreben und auch nicht erwarten, dass wir irgendwann keine Gefühle mehr haben oder dass wir nicht mehr mit und an ihnen arbeiten müssen. Wie wir gesehen haben, sind Emotionen wesentlich für Beziehungen und für eine gesunde Entscheidungsfindung. Es bleibt noch zu erwähnen, dass natürlich niemand Gefühle loslassen kann, die er nicht hat.

Die Praxis besteht also nicht darin, mit dem Fühlen aufzuhören, sondern darin, sich aus der Identifikation mit den Gefühlen zu lösen. Und Erleuchtung bedeutet meiner Ansicht nach nicht, bestimmte Emotionen nicht zu haben. Letzteres ist vielmehr ein Zeichen dafür, dass wir entweder unreif oder dissoziiert sind.

Von meinen Kursteilnehmerinnen und -teilnehmern weiß ich, dass sie in der Beschäftigung mit dieser Mediation häufig erleben, dass sich ihre Emotionen neu und anders anfühlen. Sie entdecken das Gefühl, dass Emotionen Ressourcen in Form von Fähigkeiten sind und dass sie ihnen ein umfassenderes und tieferes Gefühl und Empfinden von sich selbst als Mensch verleihen können. Auch aus der Forschung der letzten Jahrzehnte wissen wir, dass die Fähigkeit, gute Entscheidungen im Leben zu treffen, ebenso wie die Entwicklung von Weisheit von einem gut integrierten Gefühlsleben abhängen. Wie bereits gesagt sind unsere Beziehungen zu anderen ein wichtiger Bestandteil unseres Gefühlslebens. Beziehungen zu anderen finden außerhalb der Meditation statt. In der Meditation selbst können wir an einem anderen Aspekt unserer Reifung arbeiten, nämlich an unserer inneren Beziehung zu unseren Emotionen und zu ihrer Integration in unser Leben – und in unser spirituelles Leben.

12
Meditationen zu den Melodien des Herzens – Liebe, Mitgefühl und Dankbarkeit

»Je dankbarer ich bin,
desto mehr Schönheit nehme ich wahr.«
— Mary Davis

Hirn, Herz und Körper sind eins

»Sie sprechen immer nur vom Gehirn – und was ist mit dem Herzen?« Diese Frage wird mir oft gestellt. Heutzutage, mit all den neuen und aufregenden Möglichkeiten, das Gehirn zu erforschen, kann das ganze »Gehirngerede« leicht mit der alten, dysfunktionalen Trennung von Körper und Geist verwechselt werden. Eigentlich sprechen wir immer, wenn wir über das Geschehen oder die Aktivität im Gehirn sprechen, auch über Gefühle und Gedanken und den Körper. Die Aktivität Ihres Zentralnervensystems ist ein zentraler Knotenpunkt für Ihr Erleben in jedem Augenblick. Man kann sich das wie einen großen Bahnhof vorstellen: Da gibt es viele wichtige Aktivitäten an diesem einen Ort, doch ohne die Züge, die ständig irgendwohin abfahren und irgendwoher ankommen, wäre er leer und völlig uninteressant. Alles, was in Ihnen geschieht, fließt durch diesen Verkehrsknotenpunkt namens Gehirn oder beeinflusst ihn: jedwede Prozesse in Ihren Fingerspitzen oder Zehen, Ihre Emotionen, die Mikroben in Ihrem Darm, wie sich Ihre Beziehungen für Sie anfühlen, Ihre Gedanken, Ihre Weltanschauung und ganz sicher auch die Qualitäten, die wir oft als Herzgefühle oder empathische Gefühle beschreiben.

Drei Herzgefühle

Das erste und wohl bekannteste Herzgefühl ist die Liebe. Aus der gängigsten spirituellen Sicht ist die Liebe angeboren und war schon immer da, und wenn wir sie nicht in unseren primären Beziehungen entwickelt haben, können wir die Liebe durch Gebet und Meditation entdecken und zur Entfaltung bringen. Aus dieser spirituellen Sicht haben wir ein stetes Interesse daran, die tieferen Verbindungen in uns selbst zu finden, im stillen Gespräch oder in Vereinigung mit dem, was wir als Spirit, als Gott, als den Geliebten erfahren, oder wie auch immer wir die namenlose Weite nennen wollen, die wir erspüren können.

Die irischstämmige, gebürtige Britin Karen Armstrong, die mit 17 Jahren in einen katholischen Orden in Birmingham eintrat und sieben Jahre dort verbrachte, hat mit sehr klarem Kopf eine Reihe von Büchern über die Weltreligionen und ihre Gemeinsamkeiten geschrieben. Sie schuf die Charta der Anteilnahme und bezeichnet das Mitgefühl als die universelle Konstante in allen Weltreligionen (https://charterforcompassion.org; dt. Übersetzung der Charta unter dem Menüpunkt Charter > Charter for Compassion in Translation > E – H > German). Mitgefühl ist ein reifer Ausdruck der Liebe. Daher ist ein Ziel der spirituellen Vertiefung, unsere Liebesfähigkeit reifen zu lassen. Aus Sicht der spirituellen Traditionen ist unser Ausgangspunkt die Liebe, die wir geben – unseren Lieben, aber auch weiter gefasst anderen Menschen im Allgemeinen und auch die Liebe, die wir uns selbst geben. Die Liebe ist eine Fähigkeit, die uns angeboren und die unzerstörbar ist.

Aus entwicklungspsychologischer Sicht sieht es etwas anders aus. Von dieser Warte aus ist die Liebe ein angeborenes *Potenzial*, sie kann sich nur durch Hunderte von täglichen Interaktionen in der liebevollen Beziehung zu unseren primären Bezugspersonen entwickeln, in unseren Bindungsbeziehungen also. Die Bindungsliebe ist die Entwicklungsgrundlage für die Entstehung anderer Herzgefühle. Empathie, Mitgefühl und Dankbarkeit entfalten sich erst etwas später. Entwicklungsmäßig gesehen entfaltet sich das Potenzial für Liebe auf dieselbe Weise wie das der Sprache oder der Mentalisierung: Wir werden mit der Fähigkeit geboren, sie zu erlernen, aber wenn niemand die Sprache der Liebe mit uns »spricht«, lernen wir sie auch nicht. Da man als Mensch in der Regel gar nicht weiß, dass oder wenn man etwas nicht weiß oder kennt oder kann, ist es unwahrscheinlich, dass wir überhaupt erkennen, dass in unserem Leben etwas Wichtiges fehlt. Wir können dann zwar trotzdem über Liebe sprechen, wir verwenden das Wort vielleicht dennoch, aber wir werden es als etwas viel Einfacheres und Konkreteres verstehen. Das könnte sich darin ausdrücken, dass jemand sagt: »Wenn die Leute über Liebe sprechen, meinen sie damit eigentlich Sex«, oder »Natürlich liebe ich dich – seit deiner Geburt bekommst du hier zu essen und ein Dach über den Kopf«, vielleicht noch verbunden mit dem Zusatz: »… und was habe ich davon?«

Wollen Sie, dass sich die spirituelle, Ihnen angeborene Liebe in den Entwicklungsschritten Ihres Lebens verwurzelt, kann es nützlich sein, jene Beziehungen in Ihrem Leben ganz genau zu erkunden, in denen Ihnen Liebe zuteil wurde, in denen Sie sich geliebt fühlen. Einige recht liebevolle und fürsorgliche Menschen erzählen mir, dass sie sich als Kinder nie geliebt fühlten. In solch einer Geschichte fehlen einige wichtige Aspekte. Wenn Sie nie von jemandem Liebe gefühlt haben, können Sie auch keine Liebe für andere empfinden. Ein Beispiel dafür ist eine sehr liebe und lebenslange Freundin von mir, die viele Jahre damit zugebracht hat, eine schmerzhafte und schwierige Beziehung zu ihren Eltern durchzuarbeiten. Da ich als Kind auch bei ihr zu Hause gewesen war, wusste ich, wie hasserfüllt ihre Mutter sein konnte. Nach vielen Jahren und vielen Durchbrüchen in diesem existenziellen Prozess fragte ich sie eines Tages: »Meinst du, du hast die Fähigkeit, zu deinen Kindern und Enkelkindern, zu Tieren und zu deinen Freunden Liebe zu empfinden?« Diese neue Betrachtungsweise führte sie zu einer Erkenntnis, die dem entsprach, was ich als ihre Freundin immer schon in ihr wahrgenommen hatte – dass sie über eine enorm große und tiefe Liebesfähigkeit verfügt. Wenn Sie in Ihrem Inneren das Gefühl und die Empfindungen der Liebe zu anderen kennen, dann heißt das, dass Sie vor Ihrem zweiten Lebensjahr eine längerfristige stabile Beziehung zu einer liebevollen und fürsorglichen Bezugsperson hatten. Wir erlernen Liebe nicht in einem zweiwöchigen Intensivkurs. Für viele Menschen ändert es die Sicht auf ihr Leben manchmal grundlegend, wenn sie zu einer solchen Erkenntnis kommen wie meine Freundin. Unsere eigene Liebesfähigkeit ist ein Zeichen dafür, dass wir irgendwie und irgendwo in einer primären Beziehung Liebe erfahren haben und dass diese Erfahrung in uns immer noch da ist, auch wenn wir sie schon lange vergessen haben mögen. Die Menschen, von denen wir Liebe lernen, müssen nicht unsere Eltern sein – es müssen nur Menschen sein, die uns lieben und langfristig in unserem Leben sind oder gewesen sind. Viele Menschen haben ihre Fähigkeit zur Liebe bei ihren Großeltern oder Nachbarn entwickelt oder sie ab frühester Kindheit mit einem Hund oder anderen Haustier erfahren und geteilt.

Das zweite empathische Gefühl, das zweite Herzgefühl, ist das Mitgefühl. Das ist das Gefühl, das wir für jene empfinden, die uns wichtig sind und denen wir helfen wollen. Sie berühren unser Herz, so dass wir dazu beitragen wollen, dass es ihnen besser geht. In Kapitel 7 habe ich Matthieu Ricard erwähnt, den bekannten tibetischen Mönch und Autor, der sich für die Aufzeichnung seiner Gehirnaktivitäten während der Mitgefühlsmeditation zur Verfügung gestellt hat. Sie erinnern sich vielleicht, dass er diesen Zustand als »ganz und gar uneingeschränkte Bereitschaft zu helfen und zu handeln« beschrieben hat. Nicht alle von uns haben 40 Jahre lang über Mitgefühl meditiert. Natürlich können wir auch mit weniger intensiven Gefühlen des Mitgefühls arbeiten als die, die Ricard beschreibt. Ich möchte Ihnen nur ein Gefühl dafür vermitteln, dass es, wenn wir das Mitgefühl einmal entfesselt haben, nicht um ein entspanntes, sanftes Gefühl der Akzeptanz geht: »Oh ja – es gibt so viel Leid auf der Welt.« Es steckt vielmehr eine große Intensität in ihm, ein Gefühl, das uns mobilisieren will und das dazu führt, dass wir uns dem Schmerz rückhaltlos und mit allem, was wir sind, zuwenden.

Dies entspricht auch Karen Armstrongs Beschreibungen des Mitgefühls. Als eine der führenden Stimmen im interreligiösen Dialog weist sie immer wieder darauf hin, dass das Mitgefühl in den Weltreligionen nie nur als Gefühl, sondern immer auch als Antriebskraft, als treibende Kraft zum Handeln gesehen wird.

Wie die Liebe – und wie die Sprache – ist auch das Mitgefühl ein angeborenes Potenzial, das durch die Interaktionen in den ersten Lebensjahren entwickelt und verankert werden muss. Von Geburt an sind wir die Empfänger mitfühlender Handlungen und im zweiten Lebensjahr beginnen wir, sie zu erwidern. Mitgefühl ist die Fähigkeit zur *empathischen* Resonanz, die in der Mentalisierungstheorie als »markierte Spiegelung« (Fonagy et al. 2002/2004)* beschrieben wird: die Fähigkeit, *mit* dem anderen zu fühlen, aber nicht *als* der andere. Das Fühlen *als* der andere wird als *emotionale* Resonanz bezeichnet, und ist ein notwendiger erster – noch unreifer – Schritt in der Entwicklung in Richtung Mitgefühl. Notwendig ist dieser Schritt deshalb, weil wir uns genügend auf andere einlassen müssen, um deren Gefühle in uns spüren zu können. Der unreife Aspekt daran ist, dass wir kein Gefühl von eigenständiger, getrennter Handlungsfähigkeit und Wirksamkeit und damit nicht die Fähigkeit haben, zu helfen. Ohne diese Fähigkeit lösen wir uns entweder in eine Pfütze resonanten Schmerzes auf oder wir bringen den Schmerz zum Verschwinden, indem wir auf Abstand zum anderen und dem Schmerz gehen, den er oder sie empfindet. Alle, die in helfenden Berufen arbeiten, praktizieren in der Arbeit täglich Mitgefühl. Hoffentlich machen wir im Privatleben auch täglich die Erfahrung damit, wenn wir anderen selbstlose Fürsorge angedeihen lassen oder wenn uns von anderen Fürsorge zuteil wird – sei es im Austausch mit unseren Partnerinnen und Partnern, mit Freunden, Angehörigen und sogar Fremden.

Das dritte Herzgefühl ist die Dankbarkeit. Zu diesem Gefühl wurde in den Entwicklungs- und Sozialwissenschaften eine ganze Reihe von Forschungen durchgeführt, einige davon mit unerwarteten Ergebnissen. Es überrascht nun nicht so sehr, dass das Gefühl der Dankbarkeit unsere allgemeine Stimmung hebt. Außerdem, so stellte sich heraus, ist es eine der wirksamsten Methoden, um die Lebenszufriedenheit zu steigern. Etwas überraschender ist die Erkenntnis, dass der kausale Zusammenhang genau entgegengesetzt zu der Richtung verläuft, wie wir ihn uns vorstellen würden: Eine Studie ergab, dass Dankbarkeit bessere soziale Interaktionen schafft und unsere Stimmung verbessert, aber bessere soziale Interaktionen oder eine verbesserte Stimmung haben statistisch gesehen keinen Einfluss darauf, wie dankbar wir uns fühlen (Wood et al. 2008).

Die Dankbarkeit hat sich auch in der Arbeit mit Depression und Scham als sehr wirksam erwiesen (Korb 2015/2016). Meiner Erfahrung nach ist das Wissen darum

---

* In der sogenannten markierten Spiegelung zeigt die Bezugsperson dem Kind mithilfe übertriebener Imitation und Synchronisation, dass sie seine innere Verfassung und sein inneres Erleben versteht und ihm in dieser Erfahrung beisteht, während sie ihm gleichzeitig zu verstehen gibt, dass sie mit erwachsener Handlungskompetenz auf sein Erleben fürsorglich und liebevoll reagiert.

in der psychotherapeutischen Gemeinschaft noch nicht sehr verbreitet. Was die Entwicklung betrifft, so ist Dankbarkeit ein relativ reifes Gefühl. Sie erfordert, dass wir in der Lage sind, von unserer unmittelbaren Erfahrung einen Schritt zurückzutreten und zu reflektieren. Um Dankbarkeit zu empfinden, müssen wir sehen, dass wir etwas haben oder etwas bekommen, das wir schätzen. Wir müssen dazu auch die Einstellung entwickeln, mit der wir anerkennen, dass dieses Etwas nichts ist, worauf wir Anspruch erheben könnten, ja, dass es vielleicht sogar jenseits allen Anrechts liegt. Charakteristischerweise lernen wir in der mittleren Kindheit, »Danke« zu sagen, und manchmal meinen wir es sogar auch so …

In der folgenden Meditation werden wir uns zunächst auf die Gefühle unserer eigenen Liebesfähigkeit in Beziehungen konzentrieren, auf die Öffnung unseres Herzens, und von dort aus zur Dankbarkeit übergehen.

– Meditation ACHT –

Liebe und Dankbarkeit

Kommen Sie in einer bequemen Haltung zur Ruhe und nehmen Sie sich ein wenig Zeit, Gesicht und Kopf leicht zu massieren.

Schauen Sie, ob Sie das eine oder andere Gähnen in sich finden.

Achten Sie darauf, ob irgendein Teil Ihres Körpers sich bewegen möchte oder berührt werden will.

Nehmen Sie sich nun ein wenig Zeit, sich sachte auf den Sitzbeinhöckern auf Ihrer Unterlage zu bewegen und das Gefühl der eigenen vertikalen Mittellinie wahrzunehmen …

Und bemerken Sie, wie dieses Ziehen der Erde, diese Anziehung, Sie auch heute, auch in diesem Augenblick, hält und umfängt …

Sie können auch ein bisschen damit spielen, dass Sie quasi hineinkollabieren, sich hineinsinken lassen in diese Anziehung, indem Sie zulassen, dass Kopf und Schultern diesem Zug nach unten einfach nachgeben …

… und dann langsam wieder hochkommen und mit dieser entgegengesetzten Kraft experimentieren, die es ermöglicht, sich aus dem Zug der Erde wieder aufzurichten …

… und mit diesen Gegensätzen spielerisch zu erkunden …

… sich dem Ziehen zu überlassen und sich dann wieder aufzurichten und auszudehnen …

Nehmen Sie sich nun ein wenig Zeit, mit dem Gefühl von Spirit in Ihnen in Berührung zu kommen.

Häufig fühlen wir das im Herzen – oder im Brustbereich … aber das muss nicht so sein …

Sie können sich gerne weiterhin bewegen und gähnen …

Gehen Sie nun in Gedanken zu Ihrer Kindheit zurück … Sehen Sie, ob Sie sich an eine der frühen Erfahrungen erinnern können, wo Sie eine ganz, ganz tiefe Liebe zu einem anderen Lebewesen empfunden haben …

Bei frühen Erfahrungen kann es schwierig sein, sich an die konkrete Situation zu erinnern. Aber wenn es möglich ist, versuchen Sie, sich sogar noch etwas tiefer in die Situation hineinzuversetzen.

Vielleicht kann es auch einfacher sein, sich an eine bestimmte Art von Situation zu erinnern, wie z.B. die, von einem Elternteil ins Bett gebracht zu werden … oder … an die Liebe zum Hund der Familie …

Gestatten Sie sich, diese Gefühle ins Jetzt zu holen – also das, wie es sich damals angefühlt hat, in die Gegenwart zu bringen und es jetzt zu fühlen.

Erkunden Sie einfach, wie tief die Berührung gehen kann, wie tief Sie in dieses Gefühl, diese Qualität aus Ihren frühen Lebensjahren eintauchen können …

Nun wird es Zeit, sich von dieser Qualität wieder zu lösen. Wir kommen später darauf zurück.

Nehmen Sie einfach wahr, wie sie nachwirkt, wie es eine Art Echo im Körper gibt.

Und von dort aus gehen Sie zu einer Beziehung, einem Gefühl der Liebe, das noch nicht lange zurückliegt … aus Ihrem Erwachsenenleben … vielleicht die Liebe zu einem Partner oder einer Partnerin oder einem Kind … oder vielleicht die liebevolle Zuneigung zu einem Kollegen oder einer Freundin.

Erinnern Sie sich, wenn möglich, an eine Situation, in der Sie diese Liebe ganz deutlich gespürt haben …

Und nehmen Sie wahr, inwiefern sie sich ähnlich oder anders anfühlt als die Liebe in der Kindheit.

Und lassen Sie sich noch einmal so richtig in dieses jüngste Gefühl der Liebe hineinsinken.

Lassen Sie es sich entfalten und vertiefen …

Lösen Sie sich nun von dieser Qualität.

Nehmen Sie wieder ihren Nachhall wahr.

Als drittem Schwerpunkt nehmen Sie nun Kontakt zu Ihrem Gefühl der Dankbarkeit auf …

Dankbarkeit im Zusammenhang mit einer Beziehung, in der Sie Liebe fühlen.

Und gestatten Sie ihr, sich zu entfalten und zu vertiefen …

Und lösen Sie sich nun auch von dieser Qualität … und nehmen Sie wahr, wie ihr Leuchten noch eine Weile in Ihrem Körper zu spüren ist.

Nun werden wir die drei in einer Art Symphonie zusammenbringen, in einer Symphonie Ihres Herzens.

Nehmen Sie sich nun also ein wenig Zeit, um sich nochmals mit diesen drei Gefühlen zu verbinden – dem aus der Kindheit, dem aus einer Beziehung als Erwachsener und dem der Dankbarkeit in einer Beziehung.

Wenn es Ihnen schwerfällt, sie zusammen zu fühlen, können Sie sie auch nacheinander sachte mit Ihrer Aufmerksamkeit berühren. Verbringen Sie jeweils 10 oder 15 Sekunden mit einem der Gefühle und gehen Sie immer wieder zum nächsten weiter, einige Runden lang.

Nehmen Sie wahr, wie es sich anfühlt, wenn alle drei in ihrem Gewahrsein präsent sein dürfen.

Und es wird Zeit, sich aus dieser Übung zu lösen …

… und Spirit zu danken … und der Kapazität Ihres eigenen Herzens zu danken.

Dies ist nur ein kleiner Teil der Musik, die Ihr Herz macht.

Und für den Übergang nach draußen finden Sie selbständig Ihren Weg.

Die Struktur von Meditation ACHT

Liebe und Dankbarkeit

- Lassen Sie sich ankommen, mit ein wenig Bewegung, Dehnen, Gähnen und vielleicht einer sachten Massage der Körperstellen, die sich das wünschen.
- Verbinden Sie sich mit Ihrem Gefühl von Spirit.
- Erinnern Sie ein Gefühl der Liebe aus Ihrer Kindheit, ein Gefühl, wo Sie jemanden geliebt haben. Achten Sie darauf, wie es sich anfühlt und lassen Sie sich tief in dieses Gefühl fallen.
- Verbinden Sie sich mit einem Gefühl von Liebe oder liebevoller Zuneigung zu jemandem aus Ihrem heutigen Leben. Lassen Sie sich auch in dieses Gefühl tief hineinsinken.
- Verbinden Sie sich mit einem Gefühl von Dankbarkeit in einer Beziehung und lassen Sie es sich in Ihnen entfalten.
- Bringen Sie alle drei Gefühle in einer wortlosen inneren Symphonie zusammen.
- Gestalten Sie den Übergang nach draußen so, dass die innere Tiefe nicht verlorengeht.

Auf dem Weg zur Dankbarkeit

Häufig spiegeln sich in unserer Beziehung zu Spirit unsere Gefühle und Erwartungen gegenüber unseren Eltern wider – oder anderen wichtigen Bezugspersonen aus unserer Kindheit. Besonders in den härteren und strafenderen Ausdrucksformen der organisierten Religion erleben wir Gott vielleicht als etwas Bedrohliches, eine Art ultimative Autorität hinter unseren kritischen, fordernden Eltern. Dies ist in zweierlei Hinsicht tragisch. Es betrifft sowohl unsere tiefsten Erwartungen an eine intime, fürsorgliche Beziehung und bedarf der Bearbeitung. Und gleichzeitig betrifft es unser spirituelles Erleben, das wir von unserem Familiennarrativ befreien müssen.

In der spirituellen Praxis ist die Dankbarkeit gegenüber Spirit, gegenüber Gott, ein zentraler Weg, um unsere Herzen für das Gefühl des Gesegnet-Seins zu öffnen. Es kann sein, dass die Dankbarkeit sich als ein Gefühl des Bewegtseins zeigt.

Dieses Gefühl der Dankbarkeit kann manchmal durch etwas ganz Einfaches, Kleines, wachgerufen werden. Stellen Sie sich zum Beispiel vor, Sie gehen eine Straße entlang, und plötzlich ist da dieses Eichhörnchen: an dem einen Baum hinunter, quer über die Straße, an einem anderen Baum hinauf. Wie eine plötzliche Welle anmutiger quirliger Lebendigkeit auf Ihrem Weg.

Das Gefühl der Dankbarkeit kann ebenso von etwas ganz Großem geweckt werden: Von der Ehrfurcht und dem Staunen, die man empfindet, wenn man ein Neugeborenes zum ersten Mal im Arm hält …

… von einer vielleicht lebensverändernden Begegnung mit dem neuen Leben.

… von Sonnenuntergängen oder Sonnenaufgängen.

… von geopolitischen Ereignissen, die unsere Erfahrung der Welt, in der wir leben, verändern, wie etwa die Tage vor und nach dem Fall der Berliner Mauer.

Die Dankbarkeit scheint auch häufiger spontan aufzutauchen, wenn wir aktiv Liebe, Mitgefühl und Dankbarkeit praktizieren. Wenn wir beginnen, diese Gefühle öfter wahrzunehmen, dehnt sich dieses feine Gefühl aus, blüht auf zu einem Gefühl der Freude darüber, wie erstaunlich dieses Universum und dieses Leben sind, mit all ihrem Schmerz und ihrer Dunkelheit, aber auch mit all ihrer Freude, ihrem Staunen und ihrer Schönheit.

Kürzlich unterhielt ich mich mit ein paar Seminarteilnehmern über den alten jüdisch-christlichen Gedanken »Wo zwei oder drei in meinem Namen versammelt sind, da bin ich mitten unter ihnen.« Eigentlich laden wir überall da, wo wir selbst ganz und vollständig präsent sind, diese unausgesprochene Weite ein. Sie zieht in jede Situation, in der wir uns befinden, als eine Form von Segen ein. Manchmal sind es zwei oder mehr von uns, die diesen Segen für eine ganze Gruppe halten.

Es gibt so viele verschiedene Dinge, die Staunen, Ehrfurcht und das Gefühl der Bewegtheit hervorrufen können. Außerdem gehen all diese Gefühle meist mit einem Gefühl einher, für das ich keinen treffenden Begriff habe. Wollen wir es einfach als Freude des Herzens bezeichnen. Es handelt sich dabei nicht einfach nur um ein kindliches Glücksgefühl, obwohl das auch dazugehören kann. Es beinhaltet eine stärkere Reflexionsfähigkeit, ein stärkeres Gefühl, dass man das, was einen da so bewegt, auch wahrnimmt. Diese reflektierende Qualität kann sowohl im Zusammenhang mit persönlicher Vertiefung als auch mit empathischer Achtsamkeit entstehen. Dankbarkeit ist einer der Schlüssel zur Entwicklung dieser reflektierenden, sich bewusst empfindenden Herzensfreude.

Hier nun also eine Meditation über Dankbarkeit:

– Meditation NEUN –

Dankbarkeit für die großen und die kleinen Dinge im Leben

Beginnen Sie, indem Sie sich Zeit lassen, auf Ihrem Kissen oder Stuhl anzukommen.

Und nehmen Sie sich ein wenig Zeit, um sich zu dehnen und zu strecken, zu gähnen oder Ihre Beine oder Arme oder den Rücken oder Nacken leicht zu massieren – wonach auch immer Ihrem Körper gerade ist …

Und achten Sie darauf, ob es Bereiche gibt, die Sie normalerweise vergessen … vielleicht die Vorderseite des Halses, die sich Dehnung wünscht …

Laden Sie nun Ihr Gefühl von Spirit ein … berühren Sie es sachte mit Ihrer Aufmerksamkeit.

Jedes Mal, wenn wir das tun, ist es anders … diese Verbindung zeigt sich nie zweimal auf genau die gleiche Weise …

Wenn Sie Spirit nun also einladen oder berühren, bemerken Sie vielleicht, dass Sie eine bestimmte Erwartung haben, wie sich der Kontakt mit Spirit anfühlen soll.

Und er fühlt sich vielleicht ganz anders an als erwartet … oder vielleicht nur ein klein wenig anders …

… aber das Wichtige ist hier, wirklich gut hinzuhören und in Empfang zu nehmen, was kommt.

Und nun wenden Sie Ihre Aufmerksamkeit einer Erinnerung an ein Gefühl der Dankbarkeit zu … Vielleicht ist auch so etwas wie Ehrfurcht mit dabei …

… es könnte eine der großen existenziellen Qualitäten sein, wie etwa die Dankbarkeit, am Leben zu sein …

… dankbar, Augen zu haben und einen Sonnenuntergang sehen zu können …

… dankbar, genau den Partner, das Kind, die Eltern oder die Freundin zu haben, die Sie haben.

Und wenn in Ihrer Erinnerung nun eine solche Erfahrung auftaucht … wie fühlt sich das an? Wie nehmen Sie Dankbarkeit in Ihrem Inneren wahr?

Lassen Sie sich Zeit, noch tiefer in dieses Gefühl einzutauchen …

Lassen Sie jetzt diese Form der Dankbarkeit beziehungsweise dieses Gefühl, das Sie gerade haben, los.

Lenken Sie Ihre Aufmerksamkeit auf einen anderen Aspekt der Dankbarkeit beziehungsweise eine andere Dynamik der Dankbarkeit …

… auf einen der kleinen, der kleinen alltäglichen Dinge …

… wie den, dass ein Schmetterling vor Ihnen auf einer Blume landet …

… oder zu sehen, wie jemand in der Schlange an der Kasse jemand anderen vorlässt, der es eilig hat …

… oder ein Freund oder ein Fremder, der genau in dem Moment, wo Sie es wirklich brauchen, etwas sagt, das Sie glücklich macht.

Dankbarkeit.

Nehmen Sie wahr, wie sich diese Form der Dankbarkeit anfühlt … lassen Sie sich noch tiefer in sie hineinfallen …

… und dann lassen Sie sie los.

Und bringen Sie nun diese beiden Qualitäten zusammen: die Dankbarkeit für die großen existenziellen Dinge und die Dankbarkeit für die kleinen alltäglichen Dinge, die wie kleine Sterne oder Funken aufleuchten.

Es ist wie ein großartiges Musikstück mit verschiedenen Elementen … und gestatten Sie es diesen Elementen, sich in Ihnen zu entfalten und miteinander zu verweben.

… und schauen Sie, wie sehr Sie sich dem hingeben und darin ankommen können.

Aus diesem inneren Raum heraus berühren Sie nochmals Ihr Gefühl von Spirit, nehmen Sie nochmals dazu Verbindung auf und danken Sie ihm für seine beständige Gegenwart in Ihrem Leben …

… und seine Gegenwart hier und jetzt.

Und es wird Zeit für den Übergang.

Nehmen Sie sich die Zeit, die Sie brauchen, um den Weg nach draußen zu finden, wo Sie die Beziehung zu Ihrer Umgebung wieder aufnehmen … und dieser Qualität in Ihnen auch immer noch weiter Raum geben.

Die Struktur von Meditation NEUN

Dankbarkeit für die großen und die kleinen Dinge im Leben

- Nehmen Sie sich beim Ankommen etwas Zeit, sich zu bewegen, sich zu dehnen und zu strecken und zu gähnen, und achten Sie besonders auf die Bereiche, die Sie sonst leicht vergessen.
- Verbinden Sie sich mit Ihrem Gefühl von Spirit.
- Finden Sie ein Gefühl der Dankbarkeit und Ehrfurcht, das entsteht, während Sie aus einer größeren oder weiteren Perspektive auf Ihr Leben blicken: auf Ihre primären Beziehungen, Ihren Körper, die Lebendigkeit der Welt oder den Kosmos. Tauchen Sie darin ein und lassen Sie es sich entfalten.
- Finden Sie ein Gefühl der Dankbarkeit für die kleinen alltäglichen Funken – einen Schmetterling, eine freundliche Geste unter Fremden. Lassen Sie auch dieses sich vertiefen und entfalten.
- Bringen Sie beide Gefühle in einem inneren Raum zusammen, vielleicht wie in einer Art Musikstück.
- Verbinden Sie sich in diesem Raum, dieser Sphäre der Dankbarkeit mit Ihrem Gefühl von Spirit.
- Machen Sie sich bereit für den Wechsel nach draußen, während Sie die Tiefe dieser Verbindung weiterhin spüren.

Die Herzgefühle und ihre Gezeiten

Wenn man mit den Herzgefühlen arbeitet, muss man sich ein paar Dinge bewusst machen. Das eine ist, dass das menschliche Gehirn einen sogenannten »Negativitätsbias« aufweist, eine Voreingenommenheit, die uns dazu bringt, vor allem das Negative zu sehen. Wir sind so programmiert, dass wir Dingen, die schiefgehen oder gefährlich sein könnten, sofort und unmittelbar Aufmerksamkeit schenken, wahrscheinlich weil diese Art von Aufmerksamkeit während der gesamten Evolution höhere Überlebenschancen geboten hat. Das bedeutet jedoch nicht, dass wir in einer Negativitätsfalle sitzen, aus der es kein Entrinnen gibt – Spielen, Bindungen eingehen und natürlich auch Einfühlungsvermögen und Mitgefühl sind ebenfalls nützliche Fähigkeiten für unser Überleben (Hüther 2001, 2015). Sie erinnern sich vielleicht an den Überblick über die Entwicklung von Erwachsenen in Kapitel 6, in dem es hieß, dass die Lebenszufriedenheit bei Kindern und älteren Erwachsenen im Allgemeinen hoch ist, während jüngere Erwachsene eine geringere Lebenszufriedenheit und ein höheres Stressniveau haben. Da wir alle älter werden, ist dies eine gute Nachricht!

Wir haben gute Chancen, im Laufe der Jahre positiver auf die Dinge zu blicken … und das macht es uns dann auch leichter, Dankbarkeit zu empfinden.

Zum anderen sollten wir uns dessen bewusst sein, dass wir die Herzgefühle nicht steuern können. Wir können sie nur einladen. In meinen Workshops kommt es durchaus vor, dass mutige Teilnehmerinnen und Teilnehmer eingestehen, dass es ihnen einfach nicht gelingen mochte, bei einer bestimmten Übung dabeizubleiben oder sich ihr zu öffnen. Das ist normal. Manchmal ist in unserem Leben eben so viel los, dass es einfach zu schwierig ist, das Gewahrsein zu vertiefen und sich in die Offenheit hinein zu entspannen. Es wird Zeiten geben, in denen unser Herz kaum erreichbar zu sein scheint, gestresst, müde oder sogar völlig verschlossen, verkapselt wie eine Macadamianuss in ihrer enorm harten Schale. Wenn wir die Gefühle und Impulse der Liebe, des Mitgefühls und der Dankbarkeit aus anderen Zeiten kennen, könnte es gut sein, dass es sich zu diesem gegenwärtigen Zeitpunkt einfach nur um schlechtes »Timing« für die innere Öffnung und Integration handelt. Das Herz ist gerade »zu Tisch« und wird zu einem anderen Zeitpunkt wieder erreichbar sein und bereit, sich zu öffnen.

13 Die Facetten unseres geistigen Raums

»Zwei Vögel, eng verbundene Kameraden, umklammern den gleichen Baum. Der eine von ihnen isst die süße Beere, der andere schaut ohne zu essen zu.«

— Rig Veda, Hymne 1-164.20 (dt. Übers. K. F. Geldner)

Zwei Ansätze zum Verständnis des Geistes

Etwa seit Ende des 19. Jahrhunderts gibt es in der Psychotherapie die Tradition, mit den Inhalten des Geistes zu arbeiten, damit meine ich die Versuche, Probleme dadurch zu lösen, dass man Gedanken, Gefühle und – zunehmend stärker – auch Empfindungen genau betrachtet und erforscht. Erste Beschreibungen von Meditation hingegen finden sich in den Veden bereits um 1500 v. Chr., und es gibt Bilder von Menschen in Meditationshaltung, die sogar noch mehrere tausend Jahre älter sind. Gemeinsam ist den vielen verschiedenen Formen von Meditation, dass in ihnen daran gearbeitet wird, die Fähigkeit zum grundlegenden beobachtenden Gewahrsein und zur Weitung des Geistes zu stärken und zu stabilisieren.

Eine offizielle Anerkennung der Wirksamkeit von Psychotherapie wurde von der American Psychological Association (dem US-amerikanischen Berufsverband der Psychologen) im Jahr 2012 veröffentlicht – sie hatte etwa ein Jahrzehnt lang daran gearbeitet. Der Text beginnt mit einer Definition der Psychotherapie (http://www.apa.org/practice/guidelines/index.aspx). Der erste Punkt dieser Definition bezieht sich auf die therapeutische Allianz und die Bedeutung der Beziehung zwischen Therapeut und Klient. Im zweiten Punkt geht es um die Zielsetzung von Psychotherapie. Er lautet folgendermaßen: »Psychotherapie (als Einzel-, Gruppen- oder Paar-/Familientherapie) ist eine in unterschiedlicher Weise konzipierte Praxis mit dem Ziel, die Symptome zu lindern und die Persönlichkeit zu verändern, zukünftige symptomatische Episoden zu reduzieren, die Lebensqualität zu verbessern, die Anpassungsfähigkeit in der Arbeit/Schule und in Beziehungen zu fördern, die Wahrscheinlichkeit zu erhöhen, dass gesunde Lebensentscheidungen getroffen werden, und andere nützliche Ergebnisse zu erbringen, auf die sich Klient/Patient und Psychologe oder Psychologin als Ziele für ihre Zusammenarbeit geeinigt haben.«

Wenn wir den Vergleich mit den Vögeln aus der eingangs erwähnten vedischen Hymne weiterführen, ist die Psychotherapie also bestrebt, die Lebensqualität ihrer Klienten zu verbessern. Sie widmet sich in erster Linie den Entscheidungen des Vogels, der die süßen Beeren vom Baum frisst. Der Meditation ist es hingegen traditionellerweise ein Anliegen, den Vogel zu stärken, der einfach nur still dasitzt und schaut, ganz unabhängig von seiner Lebensqualität. Wenn wir von hier aus den Sprung zu modernen Ansätzen in Meditation und Psychotherapie machen, sehen wir, dass sie sich oft in dem Balanceakt versuchen, mit beiden Vögeln zu arbeiten (Weiss et al. 2019). Aus der wissenschaftlichen Forschung wissen wir mittlerweile, dass die beiden Perspektiven die Funktion des Kortex, vor allem des präfrontalen Kortex, ganz unterschiedlich nutzen. Deshalb wollen wir vor der Meditation zum Geist noch einmal einen kurzen Blick auf den präfrontalen Kortex werfen.

Der präfrontale Kortex – unterbewusste, vorbewusste und bewusste Inhalte

Mit dem Thema des präfrontalen Kortex lassen sich ganze Bibliotheken füllen. Gemessen daran wollen wir nun einen nur kurzen und oberflächlichen Blick auf seine Funktion werfen, und zwar aus einer etwas anderen Perspektive als weiter vorn im Buch. Uns interessiert an dieser Stelle festzustellen, dass einige Funktionen, für die unser präfrontaler Kortex zuständig ist, unbewusst beziehungsweise vorbewusst sind, dass die Informationen aus all unseren Sinneskanälen, auch solche aus unseren Erfahrungen mit relevanten vergangenen Ereignissen, darin gesammelt werden und dass auf dieser Grundlage die inneren Arbeitsmodelle von uns, von anderen Menschen und der Welt im Allgemeinen entstehen. Vorbewusste Bereiche bestimmen auch das alltägliche »Regelwerk« und die Bewertungen, an die wir uns anzupassen versuchen und von denen wir erwarten, dass sie von anderen berücksichtigt werden. Unsere bewussten Gedanken, Entscheidungen und Verhaltensweisen werden von anderen Teilen unserer präfrontalen Funktion gesteuert.

Es gibt eine interessante Beziehung zwischen bewussten und unbewussten Prozessen. Die meisten Menschen haben schon einmal die Erfahrung gemacht, dass sie von der Arbeit nach Hause fuhren oder gingen und dann feststellen mussten, dass sie überhaupt keine Erinnerung an den Heimweg hatten. Sie hatten auf »Autopilot« geschaltet. Auch die Mechanismen des Spracherwerbs sind ein gutes Beispiel für das Zusammenwirken bewusster und unbewusster Prozesse. Als Sie sprechen lernten, erforderte dies viel Aufmerksamkeit. Wann immer Sie eine neue Sprache lernen, ist wieder Ihre Aufmerksamkeit gefragt. Ist die Sprache einmal perfektioniert, taucht dieses bewusste Lernen unter, das heißt, es fällt quasi aus unserem bewussten Feld heraus und macht anderen Themen Platz, die nun unsere Aufmerksamkeit in Anspruch nehmen.

Letztlich kann man sein ganzes Leben daran arbeiten, der Wechselwirkungen zwischen den unterbewussten und bewussten Prozessen stärker gewahr zu werden. Unbewusste innere Arbeitsmodelle oder Landkarten bestimmen, zu welcher Art von Menschen wir uns in Freundschaften und Liebesbeziehungen hingezogen fühlen. Einige unserer inneren Arbeitsmodelle führen uns in die Art von Beziehung, in der wir glücklich sind, doch ebenso kann es geschehen, dass wir in Beziehungen landen, die für uns nicht funktionieren. Diese Arbeitsmodelle bauen auf dem auf, was wir wissen und erkennen, was uns vertraut ist – und nicht auf dem, wonach wir uns sehnen oder was wir uns als wünschenswert vorstellen. Das ist eines der großen Themen, die jemanden in eine Psychotherapie führen und nach einer Möglichkeit zur persönlichen Entwicklung suchen lassen: »Warum werde ich immer wieder zu Männern – oder Frauen – hingezogen, die eigentlich kein Interesse an einer langfristigen Beziehung haben? Und dabei war ich mir in der letzten Beziehung so sicher, dass diesmal alles anders ist.« Dies kann zu einer fruchtbaren bewussten Erkundung der Art und Weise führen, wie unsere unbewussten inneren Arbeitsmodelle bestimmen, welche Qualitäten und Handlungen wir an anderen und uns selbst wahrnehmen und welche wir übersehen. Der Aufbau privater wie auch beruflicher Beziehungen erfordert auch andere bewusste, präfrontale Fähigkeiten wie zum Beispiel: sich selbst zu beherrschen, aufmerksam, achtsam und ausdauernd zu sein, sich in Geduld und Demut zu üben und sich beständig der Entwicklung und Weiterentwicklung von Interaktions- und Konfliktbewältigungsfähigkeiten zu widmen.

Wie die spätere Begründerin der systemzentrierten Therapie, Dr. Yvonne Agazarian, zu sagen pflegte: »Man findet sich nicht in den Beziehungen wieder, nach denen man sich sehnt. Man bekommt die Beziehungen, die man sich aufbauen kann.« Das gilt auch für die Beziehung zu unserer eigenen tieferen Essenz.

Ein großer Teil unserer bewussten Denkinhalte ist tendenziell recht primitiv und starr. Wir scheinen unflexible, »herrschsüchtige« Geschöpfe zu sein, die wollen, dass sich unsere innere und äußere Welt so verhält, wie wir uns das vorstellen. In Bezug auf die Meditation kann das heißen, dass wir unsere Gedanken unter Kontrolle haben wollen, was im Allgemeinen bedeutet, sie anzuhalten. Wenn wir es versuchen, stellen wir fest, dass wir jetzt darüber nachdenken, wie wir unsere Gedanken anhalten können. Innerlich erschaffen wir eine bedrohliche Gestalt, die eine Art mentaler Fliegenklatsche schwingt und bereit ist, alle lästigen Gedankenfliegen zu erschlagen. Um uns nicht in diesen inneren Konflikt geraten zu lassen, lautet die traditionelle Anweisung, wir sollten loslassen. Dann setzen wir uns also das Loslassen zum Ziel, denken darüber nach und sind frustriert, weil wir es nicht schaffen. Vielleicht liegt es daran, dass wir noch nicht entdeckt haben, ob beziehungsweise wie wir festhalten? Wie lässt man etwas los, das ganz von allein immer wieder neu aufzutauchen scheint?

Gute Erkenntnis. Aber Moment mal – diese erkenntnisträchtige Frage ist ja auch wieder ein Gedanke. Diese Frustration wird allerdings auf einer höheren Funktionsebene ausgelöst. Dies zu wissen, mag uns ein gewisser Trost sein …

Aufmerksamkeit und Gewahrsein: zwei Formen bewusster Funktion

Der präfrontale Kortex steuert auch die beiden großen Modalitäten bewusster Präsenz, nämlich Aufmerksamkeit und Gewahrsein. Die Aufmerksamkeit ist eine konzentrierte Aktivität, bei der es einen eindeutigen Fokus gibt, während das Gewahrsein eher räumlich ist und uns ein großes und unschärferes Informationsfeld bietet. Die Aufmerksamkeit kann sich innerhalb des Feldes des Gewahrseins bewegen und sich auf verschiedene Dinge richten. Während Sie zum Beispiel diese Zeilen lesen, werden Sie wahrscheinlich etlicher Dinge gewahr: wie Sie versuchen, die Bedeutung dessen, was Sie lesen, zu erfassen, was Sie dabei denken und fühlen, was Sie im Körper empfinden, was vielleicht an Gefühlen und Gedanken zu Ereignissen in Ihrem Leben in Ihnen dabei auftaucht, wie die Luft riecht und sich anfühlt, die mit jedem Atemzug in Sie ein- und dann wieder ausströmt, was Sie in Ihrer Umgebung hören und sehen. Wenn Sie dieses Buch in einem Raum lesen, haben Sie im Hintergrund wahrscheinlich auch eine subtile visuelle und körperliche Spürwahrnehmung des Gebäudes, in dem Sie sich befinden. Ihre Aufmerksamkeit kann wie ein Scheinwerfer umherwandern und sich auf jede dieser unterschiedlichen Erfahrungen richten. Ihr offenes Gewahrseinsfeld hält sie alle in einer spürbaren hintergründigen Präsenz bereit. Probieren Sie es aus …

Die fokussierte Aufmerksamkeit lässt sich durch traditionelle psychotherapeutische Problemlösungsmethoden ebenso wie durch den meditativen Fokus auf einen einzelnen Gegenstand schulen. Wenn wir unser Feld des Gewahrseins entwickeln, also die zweite Form bewusster Präsenz, eröffnet sich uns eine fortgeschrittenere Art und Weise, uns auf die Welt und die Probleme, denen wir in ihr begegnen, zu beziehen. Die Tore zu den höheren Entwicklungsstufen stellen sich oft als Paradoxa dar – es gibt keine einfachen Lösungen, oder es sind vielleicht gar keine Lösungen in Sicht. In diesem Fall spielt eine stille, empathische Präsenz beziehungsweise ein ebensolches Gewahrsein eine für unsere Entwicklung ganz wesentliche Rolle. Mit unbeweglicher Miene und seinem trockenen Humor sagte mein Lehrer einmal, es gäbe zwei Arten von Problemen: solche, die sich lösen lassen und solche, für die es keine Lösung gibt. »Was die lösbaren Probleme betrifft«, so fuhr er fort, »so tut man gut daran, sie zu lösen … Bei den unlösbaren funktioniert das nicht so gut … Der beste Umgang mit ihnen besteht in einer stillen Präsenz und darin, ihnen zu erlauben, auf uns einzuwirken, uns zu verändern, uns zu erweitern und zu vertiefen.« Alle großen Leiden der Menschheit, aber auch viele der kleineren, gehören dieser Kategorie unlösbarer Probleme an: Leiden, Krankheit, Tod – und sogar schwer zu bändigende Gedanken und schwierige Gefühle.

Wenn wir in unserer Meditationspraxis das Gefühl haben, nicht weiterzukommen, so hat das häufig mit den unhinterfragten Regeln darüber zu tun, was wir tun und lassen oder was wir erfahren sollten. Viele Menschen kommen in meine Gruppen und sagen so etwas wie »Tja, ich habe einmal versucht zu meditieren«, oder: »Ich versuche immer wieder zu meditieren«, und dann: »… aber ich kann meine Gedanken nicht dazu bringen, aufzuhören.« Ich kann das nachempfinden. Ich meditiere seit 25 Jahren und kann ihnen auch nicht Einhalt gebieten. Die Überzeugung, man müsste das tun, führt oft zu einer frustrierten, inneren Fliegenklatschen-Mentalität: »Ein Gedanke – schnell, schlag ihn nieder!« Aber ist es wirklich unser Ziel, die Gedanken dazu zu bringen, aufzuhören? In einigen der vorangegangenen Meditationen haben wir uns mit der Entdeckung beschäftigt, dass Gott beziehungsweise Spirit beziehungsweise Leben in allem steckt. Könnte es tatsächlich Sinn ergeben, anzunehmen, dass Spirit in allem ist, außer in den Gedanken? Dass Gedanken eine Art Anti-Spirit sind? Mir ergibt es mehr Sinn, die Gedanken als eine natürliche, kreative Funktion des mentalen Gewahrseins zu sehen, so wie Empfindungen und Gefühle eine natürliche, kreative Funktion des sensorischen Gewahrseins und der emotionalen Präsenz sind. Es ist wahr, dass unsere Gedanken, genau wie unsere Gefühle und Impulse, die ja allesamt Aspekte des hungrigen Vogels im Baum sind, schließlich für eine gewisse Zeit zur Ruhe kommen werden, wenn wir uns in unseren inneren Vogel des offenen Gewahrseins lehnen. Wenn wir mit unseren Gedanken verweilen, anstatt darum zu kämpfen, sie zu kontrollieren oder als ein Problem zu sehen, das es zu lösen gilt, können wir uns verändern, und unser Gewahrsein kann sich erweitern und vertiefen.

Mentalisierung und liebevolle Güte

Ein weiterer Aspekt des präfrontalen Kortex hat mit den höheren Gefühlsbereichen zu tun, den empathischen Gefühlen oder Herzgefühlen, mit denen wir im letzten Kapitel gearbeitet haben. Wir haben uns mit ihnen zwar bereits im Kapitel 6 beschäftigt, doch um Empathie für andere und später auch für uns selbst empfinden zu können, müssen wir darüber hinaus in der Lage sein, uns selbst als ein von anderen getrenntes Ich erfahren zu können.

Wie wir in den Kapiteln 3 und 6 gesehen haben, entwickelt sich Empathie im zweiten Lebensjahr. Unsere Fähigkeit, andere und später uns selbst zu verstehen, reift während der gesamten Kindheit und Jugend, und sogar noch im Erwachsenenalter, langsam heran. Wenn wir beides entwickeln, können wir Güte und Einfühlungsvermögen mit unserem Verständnis von uns selbst und anderen verbinden. Der Beginn der Auseinandersetzung mit diesen Ebenen des Denkens und Fühlens ist ein Weg, die Fähigkeit einer gütigen und klaren mentalen Einschätzung unserer eigenen inneren Prozesse zu entwickeln. Diese Fähigkeit spielt für die Entwicklung der empathischen Mentalisierung eine zentrale Rolle. Dieselbe innere Haltung, nämlich eine mit Klarheit und Freundlichkeit gepaarte Präsenz, die aber eher beobachtend als reflektierend ist, spielt in der meditativen Vertiefung ebenfalls eine zentrale Rolle. In buddhistischen Praktiken wird sie manchmal als liebevolle Güte bezeichnet.

Präsenz

Wie und wann will ich mich eigentlich dieser so empfindsamen Tiefe meditativer Zustände überlassen? Wie wir gesehen haben, bedeutet das Sich-Üben in einer tiefen Aufmerksamkeit ein Surfen auf einer fein abgestimmten paradoxen Aktivierung des autonomen Nervensystems. Bis wir dies einigermaßen beherrschen und uns in diesem Prozess sicher genug fühlen können, kann es ziemlich herausfordernd und anstrengend sein.

Natürlich wollen wir manchmal auch einfach nur der Vogel sein, der die Beeren frisst … wir wollen uns entspannen, ein Buch lesen oder einen albernen Film ansehen, etwas Anspruchsloses tun, bei dem wir nicht nachdenken müssen, wo wir ganz in Ruhe auch halbwegs dissoziiert sein können, wo das, was als ›Standard-Netzwerk‹ des Gehirns bezeichnet wird, also unsere entspannte, unkonzentrierte Geistesaktivität, ungestört Sprechblasen von sich geben darf – über Beziehungen und das Leben, über »Gott und die Welt«, und wo es ganz nebenbei verschiedene Erfahrungen ohne unsere konzentrierte Aufmerksamkeit sortieren kann. Dies geschieht manchmal auch in der Meditation und kann tatsächlich auch nützlich sein, wie das folgende Beispiel zeigt:

Workshop-Teilnehmerin: »In der morgendlichen Meditation habe ich bemerkt, dass ich weggedriftet bin und dann wieder zurückkam. Manchmal habe ich viel mehr Energie und bin viel präsenter, nachdem ich weg war … und mir fiel ein, dass du mal gesagt hast, dass ein klein wenig Dissoziation in Ordnung sei. Das finde ich wirklich erfreulich.«

Marianne: »Ja, erfreulich und fast ein wenig aufmüpfig, nicht wahr? ☺«

Präsenz muss nicht immer Schwerstarbeit sein. Es gibt eine alte Zen-Geschichte (Sudo 2005, S. 77– 78), in der der Zen-Lehrer Seung Sahn über dieses alte langbewährte Prinzip der Achtsamkeit sprach: Wenn ich esse, esse ich. Wenn ich meditiere, meditiere ich, wenn ich mit Menschen spreche, spreche ich mit Menschen, und wenn ich lese, lese ich. Am nächsten Morgen las er während des Frühstücks die Zeitung, und einer seiner Schüler fragte frech: »Aber wie ist das hier jetzt mit der Achtsamkeit und dass man immer nur das tun soll, was man gerade tut – und hier isst du nun und liest gleichzeitig die Zeitung!?« Seung Sahn antwortete: »Genau, wenn du also isst und die Zeitung liest, dann iss und lies die Zeitung.«

Welche Kriterien haben wir, anhand derer wir eine Meditation als Erfolg oder Misserfolg beurteilen? Wonach beurteilen wir, was gut oder schlecht ist? Wir alle haben Kriterien, und das ist auch wichtig. Sehen Sie sich einfach jene an, mit denen Sie arbeiten. Einige der Kriterien – wir können sie auch Spielregeln nennen –, die Ihr und mein Leben bestimmen, stammen von so jemandem wie einem inneren Drei-, Fünf- oder Siebenjährigen: »Keine Gedanken denken! Wenn du denkst, hast du versagt!« Diese inneren Zensoren müssen sicherlich entdeckt und angehört werden, aber sie sollten nicht unser Leben oder unsere meditative Praxis bestimmen.

Inhalte des Gewahrseins, die Aufmerksamkeit und das Feld des Gewahrseins

In dieser folgenden Meditation werden wir mit drei Dimensionen des geistigen Raums spielen:

- Die erste betrifft die Informationen aus unserem Körper, von unseren Gefühlen und unseren geistigen Landkarten.
- Die zweite betrifft unsere Fähigkeit, die Aufmerksamkeit zu lenken.
- Die dritte betrifft das Erleben eines weiteren Gewahrseinsfeldes.

Dieser Prozess kann sich angenehm anfühlen oder er kann in Ihnen das Gefühl entstehen lassen, Sie seien an einer Art Grenze in sich selbst angelangt, an einem Rand des Unbekannten, wo Sie ein wenig verweilen müssen, bis die Neugier oder ein Gefühl der Sicherheit Sie dazu verlocken, in ein neues Feld eines noch weiteren Gewahrseins einzutreten.

– Meditation ZEHN –

Fokussierte Aufmerksamkeit und das Feld des Gewahrseins

Lassen Sie sich zuerst einen Augenblick Zeit, um eine bequeme Position zu finden und sich zu strecken und zu dehnen. Lassen Sie sich etwas Zeit, wahrzunehmen, ob sich irgendein Teil Ihres Körpers bewegen möchte oder berührt oder leicht massiert werden will … Gesicht, Schultern, Nacken. Nehmen Sie sich nun ein wenig Zeit, Ihr Gewicht zu spüren, ganz allgemein Ihr Körpergewicht.

Ziehen Sie die Schultern hoch und lassen Sie sie wieder in Ihre Empfindung des Sogs der Erde fallen, der Umarmung der Erde … und Sie dürfen auch weiterhin gerne gähnen.

… und sich strecken und dehnen …

Nehmen Sie nun wahr, wie das Gewicht, das Sie spüren … wie es in Ihren Sitzbeinhöckern ankommt, da, wo Sie sitzen, und wie es auf Ihren Stuhl übertragen wird und von dort weiter auf den Boden, oder direkt auf Ihr Sitzkissen und von da auf den Boden und die Erde, die Sie hält … Und nun wollen wir die Aufmerksamkeit als solche wahrnehmen.

Ihre Aufmerksamkeit ist eben zu verschiedenen Teilen Ihres Körpers gewandert und hat Empfindungen entdeckt. Wir wollen nun spielerisch ein wenig mit ihr experimentieren. Nehmen Sie Ihre Hände wahr, also die Handflächen, die Handrücken und Ihre Finger. Wenn Sie wollen, können Sie sie bewegen … oder Sie können sie auch einfach da ruhen lassen, während Sie sie wahrnehmen.

Und lenken Sie Ihre Aufmerksamkeit nun auf die Füße … nehmen Sie die Fußsohlen wahr … die Fußrücken … das Gefühl im Inneren Ihrer Füße … und schließlich Ihre Zehen.

Wechseln Sie nun mit Ihrer Aufmerksamkeit ein paarmal zwischen den Händen und den Füßen hin und her. Achten Sie darauf, wie unmittelbar dieser Wechsel stattfindet. Ihre Aufmerksamkeit kann ausschließlich auf Ihren Händen ruhen. Und einen Augenblick später ganz und gar in Ihren Füßen.

Verlagern Sie sie nochmals … der Wechsel passiert sofort.

Gehen Sie nun zu einer dritten Körperstelle … nehmen Sie den Bereich zwischen Ihren Schulterblättern wahr. Bewegen Sie die Schulterblätter ein wenig, um ein besseres Gefühl für diese Stelle zu bekommen …

Und richten Sie Ihre Aufmerksamkeit nun auf Ihre Füße … und dann auf Ihre Hände.

Nehmen Sie wahr, wie dieser Wechsel passiert … Sie brauchen Ihre Wahrnehmung nicht durch Ihre Beine und das Becken bis hinauf in den Brustkorb zu schicken und dann durch die Arme nach unten und in Ihre Hände. Sie können die Aufmerksamkeit einfach von der einen Stelle zur anderen verlagern.

Unsere Aufmerksamkeit hat die Fähigkeit, sich von einer Stelle direkt zur anderen zu bewegen … sie kennt also die Stelle bereits, zu der sie geht. Ihr Gewahrsein erfasst im Hintergrund Ihren gesamten Körper, und Ihre Aufmerksamkeit weiß, wo sie darin hingehen soll.

Das Gewahrsein, Ihr Gewahrsein, unser Gewahrsein … es ist ein Feld, ein Raum des Wissens … in dem sich die Aufmerksamkeit umherbewegen kann. Nehmen Sie sich nun einen Moment Zeit, um dieses Feld des Gewahrseins wahrzunehmen … es ist nicht so klar abgegrenzt, nicht so fokussiert wie die Aufmerksamkeit, sondern eher ein allgemeines ganzkörperliches Empfinden … all die verschiedenen kleinen Empfindungen und Veränderungen …

Ihr Gewahrseinsfeld geht auch über Ihren Körper hinaus …

Wenn Sie Ihre Augen schließen, können Sie auch den Raum um sich herum erspüren … nehmen Sie sich dafür einen Augenblick Zeit … wenn Sie die Augen öffnen, sehen Sie den Raum, vielleicht ein Fenster … es strömen die ganze Zeit visuelle Informationen in Sie hinein. Gleichzeitig hören Sie den Klang meiner Stimme … und andere Geräusche im Raum oder vielleicht außerhalb des Raums im Haus oder von ganz draußen.

Ihr Gewahrseinsfeld umfasst mühelos das Innere und Äußere Ihrer Körperempfindungen und die Wahrnehmungen aus dem Raum um Sie herum … und auch Ihren aktuellen Gefühlszustand bzw. Ihre Stimmung … vielleicht eine nur sachte wahrnehmbare, unaufdringliche Stimmung im Hintergrund oder ein stärkeres, deutlicheres Gefühl.

Vielleicht haben Sie gar nicht auf Ihre Stimmung geachtet, bevor ich sie erwähnt habe … spielen Sie einmal damit, diesen Fokus loszulassen und nehmen Sie sie dann wieder mit all dem anderen zusammen wahr …

Gefühle und Stimmungen gehören zu dem, was wir in diesem allgemeinen Raum unseres Gewahrseins ständig erleben.

Wir können uns einen Moment lang darauf konzentrieren und dann zu etwas anderem weitergehen … und Ihr Erleben des Raums ist immer noch da, und Ihre Füße und Hände …

Nehmen Sie sich ein wenig Zeit und lassen Sie Ihre Aufmerksamkeit bei all den Erfahrungen in Ihnen und außerhalb von Ihnen entspannt verweilen.

Gehen Sie nun in den Raum Ihres Geistes, zu Ihren Gedanken und all den verschiedenen Informationen, die sich in Ihrem Geist befinden … nicht, indem Sie an jede einzelne denken, sondern durch Ihr Spürgewahrsein verschiedener Arten des Wissens … dieses Spürgewahrsein oder Spürbewusstsein mag in Form von Körperempfindungen, Gefühlsqualitäten, Bildern oder Gedanken auftauchen …

… wie sich all die Dinge anfühlen, die Sie über sich wissen oder von sich denken … all die Dinge, die Sie über den Ort, an dem Sie leben, wissen, und all die Dinge, die sich an diesem Ort befinden, und all die Dinge, die Sie besitzen oder in Ihrem Zuhause haben. Einfach Ihr gefühltes Empfinden von all diesen Dingen …

Gehen Sie nun zu dem Empfinden, das Sie haben, wenn Sie der Menschen gewahr sind, die Sie kennen … zuerst die engeren Familienmitglieder einschließlich der Haustiere, die Sie vielleicht haben, aber dann auch Ihre erweiterte Familie, also auch Cousins und Cousinen und Onkel und Tanten und Neffen und Enkel, Ex-Frauen oder Ex-Männer … und Freunde und Freundinnen … Arbeitskollegen … Bekannte … Menschen, die in der gleichen Firma oder im gleichen Verein sind wie Sie und die Sie vom Sehen kennen, aber vielleicht ohne zu wissen, wie sie heißen … nehmen Sie wahr, wie es sich für Sie anfühlt, das Land zu kennen, in dem Sie leben … und wenn Sie aus einem anderen Land stammen, dann auch dieses … und die unzähligen Dinge, die Sie über Ihr Land und Ihre Kultur wissen … und wie Sie die Welt als Ganzes empfinden und erleben … die Ozeane, die Landmassen, die Luft, die Pflanzen und die Tiere …

All diese Bereiche des Wissens leben still und ruhig in Ihrem Bewusstsein, in Ihrem Gewahrsein … Ihr Körper, der vom Atem durchströmt wird, das mentale Empfinden Ihrer persönlichen Welt und der größeren Welt … und Ihre Fähigkeit, all diesen Gebieten mit Ihrer Aufmerksamkeit einen Besuch abzustatten, ganz mühelos …

Nehmen Sie sich nun also ein wenig Zeit dafür, mit all diesen Feldern von Empfindungen, Gefühlen, Bildern und Gedanken gleichzeitig da zu sein.

Und nun wird es Zeit, zum Ende zu kommen … und Sie können sich einen Augenblick Zeit nehmen, um sich zu dehnen und zu strecken, und gehen Sie dann langsam zum Rest Ihres Tages über.

Lassen Sie in diesem Wechsel die Meditation noch in Ihnen nachwirken … wie einen Nachhall in Ihrem Spürbewusstsein.

Die Struktur von Meditation ZEHN

Fokussierte Aufmerksamkeit und das Feld des Gewahrseins

- Finden Sie eine bequeme Position und bewegen Sie sich, strecken Sie sich und gähnen Sie, entsprechend Ihren Bedürfnissen. Nehmen Sie Ihr Gewicht wahr, die Umarmung beziehungsweise den Sog der Erde und wie sich das in Ihrem Körper anfühlt.
- Erkunden Sie die Empfindungen in einem Bereich Ihres Körpers, zum Beispiel in den Händen.
- Erkunden Sie dann die Empfindungen in einem anderen Bereich Ihres Körpers, zum Beispiel den Füßen.
- Wechseln Sie mit der Aufmerksamkeit zwischen den beiden hin und her und achten Sie darauf, wie Sie ganz unmittelbar Ihren Fokus von einer Stelle verschwinden und ihn an anderer Stelle wieder auftauchen lassen können.
- Wählen Sie eine dritte Stelle in Ihrem Körper und nehmen Sie wahr, wie Ihre Aufmerksamkeit zwischen allen dreien hin- und herwechseln kann. Ihre Aufmerksamkeit weiß in einer Art hintergründigen Wissens in Ihrem Gewahrseinsfeld jeweils, wo jeder dieser Bereiche zu finden ist.
- Lenken Sie Ihre Aufmerksamkeit auf dieses weite, alles umfassende und weniger deutliche Feld des Gewahrseins.
- Verlagern Sie nun Ihre Aufmerksamkeit auf die Umgebung beziehungsweise den Raum, in dem Sie sich befinden. Das Feld Ihres Gewahrseins schließt auch Ihre Umgebung ein.
- Richten Sie Ihre Aufmerksamkeit nun auf Ihre Stimmung beziehungsweise das Gefühl, das Sie gerade haben – und nehmen Sie wahr, dass Stimmungen und Gefühle auch dann in Ihrem Gewahrseinsfeld sind, wenn Sie sich nicht auf sie fokussieren.
- Gehen Sie mit Ihrer Aufmerksamkeit zu Ihren Gedanken und dem, was Sie wissen und kennen – nahe Beziehungen, entferntere Beziehungen, Ihre Vorstellung von der Menschheit …
- … und zu Ihrem Gefühl der Struktur Ihres Landes, und Ihrer Kultur …
- … und schließlich zu Ihrem Gefühl und Ihrer Vorstellung vom Planeten.
- All diese Erfahrungen ruhen im Feld Ihres Gewahrseins. Bleiben Sie da eine Weile.
- Wechseln Sie nach draußen und lassen Sie dabei die unermessliche räumliche Weite in Ihnen nachklingen.

Die Annäherung an die inneren Grenzen des Unbekannten

Es kann beängstigend sein, sich des Gewahrseins bewusst zu werden, oder der Herzensgefühle, oder anderer unkontrollierbarer Aspekte des Lebens. Früher oder später, in Workshops oder allein beim Meditieren, werden uns meditative Praktiken an eine Grenze bringen. Es ist eine Grenze, bis zu der wir uns fähig fühlen, uns selbst und die Welt zu erkennen und jenseits derer wir fürchten verlorenzugehen, wenn wir uns tiefer sinken lassen oder noch mehr in die Ausdehnung hinein entspannen oder noch mehr das zulassen, was in unserem inneren Erleben diesen Öffnungsprozess ausmacht. Es ist die Grenze des inneren Unbekannten.

Es gibt zwei philosophische Ansätze hinsichtlich der Frage, was am besten zu tun ist, wenn man Angst bekommt. Der eine Ansatz ist, so etwas zu sagen wie: »Oh, gut, wir befreien uns von unserem Ego. Wir springen einfach ins Ungewisse.« Wenn man Extremsportarten mag, ist solch ein Sprung vielleicht eine gute Idee. Für mich allerdings hat dieser Ansatz noch nie so recht funktioniert. Mir ist der andere lieber. Ich arbeite mit solch einer Grenze lieber im Sinne einer Lernzone. Das bedeutet, dass ich mich gerade so weit in die Herausforderung oder das Neue hineinlehne, wie ich das Gefühl habe, dass ich es bewältigen kann, ohne mein persönliches Sicherheitsbedürfnis zu missachten, aber auch mit der gebührenden Vorsicht vor der einen oder anderen meiner Persönlichkeitsfallen. Eine solche Falle könnte zum Beispiel die Neigung zu übertriebener Vorsicht sein. In diesem Fall müssen wir uns ein wenig weiter hinauslehnen und ein bisschen mutiger sein. Wenn wir andererseits im Gegenteil dazu neigen, zu ungestüm zu sein, hieße das, wir müssten uns ein wenig mehr zurücklehnen, es ruhig angehen lassen und nicht in allem eine Herausforderung sehen, die es anzugehen gilt.

Sowohl der Sprung als auch die Lernzone haben ihre Funktion, und es ist hilfreich, wenn man weiß, zu welcher man sich bereit fühlt. Sich sanft in die Lernzone hineinzulehnen ist eine gute Methode für die Anwendung im Alltag. Gleichzeitig gibt es wahrscheinlich keine innere Reise, die nicht gelegentlich auch einen Sprung ins Unbekannte erfordert. Insofern geht es darum, die Fähigkeit und das Vertrauen zu entwickeln, intuitiv zu wissen, wann man springen muss.

Dies gilt auf jeden Fall dann, wenn wir mit hohen Energieniveaus oder mit sehr tiefsitzenden Mustern in unserer Persönlichkeit arbeiten. Für unseren Reifeprozess ist es sehr produktiv, genau an der Grenze zu arbeiten, an der man die Sache spannend und herausfordernd findet, aber nicht überwältigt wird. Als Faustregel rate ich dazu, die Grenze zu sehen, an die Grenze zu gehen, mit der Grenze spielerisch zu experimentieren, aber nicht dazu, sich blindlings in den Abgrund zu stürzen.

Ich habe dies in meiner Arbeit mit Menschen und mit Tieren gelernt. Wenn wir uns sicher genug fühlen, scheinen wir fühlende Wesen es allesamt zu genießen, spielerisch an die Grenzen unseres Könnens und unseres Mutes zu gehen. Je mehr wir uns dem, was uns an unsere Grenzen bringt, spielerisch widmen, desto eher erlernen und meistern wir es und bauen dadurch gleichzeitig innerhalb unseres Lernkontexts Vertrauen auf. Plötzlich entfalten wir uns dann eines Tages ganz natürlich in eine bedeutende Veränderung hinein. Wo wir erst Angst hatten, haben wir nun die Fähigkeit und ein genügend sicheres Gefühl, um noch ein wenig weiter zu gehen oder ein wenig mehr loszulassen. Für mich und für die Menschen und Tiere, die ich kenne, geht es weniger darum, unsere Ängste zu überwinden, sondern eher darum, an der Grenze zwischen sicherer Vertrautheit und Neuheit zu spielen, bis sich unsere Angstgrenze weiter nach draußen verschiebt, als würde sie uns entschweben.

14

Das Mandala: ein persönlicher Kreis positiver und negativer Erfahrungen

»Jeder Mensch ist eine Mischung aus Licht und Dunkelheit, Vertrauen und Angst, Liebe und Hass.«

— Jean Vanier

Positive und negative Erfahrungen ins Gleichgewicht bringen

Als wir uns mit dem Thema der Dankbarkeit befasst haben, habe ich den Negativitäts-Bias, die Tendenz des Gehirns, erwähnt, negativen Erfahrungen mehr Aufmerksamkeit zu schenken. Als Angehörige der helfenden Berufe haben wir diese Voreingenommenheit oft dahingehend verfeinert, dass wir sie zum Wohl unserer Klientinnen und Klienten nutzen können. Wir sind darin geschult, nach Problemen zu suchen und uns auf sie zu konzentrieren, um sie zu lösen! Das ist zwar eine hilfreiche Einstellung, aber dabei kann ein heimtückischer Aspekt der Plastizität des Gehirns ganz leicht übersehen werden: In den Dingen und Aktivitäten, die wir üben, werden mir mit der Zeit besser. Wenn wir unsere Zeit und Energie in die Suche nach relevanten schmerzhaften Erfahrungen in unserer Vergangenheit investieren und an ihnen arbeiten, werden wir immer besser darin. Wir verstärken dadurch die uns ohnehin angeborene Neigung, nach emotionalen Erfahrungen und Interaktionen zu suchen, die schmerzhaft sind. Auf unsere Beziehungen und unser biografisches Narrativ übertragen bedeutet dies, dass es gut möglich ist, dass wir in der Geschichte, die wir uns über unser Leben erzählen, die negativen Aspekte hervorheben und die wichtigen positiven Erfahrungen übersehen. Das machen wir natürlich nicht mit Absicht. Es liegt einfach daran, wie die Gehirnplastizität funktioniert. Wie Wayne Dyer, der Autor vieler Selbsthilfebücher, zu sagen pflegte: »Man kann das Licht nicht entdecken, indem man das Dunkel analysiert.« So erging es z.B. auch der Freundin, von der ich in Kapitel 12 erzählt habe. Sie hatte ihre Fähigkeit zu tiefer Liebe und die Quellen, durch die sie sie entwickeln konnte, völlig ausgeblendet.

Investieren wir aber Zeit und Energie in die Suche nach freudigen, liebevollen und ermutigenden Erfahrungen in unserer Vergangenheit, werden wir darin ebenfalls besser. Die Konzentration auf positive Aspekte hat allerdings auch ihre ganz eigenen

Fallstricke. In einigen helfenden Berufen ist das »positive Denken« zu einer eisernen Regel geworden. Sie fordert von uns, dass wir auch in den allerschrecklichsten Situationen schon gleich, wenn wir uns bemühen, sie zu bewältigen, das Positive finden und wertschätzen. Ein Beispiel dafür ist ein Paar, das gerade sein einziges Kind an eine Krebserkrankung verloren hatte. Als sie zu ihrer ersten Gruppensitzung im Trauerhilfezentrum kamen, sagte ihnen ein empathieferner aufgekratzter Therapeut, dass sie diese unvorstellbare Tragödie bald als das Schönste erleben würden, was ihnen je passiert sei. Schockiert machten sie kehrt und gingen – und fanden nach einer Weile Hilfe bei einem empathischeren Therapeuten. Die Realität von Leid, Tod und Zerstörung will anerkannt sein. Die Realität von Liebe, Wachstum und Transformation braucht ebenso tiefe Anerkennung. Das Timing spielt dabei eine zentrale Rolle.

Sowohl die negative als auch die positive Sicht auf die Dinge müssen im Erleben verankert sein. Manchmal haben wir eine Seite vielleicht schlichtweg übersehen, aber es kann auch sein, dass wir eine Zeit lang mit Verzweiflung und Dunkelheit arbeiten müssen, bevor wir dem Positiven innerlich Raum geben und in ihm einen Wert finden können.

Die Übung in diesem Kapitel funktioniert am besten, wenn wir bereits ein gutes Stück persönlicher Arbeit, zum Beispiel in einer Psychotherapie, geleistet haben: zu unseren Beziehungsmustern, Bindungsproblemen, Traumata und unserer Persönlichkeitsentwicklung. Wenn jemand zu mir kommt und sagt: »Ich habe da dieses Trauma/Problem/Muster, und ich habe schon seit langem daran gearbeitet, aber es kehrt immer wieder zurück«, dann ist diese Übung meine erste Wahl.

Zwei moderne Hindernisse

Meiner Ansicht nach haben wir heutzutage in unserer kollektiven westlichen Psyche zwei Probleme. Das gilt zumindest für die Bereiche, die ich überblicken kann. Das erste ist, dass wir in unserem tiefsten Inneren glauben, dass wir allein sind. Seit mehreren Jahrzehnten gibt es eine enorme kulturelle Betonung des »Ich«. MEINE Verantwortung, MEINE Probleme, MEINE Identität, MEINE Rechte. Dieser Prozess der Individuation ist mit Sicherheit sehr wichtig und wertvoll. Er hat seinen Ursprung in der Erfahrung der Generationen, in denen Konformität viel höher bewertet wurde, und war somit als Prozess sehr wichtig. Unsere Individualität spielt eine wesentliche Rolle in der Entwicklung tieferer Mentalisierungs- und Weisheitsprozesse, doch die Weisheit kann nur erblühen, wenn man gleichzeitig die Erfahrung macht, dass man ein kleiner Teil einer Gemeinschaft ist, mit der man mitschwingt, Teil der Gesellschaft, Teil der lebendigen Welt. Ohne dieses Gefühl des Teilens wird die Individualität zu einer narzisstisch motivierten Ablenkung vom Wesentlichen, anstatt zu einem Samen der Weisheit. Letztlich haben wir dann das Gefühl, wir seien mit all den furchterregenden und gefährlichen Aspekten des Lebens allein. Aus biologischer Sicht sind wir dafür nicht geschaffen, sondern ganz im Gegenteil von Geburt an auf Beziehung und Gemeinschaft ausgerichtet. Spirituell gesehen ergibt eine solche individualistische Ausrichtung gar keinen Sinn. Jede einzelne spirituelle Tradition der Welt erkennt Mitgefühl und Einheit, Eins-Sein, als die tiefsten Aspekte menschlichen Bewusstseins an. Spirituelle Erfahrungen rufen in uns Staunen und Dankbarkeit hervor. Das sind Emotionen, die in esoterischen Traditionen aktiv geschult werden und die man erst jetzt zu erforschen beginnt. Die bisherigen Ergebnisse deuten darauf hin, dass das Erleben dieser Gefühle unsere Selbstherrlichkeit oder Selbstwichtigkeit schrumpfen lässt, Empathie und Hilfsbereitschaft erhöht und negative Gefühle verringert und sogar chronische Entzündungszustände bessert (Stellar et al. 2015; Stellar et al. 2017).

Unser zweites zentrales Problem ist vielleicht bekannter. Es ist die enorme Menge an Informationen, die jeden Tag über uns hinweg- und in uns hineinschwappt. Wenn Sie die Nachrichten verfolgen, werden Sie jeden Tag dazu eingeladen, all die Ereignisse, die auf der ganzen Welt geschehen, in sich aufzunehmen. Vieles von dem, womit wir da konfrontiert werden, sind schlimme Dinge, die nicht leicht zu verdauen sind. Deshalb müssen wir dringend Wege finden, um dieser Energie in unserer inneren Erfahrung Raum zu geben, denn sie ist ja bereits in unserem Feld, sobald wir die Nachrichten lesen oder sehen oder hören. Und es gilt sie auf konstruktive Weise in ein Gleichgewicht zu bringen, damit wir nicht von ihr überwältigt werden.

Einige Gedanken zum Mandala

Auf den nächsten Seiten werden wir uns mit der Mandala-Übung befassen. »Mandala« ist ein Begriff aus dem Sanskrit und bedeutet »Kreis«. Wenn es nicht ganz so fremd klingen soll, nenne ich diese Übung gelegentlich auch einfach die Floßübung. Sie ist ein ausgezeichnetes Instrument, um unser persönliches Erleben negativer und positiver Qualitäten ins Gleichgewicht zu bringen und zu integrieren.

Vor ein paar Jahren bot ich auf einer internationalen Psychotherapie-Konferenz einen zweistündigen Workshop über den Umgang mit der Angst vor all den schrecklichen Dingen an, die in der Welt passieren und von denen wir lesen und hören. Wir arbeiteten zuerst an unserem jeweils persönlichen Mandala. Bei dieser Mandala-Übung gibt es nämlich eine wichtige Faustregel: Erst wenn man sein persönliches Mandala erstellt und ausbalanciert hat, darf man den nächsten Schritt machen! In dieser Gruppe war das Erstellen des persönlichen Mandala relativ einfach. Als nächstes widmeten wir der Organisation einer weiteren Ebene unserer Mandalas eine Menge Zeit, in der wir unseren Erfahrungen mit den schrecklichen Dingen in der

Welt Raum gaben – jenen, die wir sehen und von denen wir erfahren, die uns Angst machen oder wütend sein lassen oder die dazu führen, dass wir uns hilflos fühlen. Parallel dazu nahmen wir uns aber auch Zeit, positive Bilder entstehen zu lassen, und tauschten uns über all die erfreulichen Dinge aus, die auf der Welt geschehen. Wir beriefen uns auf unsere Informationen und unser Gefühl und unsere Vorstellung von all den Menschen und Systemen, die, wenn auch unterschiedlich erfolgreich, daran arbeiten, die dunklen Ereignisse zu ändern, die uns verzweifeln lassen. Wir beriefen uns auf unsere Vorstellungen von Menschen, die nächste Schritte in Gang setzen, die uns aufrichten und uns Mut zusprechen – von all jenen also, die für all die Aktivitäten verantwortlich zeichnen, die uns mehr Hoffnung und Vertrauen für die Zukunft geben. Und warum taten wir das? Weil weder die Selbstgefälligkeit eine wirksame Grundlage für positive Veränderungen ist noch die Angst. Die Angst lädt uns ein, wegzurennen oder uns zu verstecken. In der heutigen Zeit können wir es uns aber nicht leisten, uns aus Angst zurückzuziehen. Genauso wenig können wir uns unüberlegte und voreilige Aktionen leisten, die nach dem Motto ablaufen: »Schnell, tu was, egal was, damit die Angst und die Verzweiflung verschwinden.«

Die ursprüngliche Version dieser Übung habe ich von meinem spirituellen Lehrer, dem Dänen Jes Bertelsen, gelernt. Die Version, mit der ich hier arbeite, ist meine eigene Anpassung der Übung für psychotherapeutische Zwecke und für die persönliche Entwicklung, um zu einem besseren Gleichgewicht zu gelangen – und auch für meine eigene Meditationspraxis.

Mithilfe der Mandala-Übung können wir unsere positiven und negativen Erfahrungen und Erwartungen ans Leben ausgleichen und verbinden und uns aus der Identifikation mit ihnen lösen. Der erste Schritt besteht darin, vier verschiedene grundlegende Qualitäten aus der eigenen Lebenserfahrung ausfindig zu machen. In der ursprünglichen Fassung werden sie als positiv männlich, positiv weiblich, negativ männlich und negativ weiblich bezeichnet. Die Begriffe männlich und weiblich finden in den traditionellen Gesellschaften weltweit Verwendung. Diese Verwendung passt auch zu den hormonellen und neurochemischen Synergien von Östrogen und Testosteron, die die mittlerweile gut dokumentierten Unterschiede zwischen männlichem und weiblichem Verhalten beeinflussen. In unserer heutigen Zeit allerdings, in der die Grenzen zwischen den Geschlechtern so fließend erscheinen und die Sensibilität im Gebrauch der männlichen und weiblichen Sprache gewachsen ist, kann es sein, dass diese Begriffe als problematisch angesehen werden. Wenn sie Sie stören, ersetzen Sie sie einfach durch positiv nach außen orientiert, positiv nach innen orientiert, negativ nach außen orientiert, negativ nach innen orientiert. Warum nach außen und nach innen? Weil diese Begriffe einen Teil des hormonellen Unterschieds erfassen, der im menschlichen Bauplan angelegt ist.

Sie können entweder auf der Ebene der Erfahrungen, die Sie mit Ihren Eltern gemacht haben, beginnen, oder mit Ihren eigenen inneren Selbst-Repräsentationen. Für die meisten Menschen ist es am einfachsten, mit der Beziehungsebene zu beginnen. Es erleichtert die Arbeit mit dem Mandala, wenn man zuerst die Meditationen aus Kapitel 10 bis 13 praktiziert, wo es um Ihre Verbindung zu Spirit, Ihre Emotionen, Ihre Herzgefühle und Ihr Gewahrsein geht. Wenn Sie auf einer bestimmten Ebene gern und oft mit der Mandala-Meditation arbeiten, wollen Sie vielleicht auch einmal mit der Beziehungs- und der persönlichen Ebene gleichzeitig arbeiten. Darüber können Sie das Zusammenspiel zwischen Ihrer inneren Welt und Ihren tatsächlichen Interaktionsmustern mit anderen erkunden sowie die gegenseitige Beeinflussung dieser beiden Ebenen.

Die Vorbereitung der Mandala-Übung

Für die Mandala-Übung auf der *Beziehungsebene* wählen Sie wichtige positive und negative Eigenschaften, die Sie aus Ihren Erfahrungen mit Mutter und Vater kennen, vorwiegend aus Ihrer Kindheit und Jugend, ergänzt durch Erfahrungen, die Sie mit anderen wichtigen Familienmitgliedern assoziieren, damit Ihre Arbeit sich auch wirklich tief in Ihrer persönlichen Lebenserfahrung verankert. Sie wählen also gewissermaßen vier Cluster von Eigenschaften. Sie können weitere wichtige Erinnerungen und sogar aktuelle Erfahrungen mit anderen hinzufügen, um Ihre Erfahrungen mit den Eigenschaften, zu denen Sie nur schwer Zugang finden, zu verstärken oder zu vertiefen.

Auf der *Persönlichkeitsebene* beziehen Sie diese Übung auf Ihr Erleben Ihrer eigenen inneren Eigenschaften beziehungsweise Repräsentationen. Spüren Sie Ihre positiven und negativen inneren »Stimmen«, Rollen und emotionalen Muster auf und platzieren Sie sie in den vier Ecken. Wenn es Ihnen auf dieser Ebene schwerfällt, mit einer bestimmten Qualität in Kontakt zu kommen, suchen Sie nach mehr Erinnerungen, bei denen Sie diese Eigenschaften gefühlt oder zum Ausdruck gebracht haben.

Setzen Sie sich auf einen Stuhl oder auf den Boden. Stellen Sie sich vor, Sie sitzen in der Mitte eines Vierecks, und das Viereck befindet sich in einem Kreis, der durch alle vier Ecken läuft. Wenn Sie wollen, können Sie Ihre Vorstellungskraft unterstützen, indem Sie die Ecken mit Klebezettelchen oder Gegenständen markieren. Ich mache das oft so. Legen Sie die positiven Eigenschaften in die Ecken hinter sich – männlich in der einen Ecke, weiblich in der anderen. Platzieren Sie die negativen Eigenschaften vor sich in den Ecken. Es ist Ihnen überlassen, auf welcher Seite Sie die männlichen und weiblichen Eigenschaften jeweils am liebsten liegen haben, aber die positiven MÜSSEN hinter und die negativen vor Ihnen sein.

Für den nächsten Schritt ist es hilfreich, sich vorzustellen, Ihr Quadrat oder Ihr Viereck wäre ein Floß und die Ecken sollten gleichmäßig beladen sein, damit das Floß gerade im Wasser liegt. Sie können eine Ecke stärken beziehungsweise mit mehr Gewicht versehen, indem Sie sich an wichtige Situationen erinnern, die mit den Eigenschaften in dieser Ecke in Beziehung stehen.

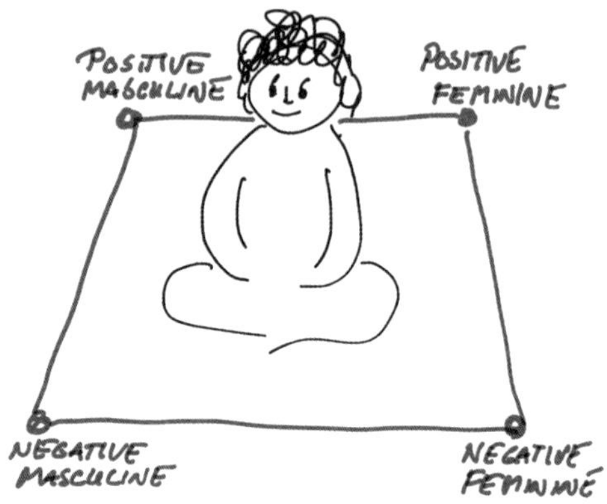

Bildtext v. oben links nach unten rechts: *positiv männlich, positiv weiblich, negativ männlich, negativ weiblich*

ABB. 10: Mandala-Übung zur Beziehung zu den Eltern und anderen primären Bezugspersonen und wichtigen Menschen in Ihrem Leben. Die positiven Qualitäten oder Erfahrungen sollten immer hinter Ihnen und die negativen vor Ihnen sein.

Bevor ich mit der Mandala-Übung beginne, bitte ich die Teilnehmerinnen und Teilnehmer immer, sich zehn bis fünfzehn Minuten Zeit zu nehmen, um ihre positiven/negativen – männlichen/weiblichen – Qualitäten vorzubereiten, sie aufzuspüren und ihre Erfahrungen festzuhalten. Gewöhnlich sind manche leicht zu finden und zu spüren, während andere viel schwieriger sind. Nehmen Sie sich die Zeit, die Sie dafür brauchen! Ich empfehle Ihnen, jede der vier Eigenschaftsgruppen auf einem Blatt Papier oder Klebezettel zu notieren. Wählen Sie für jede Qualität zwei oder drei Stichwörter oder erinnerte Situationen aus und schreiben Sie sie auf, machen Sie eine Zeichnung oder wählen Sie ein Symbol dafür. Während der Übung sitzen Sie in der Mitte eines imaginären Vierecks, in dessen Ecken Sie die vorbereiteten Symbole, Wörter oder Texte für jede der vier Qualitäten tatsächlich oder in Ihrer Vorstellung platziert haben. Wenn es Ihnen wirklich leicht fällt, sich diese während der Arbeit zu merken, brauchen Sie die Notizen oder Blätter nicht, aber ich kann sagen, dass ich selbst nach 25 Jahren, in denen ich diese Übung mache, heute immer noch Klebezettel verwende, wenn ich mit schwierigen oder neuen Mustern arbeite.

Hier nun die Anleitung zur Meditation:

– Meditation ELF –

Das Mandala: ein persönlicher Kreis positiver und negativer Erfahrungen

Suchen Sie sich einen Ort, an dem Sie genug Platz für Ihr persönliches Mandala haben.

Nehmen Sie sich zuerst ein wenig Zeit zum Ankommen …

Möchte sich irgendein Teil von Ihnen strecken oder bewegen? Taucht der Impuls zu gähnen auf?

Nehmen Sie sich ein wenig Zeit, um Ihren inneren Kern, Ihre vertikale Achse, zu spüren.

Widmen Sie sich nun der Erstellung Ihres Mandalas.

Sie arbeiten dazu entweder mit Ihren eigenen Qualitäten oder inneren Selbst-Repräsentationen, also inneren Stimmen oder inneren Anteilen … oder Sie arbeiten mit wichtigen positiven und negativen Eigenschaften, die aus Ihren Erfahrungen mit Vater und Mutter stammen.

Ihr Fokus liegt entweder innerhalb Ihrer eigenen Identität oder in Ihren Beziehungen.

Hinter sich haben Sie die positiven Eigenschaften, inneren Stimmen oder Erfahrungen. Das eher nach außen Gewandte, Aktivere, Männliche ist auf der einen Seite … das eher nach innen Gewandte, Zurückhaltendere, Weibliche auf der anderen. Manchmal wird das Männliche, Maskuline, auch als aktiv beschützend und das Weibliche, Feminine, als nährend beschrieben.

Nehmen Sie sich ein wenig Zeit, um diese beiden positiven Ecken hinter sich einzurichten. Wie fühlt es sich an, sie da zu haben – was bewirkt das in Ihrem Energiefeld, in Ihrem Körper, in Ihrem System?

Widmen Sie sich nun den zwei Ecken vor Ihnen, in denen sich die negativen Aspekte befinden. Auch hier haben Sie wieder die männliche oder nach außen gewandte Qualität auf einer Seite und die weibliche oder eher nach innen gerichtete Qualität auf der anderen. Die negative maskuline Qualität wird gelegentlich auch als aktiv zerstörerisch beschrieben, als nach außen gerichtete aktive Zerstörung. Die negative feminine Eigenschaft wird manchmal als ein inneres Zermalmen oder Kollabieren empfunden, oder fühlt sich wie etwas Vergiftendes an.

Nehmen Sie sich auch hier etwas Zeit, die beiden vorderen Ecken einzurichten.

Nehmen Sie nun wahr, ob die vier Ecken im Gleichgewicht sind. Wenn Ihr Mandala ein Floß auf dem Wasser wäre, würden wir wollen, dass alle vier Ecken ausbalanciert sind, so dass das Floß ganz gerade auf dem Wasser liegt. Wenn die eine oder andere Ecke schwerer ist oder sich stärker anfühlt als die anderen, geht es nicht darum, diese zu schwächen, also in ihrem Gewicht zu reduzieren, sondern darum, die schwächeren Ecken zu stärken, ihnen mehr Gewicht zu geben. Zu diesem Zweck können wir uns beispielsweise an mehr Situationen erinnern, in denen diese Eigenschaften präsent waren … oder wir können tiefer in den Gefühlsraum gehen, den diese Qualitäten in unserem Leben einnehmen.

Wir können sogar Menschen aus unserer Vergangenheit oder Gegenwart einladen, die diese Qualitäten in uns oder in unserem Leben unterstützen oder sie verkörpern, um schwache Ecken zu stärken.

Während Sie das tun, werden Sie vielleicht feststellen, dass einige Ecken miteinander interagieren, das heißt, dass Energie zwischen ihnen fließt.

Nehmen Sie einfach wahr, wie das für Sie ist. Vielleicht fördern diese Interaktionen ein ausgeglicheneres Verhältnis zwischen den Ecken, vielleicht erzeugen sie aber eher mehr Ungleichgewicht. Wenn Sie das Gefühl haben, die Ecken sind nicht ausgeglichen, widmen Sie sich wieder der Stärkung der schwachen Ecken.

Möglicherweise fällt Ihnen auch auf, dass Sie einige dieser Eigenschaften, dieser inneren Stimmen oder dieser Energien sehr stark in sich fühlen und wahrnehmen … und Sie sind im Zentrum des Mandalas. Der Trick besteht in solch einem Fall eigentlich darin, sie zu entdecken und einzufangen. Wenn Sie die Energie bemerken, laden Sie sie ein oder fordern Sie sie auf, in die Ecke zu gehen, in die sie gehört. Ihre Haltung muss einer entschlossenen Einladung ähneln. Manchmal kann das eine gute Weile dauern. Bei Gefühlen oder Erfahrungen, mit denen wir uns sehr stark identifizieren, kann es länger dauern, bis wir sie nach draußen verlagern, also außerhalb von uns platzieren können. Sie schleichen sich immer wieder zurück nach innen.

Wenn wir nun zum nächsten Schritt übergehen, ist es wichtig, dass Sie diesen Prozess im Auge behalten. Das Ziel ist ein möglichst leeres Zentrum.

Diesen nächsten Schritt können wir allerdings nur unternehmen, wenn die vier Ecken zumindest einigermaßen im Gleichgewicht sind.

Dieser Schritt besteht darin, die Energie kreisen zu lassen, über die vier Ecken im Kreis fließen zu lassen, so dass wir in einem großen Energiekreis sitzen, in dem die Energie von einer Ecke um uns herum in die zweite, in die dritte, in die vierte und schließlich wieder in die erste fließt, immer weiter im Kreis.

Es kann sein, dass sich der Fluss in einer Richtung, also entweder im oder gegen den Uhrzeigersinn, für Sie leichter anfühlt. Die Energie fließt in beide Richtungen.

Denken Sie daran, weiterhin darauf zu achten, dass das Zentrum leer bleibt und die vier Ecken ausgewogen sind. Wenn sich die Ecken bei diesem kreisenden Fließen manchmal völlig auflösen, ist das auch in Ordnung.

Den letzten Schritt können Sie unabhängig davon machen, ob Sie den Energiefluss schon haben beginnen lassen oder ob Sie noch daran arbeiten, Ihr Mandala auszubalancieren.

Kehren Sie zu Ihrer Mittelachse zurück, und zwar vom Scheitelpunkt Ihres Kopfes über Ihren Kopf und Hals, Ihre Brust und Ihren Bauch bis hinunter zum Beckenboden. Laden Sie Spirit und seinen Segen ein, Sie ganz zu erfüllen – Ihre Körperempfindungen, Ihre Gefühle, Ihre Persönlichkeit und Ihre Gedanken –, und auch den Raum Ihres Mandalas … jede Ecke zu segnen, in sie auszustrahlen und ebenso in den Energiefluss und die Information darin … laden Sie Spirit ein, Ihren Lernprozess und all Ihre Erfahrungen, die Sie mit dieser Mandala-Übung machen, zu segnen und zu nähren.

Möge dieser Segen von Ihnen aus nach draußen in die Welt fließen.

Und es ist an der Zeit, die Arbeit mit dem Mandala zu beenden.

Immer wenn wir einen rituellen Arbeitsraum kreieren, ist es wichtig, ihn zu Beginn zu eröffnen und am Ende, wenn wir fertig sind, wieder zu schließen.

Schließen Sie nun das Mandala so, wie es für Sie stimmig ist. Holen Sie es entweder in Ihren Körper oder danken Sie jeder Ecke und entlassen Sie sie. Vielleicht haben Sie aber auch eine andere Methode, die für Sie besser funktioniert. Sie können auch die vier Ecken und den gesamten Prozess in Ihr Herz aufnehmen. In Ihr Herz, das das Herz der Welt ist.

Die Mandala-Übung dauert normalerweise 20 bis 30 Minuten. Lassen Sie sich bei jedem Schritt Zeit, Ihre Gefühle und Empfindungen wahrzunehmen.

Hier ist die Struktur der gesamten Übung:

Die Struktur von Meditation ELF

Das Mandala: ein persönlicher Kreis positiver und negativer Erfahrungen

- Finden Sie Eigenschaften für die folgenden vier Gruppen und halten Sie sie in Stichworten fest oder wählen Sie Symbole dafür:
  - positiv männlich,
  - positiv weiblich,
  - negativ männlich,
  - negativ weiblich.
- Platzieren Sie die Qualitäten in den Ecken eines imaginären Vierecks, als ob Sie in der Mitte eines Floßes säßen. Dabei sind die positiven Eigenschaften hinter Ihnen und die negativen vor Ihnen.
- Nehmen Sie sich Zeit, sich in jede der vier Ecken hineinzuspüren und jeweils Ihre Gefühle dazu wahrzunehmen. Ihre Reaktion auf eine Ecke ist eine Form des Austauschs mit ihr. Experimentieren Sie damit, Ihre Gefühle einzuladen, sich den Qualitäten in den Ecken anzuschließen, wodurch mehr Ruhe in den Raum in der Mitte einkehrt.
- Nehmen Sie sich Zeit, Ihr viereckiges Mandala ins Gleichgewicht zu bringen, sodass alle Ecken gleich stark, gleich gewichtig, sind (hierzu ist manchmal das Bild eines Floßes hilfreich, das gleichmäßig ausbalanciert auf dem Wasser liegen sollte).
- Wenn die Ecken ausgewogen sind, und keinesfalls davor, laden Sie die Energie ein, in einem großen Kreis um Sie herum und durch die vier Ecken zu zirkulieren. Finden Sie den Ort, der für Sie am besten als Ausgangspunkt geeignet ist, und die Richtung, in die die Energie am leichtesten fließt.
- Sitzen Sie eine Weile da und erspüren Sie weiterhin, wie es ist, die Eigenschaften und Emotionen in den Ecken »bleiben« zu lassen und sie durch die im Kreis fließende Energie zu verbinden.
  - Wenn Ihre Ecken aus dem Gleichgewicht geraten, sodass manche stärker oder klarer sind als andere, hören Sie mit dem Zirkulieren der Energie auf und konzentrieren Sie sich darauf, sie wieder auszubalancieren.
  - Wenn Sie in starken Emotionen und den Qualitäten aus einer oder mehreren Ecken gefangen sind – oder wenn Sie gegenüber einer von ihnen gefühllos geworden sind – hören Sie auf, die Energie kreisen zu lassen und

konzentrieren Sie sich darauf, in jede Ecke hineinzufühlen, sich wieder mit allen zu verbinden, sie auszubalancieren und Ihre Emotionen bezüglich einer Ecke jeweils einzuladen, sich zu den Qualitäten in dieser Ecke zu gesellen.

- Laden Sie Spirit in Ihren Raum in der Mitte ein, vom Scheitelpunkt Ihres Kopfes bis hinunter zum Beckenboden, und lassen Sie diese Energie gleichmäßig in das gesamte Mandala ausstrahlen. Dies können Sie während der Übung sogar jederzeit machen.
- Schließen Sie das Mandala, indem Sie die vier Ecken auflösen und Ihre Symbole beziehungsweise Notizen einsammeln.

Oft werde ich gefragt, ob es in Ordnung ist, wenn die Energie im Mandala diagonal durchs Zentrum fließt. Das hängt davon ab, ob dies ein Zeichen für Integration oder für Dysfunktion ist. Wenn man in bestimmten Gefühlen stecken bleibt, den Kontakt zu den Gefühlen und Eigenschaften verliert oder sich von der Realität distanziert, ist das nicht in Ordnung. Häufig stellen die Menschen in diesen Fällen fest, dass diese Erfahrung für sie eher mental war und dass ihre Gefühle gefehlt haben. Hier ist ein Austausch, den ich mit einem Workshop-Teilnehmer über diese Art von diagonalem Muster hatte:

Teilnehmer: »Es war richtig wild! Es hat sich angefühlt, als ob die Energie einfach von einer Ecke in die andere und dabei durch mich hindurchging! Aber sie ist nicht um mich herumgeflossen …?«

Marianne: »Und konntest du die unterschiedlichen Qualitäten der Ecken trotzdem noch spüren?«

Teilnehmer: »… Nein, ich habe eher nur die Energie gefühlt …«

Marianne: »Es klingt, als wären dir die Unterschiede in dem Energiefluss verloren gegangen, der dann begonnen hat, durch dich hindurchzulaufen?«

Teilnehmer: »Ja, das stimmt …«

Marianne: »Wenn die Energie durch die Mitte läuft, ist das in Ordnung, aber aus Gründen der Integration und der Balance ist es wichtig, die Qualitäten in den Ecken und den kreisenden Energiestrom zu stabilisieren. Dies fördert das Erleben, dass im Kern genügend Raum und Weite herrscht und dass positive und negative Erfahrungen gleichzeitig da sein dürfen, dass man sogar neugierig auf sie sein kann.«

Es hat einen guten Grund, dass die Zirkulation um Sie herum und nicht durch Sie hindurch erfolgen sollte. Die vier Ecken werden zu Räumen außerhalb von Ihnen, und dadurch können Sie Ihre Gefühle externalisieren – Sie können sich auf tiefster Ebene auf Ihre Erfahrung mit diesen Qualitäten beziehen, ohne überfordert oder überwältigt zu werden. Wenn Sie die Energie durch das Zentrum, in dem Sie ja sitzen, strömen lassen, kann Ihre zentrale Haltung der Klarheit und des Mitgefühls in der Intensität des positiven und negativen Männlichen und Weiblichen verloren gehen oder sich damit vermischen. Eigentlich ist es nur dann hilfreich, mit dem diagonalen Muster zu arbeiten, wenn der Energiefluss das Empfinden von Mitgefühl und Ganzheit verstärkt. Die Erfahrung, die Sie machen, muss sich geerdet und klar anfühlen, aber nicht so, als würde sie nur in Ihrem Kopf stattfinden.

Hier ein kurzer Gedankenaustausch mit einem Teilnehmer, der gleichzeitig mit der Beziehungsebene und der persönlichen Ebene gearbeitet hat. Er berichtete über folgende Integration: *»Es ging nur kurz, aber da war so etwas wie Mitgefühl für die negativen Teile da, für die Teile, die aggressiv und narzisstisch waren. Die Qualitäten aus meinem persönlichen Kreis haben sich auch mit Anteilen meiner Eltern aus dem Beziehungskreis vermischt. Ist das okay so?«*

Meine Antwort auf diese Frage lautete »Ja«. Vertiefungsprozesse haben zwei Aspekte. In dem einen geht es darum, Ähnlichkeiten und Verbindungen zu erkennen. Der andere hat damit zu tun, Unterschiede wahrzunehmen und zu akzeptieren, dass Dinge auch verschieden sind. Wenn Sie mit dieser Übung fortfahren, achten Sie darauf, ob Differenzierung und Integration spontan einsetzen oder ob Sie die Schichten aktiv trennen müssen. Zum Beispiel könnte in den Ecken eine bewusst durchgeführte Trennung zwischen Ihren intrapersonellen Aspekten und jenen, die aus Ihrer Erfahrung mit Ihren Eltern oder anderen Menschen stammen, hilfreich und wichtig sein.

Wenn man mit solch einer komplexen Übung wie dieser arbeitet, gibt es zwei aufeinander aufbauende Vorgehensweisen, die im weiteren Verlauf ausgewogen sein müssen. Anfangs verwenden Sie einfach etwas Zeit auf die Erkundung, sehen einfach mal, was passiert, folgen dem Fluss und bleiben offen und neugierig. Später können Sie dann etwas mehr Disziplin ins Spiel bringen und zum Beispiel die verschiedenen Energien bitten, in ihren jeweiligen Ecken und innerhalb ihrer Grenzen zu bleiben, und Sie können kontinuierlich dafür sorgen, dass die Mitte leer bleibt, und wahrnehmen, dass Mitgefühl, Klarheit oder ein Gefühl von Weite in diesen Raum in der Mitte Einzug halten.

Die Arbeit mit den kollektiven Qualitäten

Die Mandala-Arbeit mit kollektiven Qualitäten erscheint nicht unbedingt allen Menschen sinnvoll und erstrebenswert. Wenn Sie sich davon aber angezogen fühlen, empfehle ich Ihnen, einige Monate lang gleichzeitig mit den persönlichen Aspekten und den Beziehungsaspekten zu arbeiten, und erst dann kollektive und vielleicht auch archetypische Muster mit hinzuzunehmen.

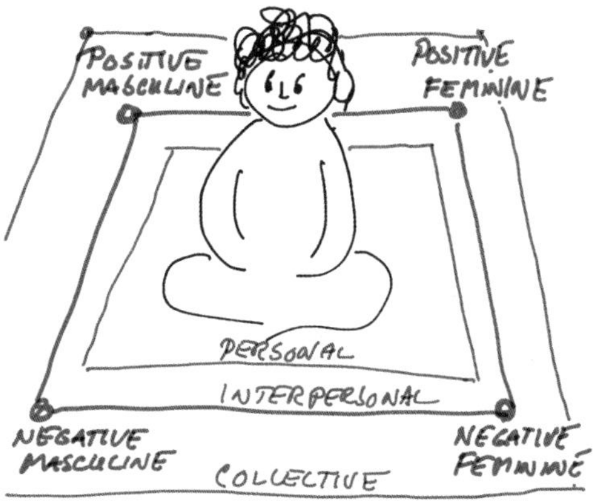

Bildtext Ecken v. oben links nach unten rechts: *positiv männlich, positiv weiblich, negativ männlich, negativ weiblich*
Bildtext Mitte v. oben nach unten: *persönliche Ebene, Beziehungsebene, kollektive Ebene*

Abb. 11: Das Persönlichkeitsmandala und das kollektive Mandala sind genauso aufgebaut wie das Beziehungsmandala. Wenn Sie mit zwei davon oder allen drei arbeiten, platzieren Sie das persönliche Mandala am nahesten bei sich, dann das für die Beziehungsebene und schließlich das kollektive Mandala als äußerste Struktur.

Auf der kollektiven, archetypischen Ebene können Sie das Mandala nutzen, um Ihre Erfahrungen mit der Dynamik großer Gruppen oder sogar mit der Menschheit respektive der Welt im Allgemeinen auszubalancieren. Aber nochmals: Tun Sie das bitte nicht zu Beginn Ihrer Arbeit mit dem Mandala. Wirklich hilfreich ist die Arbeit auf dieser Ebene nämlich erst, wenn Sie bereits ausführlich mit dem Ausgleich und der Integration der Mandalas Ihrer persönlichen Beziehungen oder Ihrer eigenen tieferen Muster und inneren Selbstrepräsentanzen gearbeitet haben. Wenn Sie sich bereit dafür fühlen, mit dieser Ebene zu arbeiten, können Sie dazu universelle positive und negative Handlungen und Haltungen verwenden.

Vielleicht interessiert Sie die Erkundung Ihrer Erfahrungen mit den Polaritäten in einer Gruppe, der Sie angehören. Das Negative vor Ihnen könnten Erfahrungen mit internen Machtkämpfen und Hinterhältigkeit sein, während das Positive hinter Ihnen Erfahrungen mit der Begeisterung in der Gruppe, der Zusammenarbeit und einem freundlichen Umgang miteinander sein könnten.

In einer Krisensituation kann man die positiven und negativen Aspekte der kollektiven Dynamiken wie in einer verdichteten Mandala-Übung auch als einfaches Polaritätssystem verwenden:

Kürzlich erhielt eine Teilnehmerin während einer beruflichen Weiterbildung, die ich leitete, einen Anruf von einer Arbeitskollegin. Man wollte ein sechsjähriges Mädchen, das im Heim wohnte und das ihr als Familientherapeutin anvertraut war, für das Wochenende zur leiblichen Mutter schicken, wo deren gewalttätiger Freund, der das Kind hasste und es in der Vergangenheit geschüttelt und geschlagen hatte, gerade wieder eingezogen war. Die Familientherapeutin hatte zuvor ein paar alternative Lösungen erarbeitet, die noch ausprobiert werden sollten. Nun war sie verzweifelt und konnte überhaupt nicht verstehen, wie jemand auch nur im Entferntesten in Erwägung ziehen konnte, das Kind in solch eine Situation zurückzuschicken. Ich bat die anderen Gruppenmitglieder, die Hand zu heben, wenn sie ähnliche Erfahrungen gemacht hatten, und mindestens zwei Drittel der Gruppe hoben die Hand. Für die Therapeutin hatte das etwas Tröstliches, und sie fühlte sich durch diese positive kollektive Unterstützung gestärkt. Plötzlich konnte sie spüren, dass sie in ihrem Kampf gegen ein gefühlloses System nicht allein war. Die Wirkung auf den Rest der Gruppe war ähnlich.

Wenn es Ihnen ergeht wie so vielen Menschen heutzutage – dass die Geschwindigkeit und Intensität des Klimawandels Sie belasten und Ihnen Angst machen, könnten Sie mit der Übung arbeiten, die ich zu Beginn dieses Kapitels beschrieben habe. Nehmen Sie für die negativen Aspekte vor Ihnen Beispiele aus dem Bereich der Ausbeutung der Natur und des übermäßigen Konsums, und für die positiven Aspekte hinter Ihnen Beispiele für ein Umdenken innerhalb von Regierungen und ganzen Branchen, für den Einfluss von Basisbewegungen, für wissenschaftlichen und technischen Fortschritt, von dem Menschen, Tiere und die Umwelt profitieren. Für diese Arbeit mit dem Mandala auf der kollektiven Ebene muss das Viereck in jedem Fall außerhalb der anderen beiden Vierecke liegen, wie aus der Abbildung ersichtlich. Wenn Sie dabei Schwierigkeiten haben, mit einer Qualität in Kontakt zu kommen, können Sie natürlich Ihr Gedächtnis danach durchsuchen – möglicherweise müssen Sie aber auch einfach gelegentlich im Außen mehr Informationen einholen.

Wenn Sie auf dieser kollektiven Ebene arbeiten, können sich in Ihrem inneren Erleben spontan Archetypen, Gottheiten oder Symbole (wie etwa Christus, Buddha, die Jungfrau Maria, Kuan Yin, der Teufel oder Kali) zeigen, und Sie stellen vielleicht fest, dass diese einen kollektiven Aspekt sinnvoll verkörpern. Das ist kein Problem. Manche Menschen wählen lieber Archetypen oder göttliche Figuren aus und stellen sie in die entsprechenden Ecken. Ich persönlich habe mich immer aber schon geerdeter und besser im Fluss gefühlt, wenn ich zuerst mit dem Informationsfluss aus unserer gemeinsamen Welt gearbeitet habe und erst dann die symbolische Ebene eingeladen und mich ihr geöffnet habe.

Wenn Sie die Muster, in denen die Energie fließt, gut und stark spüren können und Sie nach Herzenslust mit diesen drei Ebenen gespielt haben, könnten Sie die Mandala-Arbeit auf den verschiedenen Ebenen miteinander verbinden und dafür die folgenden Klebezettel verwenden: a) für meine Eigenschaften; b) für die Eigenschaften meiner Eltern und anderer Menschen, mit denen ich in Beziehung bin; c) die weiter gefassten und allgemeineren Eigenschaften der Menschen in dem Land, in dem ich lebe (fünf bis fünfhundert Millionen Menschen) und eventuell auch d) für Archetypen, die sich zeigen. Mithilfe der Klebezettel können Sie die Ebenen leicht auseinanderhalten. Sich zwischen diesen verschiedenen Ebenen und Ecken zu bewegen, den Energiefluss wahrzunehmen und alles ins Gleichgewicht zu bringen, ist eine beachtliche Präzisionsarbeit und grenzt fast schon an Fummelei. Wir arbeiten an uns und unserer Vorstellung von der Welt wie an einem Instrument, wenn wir Tonleitern oder ein Musikstück immer und immer wieder üben.

Wenn Sie Energiedynamiken sehr gut wahrnehmen oder spüren, können Sie die verschiedensten Fließmuster erkunden: um Sie und um die Mitte herum, durch die Mitte hindurch, über sie hinweg, unter ihr hindurch – alle fühlen sich unterschiedlich an. Mithilfe dieser komplexen Übungen werden Sie es zunehmend leichter finden, Möglichkeiten zu erkunden und Fähigkeiten zu entwickeln, positive und negative Erfahrungen ins Gleichgewicht zu bringen und sich aus Überidentifizierungen in jede Richtung zu lösen und – nebenbei bemerkt – können diese Balancier-Übungen auch großen Spaß machen.*

* In Kapitel 18 beschreibt Dorothea Rahm in einem Fallbericht drei konkrete Arbeiten mit der Mandala-Übung.

15

Fünf kurze Atemübungen entlang der Mittellinie für eine ausgeglichene Energie

»Der Atem ist das Bindeglied zwischen Geist und Körper.«

— Dan Brule

Zu den Atemübungen

Dieses Kapitel ist anders strukturiert als alle bisherigen, und die fünf Meditationen darin sind auch anders. Bei allen handelt es sich um Atemübungen, deren Ziel es ist, unser Energiesystem in Balance zu bringen. Mit ein wenig Übung kann man sie jederzeit machen, wenn man nicht die volle Aufmerksamkeit für etwas anderes benötigt, etwa beim Warten auf den Bus, beim Abwasch, beim Laubharken, beim Aufwischen des Bodens und Ähnlichem. Wenn sich eine davon als Ihre Lieblingsübung herausstellt, können Sie sie als Standardpraxis übernehmen, als etwas, das Sie über längere Zeit tun, wann immer Sie etwas machen, was wenig bewusste Aufmerksamkeit erfordert und sich immer wieder wiederholt. Diese Atemübungen haben aber auch eine wichtige Rolle in der Meditationspraxis. In diesem Zusammenhang werden sie gewöhnlich als Übungsreihe zu Beginn der Sitzmeditation gemacht, wobei man auf jede Übung etwa fünf Minuten verwendet. Vielleicht finden Sie für sich auch ein Lieblingsset von zwei bis vier Übungen. Wenn sich unser neurophysiologisches System durch die Meditationspraxis in tiefere oder weitere Formen des Gewahrseins hinein zu öffnen beginnt, brauchen wir Hilfe im Umgang mit der höheren Energie, die wir erfahren. In vielen Workshops habe ich diese Übungen als unschätzbar wertvoll empfunden. Wenn die Teilnehmerinnen und Teilnehmer in den Meditationen langsam tiefer gehen, kann es sein, dass sich körperliche Symptome zeigen: man fühlt sich benebelt, ist müde oder schwindlig, der Kopf schmerzt, man hat das Gefühl, unangenehm voll zu sein, vielleicht tauchen auch emotionale Probleme auf. Praktiziert man diese Übungen, wenn sich derartige Symptome zeigen, tritt ihr Nutzen klar zutage. Wie für die meisten gesunden Dinge, die wir tun sollten, gilt allerdings auch hier, dass es noch besser ist, sie anzuwenden, bevor man überhaupt Symptome bekommt!

Die ersten vier dieser Atemmeditationen wurden von dem irischen Hellseher, Heiler und Lehrer Bob Moore entwickelt. Mein spiritueller Lehrer hat sie von ihm gelernt. Die fünfte stammt aus der chinesischen Philosophie und Medizin. Sie kennen sie vielleicht bereits als »kleinen Energiekreislauf« oder auf Englisch als »microcosmic orbit«, und sie wird auf viele verschiedene Arten in verschiedenen Traditionen gelehrt: im Tai Chi, Chi Gung, in Mantak Chias Healing Tao und anderen. Hier gebe ich sie so weiter, wie ich sie selbst von meinem spirituellen Lehrer gelernt habe, mit ausführlichen Anweisungen und Hinweisen von Jens Erik Risom (2010), einem Freund und Kollegen in meiner spirituellen Gemeinschaft, lebenslang spirituell Praktizierender, Meditationslehrer und Autor, der auch chinesische Medizin und Akupunktur gelehrt hat.*

Alle fünf Meditationsübungen werden in meiner spirituellen Gemeinschaft seit mehr als drei Jahrzehnten täglich praktiziert. Viele Menschen, die ich kenne, machen diese Übungen sogar als ihre primäre Meditationspraxis. Das Konzept hinter allen fünf Übungen besteht darin, einander ergänzende existenzielle Qualitäten über die Atmung zu verbinden. Natürlich kann die Meditation allein nicht und niemals dafür sorgen, dass wir gesund bleiben und uns weiter entwickeln. Enge und langfristige Beziehungen, gute Ernährung, genügend Schlaf, angenehme körperliche Aktivitäten und sinnvolle Arbeit sind das Rezept für ein ausgewogenes Leben. Wenn wir jedoch beginnen, mit meditativen Praktiken in einer Weise zu arbeiten, die dazu führt, dass wir uns vertiefen und öffnen, werden wir meditative Werkzeuge brauchen, um die Erfahrungen, die wir da machen, auszugleichen und zu erden. Mit »meditativen Werkzeugen« meine ich solche, die uns bei der Integration der Erfahrung helfen, und nicht solche, die uns einfach aus der Erfahrung herausholen und so das »Problem lösen«.

Wollen wir sie geschickt und kompetent einsetzen können, müssen wir im Umgang mit ihnen geübt sein.

Bei vier der fünf Übungen wandert die Wahrnehmung zusammen mit dem Atem im inneren Kern aufwärts und abwärts, während sie bei der sogenannten Zirkelatmung (Atemübung 12.4) an der Hautoberfläche vom Steißbein an der Rückseite des Körpers nach oben gelenkt wird, dann über den Kopf und an der Vorderseite des Körpers hinunter zum Damm.

Es folgt ein Überblick über alle fünf Atemübungen und ihre Funktionen. Die Übungen zu erlernen dauert jeweils etwa zehn Minuten. Danach reichen fünf Minuten pro Übung aus.

Hier nun eine kurze Beschreibung und einfache Zeichnung zu jeder der fünf Übungen.

---

* Er erwarb seinen Bachelor-Abschluss in Akupunktur am International College of Oriental Medicine in London und sein Zertifikat in traditioneller chinesischer Medizin von der Akademie der traditionellen chinesischen Medizin in Peking.

Abbildungstext von oben nach unten:
Zirbeldrüse-Hara
Einatmen nach unten
Ausatmen nach oben

Abb. 12.1: Zirbeldrüsen-Hara-Atmung
Mit dem Einatmen von der Mitte des Kopfes hinunter zum Bauch, mit dem Ausatmen wieder zurück nach oben. Die Absicht besteht darin, Intuition und Erkenntnis mit Sinnlichkeit und lebendig-lustvollem Vergnügen zu verbinden.

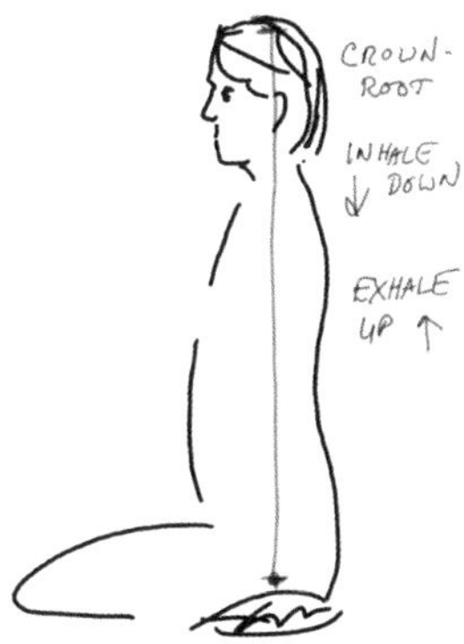

Abbildungstext von oben nach unten:
Krone-Wurzel
Einatmen nach unten
Ausatmen nach oben

Abb. 12.2: Krone-Wurze-Atmung
Mit dem Einatmen vom Scheitel hinunter zum Beckenboden, und mit dem Ausatmen wieder zurück nach oben. Die Absicht besteht darin, die existenzielle Ganzheit mit unserer gesamten physischen Existenz, unserer Realität, zu verbinden.

Abbildungstext von oben nach unten:
Doppel C
Zirbeldrüse
Solarplexus
Kehle
Einatmen nach unten von Punkt vor Zirbeldrüse zu Punkt vor Solarplexus
Ausatmen nach oben zur Kehle

Abb. 12.3: Doppel C-Atmung
Mit dem Einatmen von einem Punkt circa 10 cm vor der Zirbeldrüse nach hinten zur Zirbeldrüse, im inneren Kern nach unten zum Solarplexus und in den Bereich circa 10 cm vor dem Solarplexus, und mit dem Ausatmen von diesem Punkt ca. 10 cm vor dem Solarplexus nach hinten innen in den Solarplexus, im inneren Kern entlang nach oben zum Kehl-Zentrum und nach draußen zu einem Punkt circa 10 cm vor der Kehle. Die Absicht ist, die Qualitäten von Intuition und Erkenntnis in unser emotionales und relationales Leben und von da in unsere Fähigkeit zu bringen, hinzuhören und uns auszudrücken. (Der Name dieser Übung stammt daher, dass man sich die Energielinien von der Seite gesehen vorstellt, so wie in der Zeichnung dargestellt. Weil die Person in der Abbildung nach links schaut, ist das C verkehrt herum gezeichnet, aber man kann die beiden C ineinander gut erkennen.)

Abbildungstext von oben nach unten:
Einatmen die Wirbelsäule entlang nach oben bis zum Gaumendach
Vorne am Körper nach unten ausatmen – vom Gaumen zum Damm

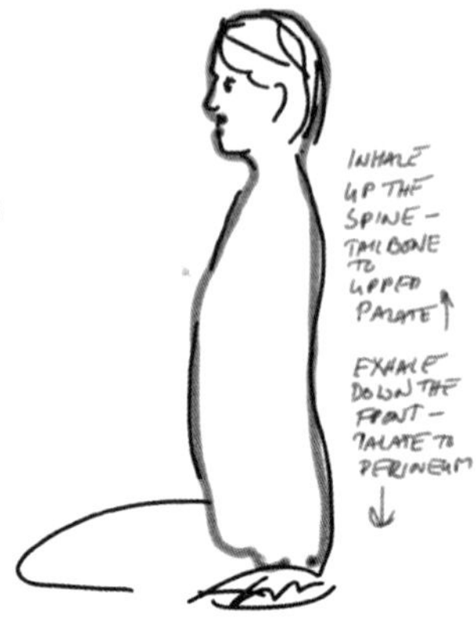

Abb. 12.4: Zirkelatmung bzw. Yin-Yang-Übung
Mit dem Einatmen wandert die Aufmerksamkeit von der Spitze des Steißbeins die Wirbelsäule entlang nach oben und über den Kopf zum Mund, wobei die Zungenspitze direkt hinter den Schneidezähnen am Gaumen ruht, und mit dem Ausatmen wandert sie von diesem Punkt im Mund über das Kinn, den Hals und die Vorderseite nach unten und über den Genitalbereich zum Damm. Die Absicht ist, die nach oben zum Kopf fließende Lebensenergie, die mit Aktivität, Intensität und Hitze assoziiert ist, mit der nach unten fließenden Lebensenergie auszubalancieren, die uns erdet und die mit Ruhe, Entspannung, Erholung, Heilung und Kühle in Zusammenhang steht. Der gesamte Kreislauf fördert die Gesundheit insgesamt und verteilt die Energie, die in der Meditation frei wird, im ganzen Organismus.

Abbildungstext von oben nach unten:
Essenz – Herz
Einatmen vom Essenzpunkt zum Herzen
Ausatmen in die Welt hinaus

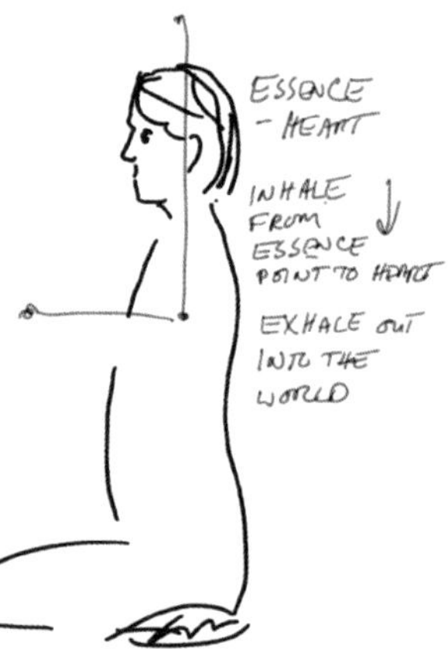

Abb. 12.5: Essenz-Herz-Atmung
Mit dem Einatmen wandert die Aufmerksamkeit vom Fokuspunkt der persönlichen spirituellen Essenz, etwa 30 cm über dem Kopf, zum Herzen, und mit dem Ausatmen geht die Energie vom Herzen aus in die Umgebung. Die Absicht besteht darin, unser Gefühl für die Qualitäten der eigenen spirituellen Essenz mit unseren empathischen Herzgefühlen zu verbinden und sie in die freundliche Aufmerksamkeit fließen zu lassen, mit der wir uns der Welt widmen und in ihr handeln.

Hier folgen nun die genauen Beschreibungen für alle fünf Atemmeditationen.

ATEMÜBUNG 12.1

Zirbeldrüsen-Hara-Atmung: Klarheit und lustvolles Vergnügen verbinden

Nehmen Sie sich ein wenig Zeit, um sich zu strecken und zu dehnen und zu gähnen.

Und massieren Sie die Körperstellen oder Körperteile, die sich das wünschen ...

Nehmen Sie nun den Raum in der Mitte Ihres Kopfes wahr. Wenn es Ihnen schwerfällt, ihn zu finden, stecken Sie die Zeigefinger ganz leicht in die Ohren – der Raum, den ich meine, liegt nun genau zwischen ihnen. Sie können auch die Zunge leicht gegen das Gaumensegel drücken, direkt hinter dem harten Gaumen, und der Raum, den Sie suchen, liegt direkt darüber. Dieser Raum ist ein Sammelpunkt für Ihr Gefühl von Klarheit und Intuition ... für die Fähigkeit, den nächsten Schritt in einer Situation intuitiv zu erfassen, in der es nicht so leicht ist zu wissen, wie es weitergehen soll ... ein Sammelpunkt für ein Gefühl der Gesamtheit der komplexen Situationen und Zusammenhänge, in denen Sie leben.

Gehen Sie dann zu Ihrem Bauch, zu einer Stelle etwa zwei Zentimeter unter dem Nabel und tief im Inneren, zu Ihrem Hara. Sie können eine Hand direkt unter dem Nabel auf Ihren Bauch legen, um diese Stelle leichter zu finden. Vielleicht hilft es Ihnen auch, zuerst den gesamten Bauch- und Beckenbereich zu spüren, und dann Ihre Wahrnehmung in der Mitte zu sammeln. Hier ist der Sammelpunkt für unsere Sexualität und Sinnlichkeit ... und in viel weiterem Sinne für unser Gefühl des Vergnügens und der Freude daran, am Leben zu sein, für unser Gefühl von Lebenslust.

Jedes dieser beiden Zentren kann weiter oder weniger weit offen und entwickelt sein, und das beeinflusst, wie leicht beziehungsweise schwer es ist, es zu fühlen. Wie auch immer es bei Ihnen gerade ist, ist es völlig in Ordnung. Wir fangen da an, wo wir gerade sind. Wir wollen die beiden Zentren nun langsam verbinden, indem wir unsere Aufmerksamkeit und Energie zwischen ihnen hin- und herwandern lassen.

Halten Sie sie zunächst beide in Ihrem Gewahrsein, dieses Gefühl von Erkenntnis und Klarheit im Kopf und von lustvollem Vergnügen und Sexualität im Bauch.

Nehmen Sie wahr, dass Ihr Atem diese Räume verbindet. Die Luft strömt von Ihrer Nase in den Kopf und hinunter in die Lunge, und bewegt den Bauch. Machen Sie ein paar Atemzüge und achten Sie darauf, wie die Luft in Sie ein- und wieder ausströmt und welche Bewegungen dadurch entstehen.

Wir beginnen nun im Kopf mit dem Gefühl der Klarheit. Lassen Sie mit dem Einatmen Ihre Wahrnehmung von da ausgehend nach unten in den Bauch wandern ...

... und mit dem Ausatmen wieder ganz mühelos nach oben zum Kopf zurückkehren ... und immer so weiter ...

Damit wollen wir nun fünf Minuten lang arbeiten.

Nach dem nächsten Ausatmen beenden Sie diese Übung. Lassen Sie sich einen Augenblick Zeit, um den Nachklang im Körper zu spüren, bevor Sie mit der nächsten Übung beginnen.

ATEMÜBUNG 12.2

Krone-Wurzel-Atmung: existenzielle Ganzheit und Realität verbinden

Beginnen Sie, indem Sie Ihre Aufmerksamkeit auf den oberen Teil Ihres Kopfes lenken ... Sie können auch eine Hand auf den Scheitel legen, wenn Ihnen das nützt. Dieser Bereich ist ein Sammelpunkt, ein Fokuspunkt für all die verschiedenen Eigenschaften, für die Stärken und Schwächen, die Sie in Ihrem Leben verkörpern. Wir bezeichnen es als Kronenzentrum. In manchen Beschreibungen gilt es als der Raum, in dem sich die verschiedenen Melodien all der Energiekreisläufe Ihres Lebens verweben.

Gehen Sie dann zu Ihrem Beckenboden. Dies ist der Fokuspunkt für Ihre gesamte physische Existenz, inklusive Ihres Körpers und Ihrer Gesundheit ... er betrifft alles, was Sie essen und trinken ... wie Sie schlafen und sich Bewegung verschaffen ... und auch Ihr physisches Zuhause, die Arbeit, mit der Sie Ihr Geld verdienen, Ihren Wirtschaftskreislauf, die Menschen und Tiere und Pflanzen, die sich in Ihrer physischen Umgebung befinden. Er betrifft all diese erdenden Strukturen in Ihrem Leben.

Wie schon in der ersten Übung nehmen Sie nun auch hier beide Bereiche gleichzeitig wahr.

Gehen Sie zuerst zu den Melodien all der Dinge, die Sie in Ihrem Leben ausdrücken ... mit dem Fokus im Bereich Ihres Scheitels, Ihrer Krone ... und dann auch zum Erleben Ihres Körpers und Ihrer physischen Realität ... mit dem Fokus im Bereich Ihres Beckenbodens und Damms.

Nun wollen wir mit der Atemübung beginnen ... nehmen Sie wahr, dass Ihr Atem immer noch zwischen Ihrem Kopf und Becken hin- und herfließt. Lassen Sie nun Ihre Wahrnehmung ein paarmal sachte mit der Atmung mitschweben, entlang der Mittelachse Ihres Körpers, von ganz oben an Ihrem Kopf bis zum Boden Ihres Beckens.

Die Aufmerksamkeit liegt zu Beginn des Einatmens auf dem Scheitel ... und dann lassen Sie Ihre Energie, Ihre Aufmerksamkeit und Ihr Gewahrsein mit dem Einatmen ganz nach unten driften, bis zum Beckenboden und dem Gefühl Ihrer physischen Existenz … und mit dem Ausatmen wieder ganz nach oben schweben zur Gesamtheit Ihres Lebensausdrucks im Bereich Ihres Scheitels.

Dafür nehmen wir uns fünf Minuten Zeit.

Und … beenden Sie die Übung nach dem nächsten Ausatmen. Nehmen Sie sich ein wenig Zeit, um wahrzunehmen, wie sich Ihr Körper nun fühlt.

Atemübung 12.3

Doppel-C-Atmung: Klarheit, Emotionen und Ausdruck verbinden

Spüren Sie zu Beginn wieder Ihre Mittellinie auf, diesen vertikalen Kern tief in Ihrem Inneren, der vom Kopf bis zum Beckenboden reicht. Durch diese Mittellinie wandert die Aufmerksamkeit mit dem Einatmen von dem Raum, in dem die Zirbeldrüse sitzt, bis zum Bereich des Solarplexus, und mit dem Ausatmen vom Solarplexus wieder nach oben, bis zum Bereich der Kehle.

Doch diesmal beginnt und endet der Atemfluss einige Zentimeter vor dem Körper.

Wir beginnen auf der Ebene der Zirbeldrüse, die ja in der Mitte des Kopfes sitzt. Nehmen Sie sich einen Augenblick Zeit, diesen Raum zu lokalisieren … wie fühlt er sich an?

Und Sie können sich weiterhin bewegen und gähnen, wenn Sie den Impuls dazu verspüren … Ihr Kern kann damit umgehen … er kommt damit klar …

Nehmen Sie den Raum der Zirbeldrüse in Ihrem Kopf wahr … und lenken Sie Ihre Aufmerksamkeit dann nach außen auf eine Stelle etwa zehn Zentimeter vor Ihrem Kopf.

Es geht darum, physisch das Empfinden einer erweiterten intuitiven Perspektive entstehen zu lassen …

… ungefähr zehn Zentimeter nach draußen reicht schon … das Gefühl von mehr Raum für die Qualität der Klarheit, Erkenntnis und Intuition.

Und wenn Sie dieses Gefühl haben, gehen wir nach unten zum Solarplexus … traditionellerweise gilt er als Zentrum der Kraft und Macht und des emotionalen Ausdrucks … ebenso wie der entgegengesetzten Kräfte, des Konflikts und der Konfliktlösung.

Wenn Sie ein Gefühl für dieses tiefe innere Zentrum und seine Qualitäten haben, lenken Sie Ihre Aufmerksamkeit wieder auf einen Bereich etwa zehn Zentimeter davor, außerhalb des Körpers … wodurch das Empfinden von mehr Raum in Ihrem emotionalen Zentrum entsteht.

Nun haben wir die beiden Punkte, an denen das Einatmen beginnt und endet ... üben Sie damit nun ein paarmal: zu Beginn des Einatmens liegt die Aufmerksamkeit vor dem Kopf auf Höhe der Zirbeldrüse, wandert mit dem Einatmen nach innen in das Zirbeldrüsenzentrum in der Mitte des Kopfes, dann nach unten durch den inneren Kern zum Solarplexus und schließlich hinaus in den Bereich zehn Zentimeter davor.

Spielen Sie einfach ein wenig mit dem Einatmen und gewöhnen Sie sich daran ...

... und nun zum Ausatmen ...

Zu Beginn des Ausatmens liegt Ihre Aufmerksamkeit auf dem Solarplexuspunkt außerhalb des Körpers in Ihrem Energiefeld ... und lassen Sie sie dann in den Bereich des Solarplexus in Ihnen, auf der Mittelachse in Ihnen, wandern und zum Halszentrum, dem Bereich Ihrer Kehle nach oben steigen ... das ist das Zentrum der Kreativität, der Kommunikation und der Ausdrucksfähigkeit, und der komplementären, einander ergänzenden Qualitäten: Wo der Solarplexus Gegensatz und Konflikt wahrnimmt, sieht die Kehle einander ergänzende Möglichkeiten und kreative, fruchtbare Verbundenheit.

Nehmen Sie auch hier wieder zuerst wahr, wie sich dieses Kommunikationszentrum in Ihrem Hals anfühlt, im Spürbewusstsein des Raums, den Ihr innerer Kern einnimmt ... und dann den weiteren Raum vor diesem Zentrum, etwa zehn Zentimeter vor Ihrer Kehle ...

Spielen Sie auch hier einfach wieder ein wenig mit dieser Bewegung beim Ausatmen.

Nun wollen wir Ein- und Ausatmen kombinieren ... mit dem Einatmen von dem Bereich vor Ihrer Zirbeldrüse in die Zirbeldrüse, die Mittellinie entlang nach unten in den Solarplexus und nach draußen vor ihn ... mit dem Ausatmen nach innen und zurück nach oben durch den inneren Kern zur Kehle und nach draußen.

Arbeiten Sie nicht zu verbissen daran. Behalten Sie ein Gefühl weichen Fließens bei, indem Sie diese Bewegung der doppelten Welle beziehungsweise des Doppel-C für sich erkunden.

Was die zugeordneten Qualitäten betrifft, gehen Sie vom Gefühl der erweiterten Klarheit und Erkenntnis zur Mittellinie, nach unten und dehnen sich in das Gefühl aus, dass Ihren Emotionen der ausgedehnte Raum zur Verfügung steht, und mit dem Ausatmen zurück nach innen zum Kern, nach oben und in das Gefühl erweiterten Ausdrucks hinaus ... und wir haben fünf Minuten Zeit dafür.

Und beenden Sie diese Übung nach dem nächsten Ausatmen ... und lassen Sie sich etwas Zeit, um im Körper ein wenig nachzuspüren.

Atemübung 12.4

Zirkelatmung: den gesamten Energiefluss ausbalancieren

Lassen Sie sich wieder in Ihrem Körper ankommen, dehnen und strecken und bewegen Sie sich, gähnen Sie … oder berühren Sie Körperteile, die nach Berührung verlangen … und während Sie das tun, erzähle ich ein wenig von dieser Übung.

Bei dieser Atemmeditation geht es um einen Bogen, der entlang der Mittellinie an der Körperoberfläche verläuft und sich zu einem Kreis schließt. Er geht mit dem Einatmen zuerst hinten nach oben, über den Kopf bis zum Mund und mit dem Ausatmen die vordere Mittellinie weiter nach unten. Die Absicht besteht darin, die Energie auf einer ganz tiefen Ebene ins Gleichgewicht zu bringen. Die Bewegung beim Einatmen, die hinten am Rücken hoch läuft, schickt mehr Energie in Richtung Kopf und stärkt Aktivität, Intensität und Hitze, während die Abwärtsbewegung beim Ausatmen Erdung, Ruhe, Entspannung, Erholung, Heilung und Kühle unterstützt.

In der Kombination fördern die beiden Bögen die körperliche und psychische Gesundheit insgesamt und sie verteilen auch die Energie, die vielleicht in der Meditation freigesetzt wird.

Der erste Bogen beginnt an der Spitze des Steißbeins und verläuft entlang der Wirbelsäule … wenn Sie sich nicht ganz sicher sind, wo Ihre Wirbelsäule ist, können Sie sie mit den Händen berühren. Die Energielinie, der wir folgen, verläuft entlang der Haut und direkt darunter. Beim Einatmen lassen Sie Ihre Wahrnehmung entlang der Wirbelsäule über Ihre Haut streichen … und weiter über den Kopf, den Nasenrücken hinunter, über die Oberlippe und in den Mund zu einem Punkt direkt hinter den Schneidezähnen, und lassen Sie die Zungenspitze auf diesem Punkt ruhen …

… und nehmen Sie sich ein wenig Zeit, mit diesem langen Aufwärtsbogen beim Einatmen zu spielen …

Und nun zum Ausatmen, mit dem Sie an dem Punkt beginnen, an dem Ihre Zungenspitze liegt, entlang der Mittellinie an der Hautoberfläche über Unterlippe und Kinn, Hals, Brustbein, Bauch und Genitalien bis zum Damm …

Spielen Sie auch hier wieder mit diesem fließenden Abwärtsbogen des Ausatmens, entspannen Sie sich dabei und gestatten Sie sich, ein erstes Gefühl dafür zu bekommen.

Wenn Sie irgendwann Lust haben, diesen Kreislauf genauer zu erkunden, können Sie sich unterwegs mit Ihrer Aufmerksamkeit all den winzigen Körperempfindungen und verschiedenen Stellen widmen und sie ganz genau wahrnehmen … das macht Spaß …

… doch wir wollen nun vorerst nur Ein- und Ausatmen zusammensetzen.

Mit dem Einatmen gehen Sie nun also von der Spitze des Steißbeins nach oben und über den Kopf und die Nase zu dem Punkt hinter Ihren Schneidezähnen. Und von da ausgehend dann mit dem Ausatmen vorne am Körper nach unten, über den Genitalbereich zum Damm.

Die Absicht dieser zirkulären Atmung besteht darin, die Fähigkeit zu erhöhen, die Energie zu halten, und die Energieverteilung im gesamten Rumpf, Kopf und Hals zu verbessern. Dies lässt die Energie überall da wieder in Fluss kommen, wo sie sich angesammelt hatte oder wo Spannung herrschte, und so werden auch jene Bereiche versorgt, die über weniger Energie und Lebendigkeit verfügten, sodass das gesamte Energiesystem ins Gleichgewicht zurückfindet …

… und dafür nehmen wir uns nun fünf Minuten Zeit.

Beenden Sie nach dem nächsten Ausatmen diese Übung … und lassen Sie sich ein wenig Zeit zum Nachspüren.

Atemübung 12.5

Essenz-Herz-Atmung: die spirituelle Energie nach innen einladen und von da aus in die Welt fließen lassen

Wir beginnen beim Essenz-Punkt etwa 30 Zentimeter oberhalb des Kopfes. Sie können ihn mit der Hand lokalisieren, wenn Sie wollen. Es ist der Sammelpunkt für Ihr größtes spirituelles Potenzial, für Ihre essenziellsten, wesensmäßigsten Qualitäten.

Nehmen Sie dieses Gefühl von Potenzial wahr. Lassen Sie Ihr Gewahrsein einfach eine kleine Weile an dieser Stelle über Ihrem Kopf ruhen und fühlen Sie sich einfach in dieses unbekannte, vielleicht erahnbare Potenzial ein.

In diesem Raum begegnet der unermesslich weite Spirit der Welt Ihrem individuellen Spirit und konzentriert sich in ihm.

Lassen Sie nun Ihre Aufmerksamkeit entlang Ihrer Mittellinie nach unten zum Bereich Ihres Herzens gehen … dem Fokus, dem Sammelpunkt für die im Herzen empfundene Fähigkeit zu Liebe, Dankbarkeit, Mitgefühl, Empathie …

Die Empathie und die Fürsorge, die Sie im Herzen fühlen, strahlen ganz natürlich auf die Menschen und alle Lebewesen in Ihrer Umgebung aus. Der Fokuspunkt dafür liegt etwa 30 Zentimeter vor Ihrem Herzzentrum.

Lassen Sie Ihr Gewahrsein nun auf allen drei Punkten gleichzeitig ruhen: Ihrer spirituellen Essenz, Ihrem strahlenden Herzen und dem Fokuspunkt vor Ihrem Herzen.

Nun wollen wir mit der eigentlichen Übung beginnen. Mit dem Einatmen lassen Sie Ihre Wahrnehmung nach unten driften, von Ihrem Essenzpunkt aus durch die Mitte des Kopfes, durch den Hals, bis zum Herzen …

Und machen Sie das nun ein paarmal so, um sich daran zu gewöhnen …

Und nun lassen Sie mit dem Ausatmen Energie vom Herzen nach außen zum Fokuspunkt vor Ihrem Herzen fließen oder strahlen, in Ihr Leben und die Lebewesen, die von Ihrem Leben berührt werden.

Und wir lassen uns dafür fünf Minuten Zeit.

Beenden Sie nach dem nächsten Ausatmen die Übung. Nehmen Sie sich wieder ein wenig Zeit zum Nachspüren im Körper.

Bei einem Meditationsworkshop, den ich vor kurzem leitete, hatten wir noch einen ganzen Tag Zeit übrig, als mir klar wurde, dass es bereits voll und ganz reichte und die Teilnehmerinnen und Teilnehmer absolut keine Energie mehr zur Verfügung hatten, um noch weiter oder tiefer zu gehen. Was sollte ich nun also tun? Wir hatten uns bereits durch die traditionellen Formen des Umgangs mit diesen Arten von Zuständen gearbeitet, die wir in der Persönlichkeitsentwicklung und der Psychotherapie anwenden. Wir hatten Zeit damit verbracht, uns zu bewegen und zu tanzen, hatten Spaziergänge gemacht, auf denen wir Zeit zum Reflektieren hatten, hatten einander kurze Körperarbeitssitzungen gegeben und hatten uns Prozessen in der Kleingruppe gewidmet. In mir tauchte der Gedanke an diese Atemübungen auf, aber ich zögerte. Vielleicht würden sie das Gefühl der Überforderung in der Gruppe noch intensivieren? Doch schließlich entschloss ich mich, es damit zu versuchen. Nachdem wir mit den fünf Übungen gearbeitet hatten, hatte sich die Energie der Gruppe völlig verändert. Die Teilnehmerinnen und Teilnehmer berichteten, sie fühlten sich klarer, mehr im Körper, unscharfes Sehen habe sich verbessert, sie hätten mehr Energie, und auch Kopfschmerzen und andere Schmerzen hätten sich gebessert oder seien sogar verschwunden.

In einer regelmäßigen Meditationspraxis gilt als Faustregel, dass man ungefähr 25 Prozent der Meditationszeit Übungen wie den hier beschriebenen widmen sollte, die uns darin unterstützen, unser Energiesystem in Balance zu bringen. Wie bereits die Namen verraten, stammen sie aus esoterischen Traditionen, und in vielen davon gibt es ähnliche Übungen. Wie alles andere auch, was wir regelmäßig praktizieren, gewinnen sie mit der Zeit immer mehr an Kraft. Diese Art von Prozess unterstützt die Entwicklung einiger Aspekte, die wir der Weisheit zuordnen. Wenn Sie entdecken, dass Sie eine Lieblingsübung haben, ist es empfehlenswert, mehr Zeit damit zu verbringen und die anderen etwas zurückzustellen. Sie können auch mit einer Lieblingsübung als ständiger Begleiterin experimentieren, der Sie sich während Ihrer Alltagsaktivitäten immer wieder zuwenden. Es kann sogar sein, dass eine Atemübung selbständig von sich aus einsetzt und dann über lange Zeit weich und mühelos mit Ihrer Atmung mitfließt.

Im Hinblick auf die neuroaffektive Reifung ist der Zweck der Übungen ebenfalls gut nachvollziehbar. Sie verbinden gegensätzliche Bedeutungen in unserem Bewusstsein und verankern sie in körperlichen Empfindungen. Dies unterstützt uns darin, mehr existenzielle Einsicht und Komplexität halten zu können und in die Empathie zu integrieren.

16

Engagement, Verantwortung und Balance im Leben

»Es war die Hölle, so müde zu sein und nicht aufhören zu können, sich zu kümmern und trotzdem war es mir immer noch nicht egal und ich musste mich immer noch weiter kümmern.«

— Lois McMaster Bujold: *Scherben der Ehre*

Herzgefühle und Verantwortung

Nachdem sie eine Weile meditiert haben, beginnen sich viele Menschen zu fragen, ob die Meditation nun für sie der einzig wahre Weg sein sollte, mit allem emotionalen Aufruhr sowie allen Problemen in ihren Beziehungen und auf der Welt umzugehen, wie manche spirituellen Lehrer und Lehrerinnen es empfehlen. Ich hoffe, dass es in den ersten Kapiteln dieses Buches mehr als deutlich geworden ist, dass ich diese Meinung ganz und gar nicht vertrete. Meiner Ansicht nach können weder die Meditation noch die Psychotherapie für sich alleine stehen – ebenso wenig wie politisches oder gesellschaftliches Engagement.

Zu Beginn dieses Jahrtausends entwickelte ich ein Modell zur Beschreibung einer Balance, an der es meinem Gefühl nach in den meisten Psychotherapien sowie in unserer westlichen New-Age-Gegenkultur fehlte. Die Notwendigkeit dafür war mir eines Tages in einer Gruppentherapiesitzung besonders klar geworden. Ich leitete damals eine Reihe von Workshops mit erfahrenen Psychotherapeutinnen und Psychotherapeuten, die alle auch in der Ausbildung tätig waren. An dem genannten Tag brachte Tina, eine von ihnen, das folgende Dilemma in ihre Therapiesitzung in der Gruppe ein:

Tina hatte einen sehr vollen Terminkalender und wurde zudem von ihrer behinderten erwachsenen Tochter sehr in Anspruch genommen, die in einem sehr guten Pflegeheim lebte, das etwa zwei Autostunden entfernt lag. Vor kurzer Zeit war eine ältere Frau, Tinas ehemalige Babysitterin, die sich auch sonst um sie als Kind gekümmert hatte, in ein Pflegeheim gezogen, eine gute Autostunde entfernt und leider nicht auf der Strecke zu Tinas Tochter. Die alte Dame hatte keine Verwandten, und Tinas Besuche bedeuteten ihr sehr viel. Tina hatte ein sehr inniges, liebevolles

Verhältnis zu ihr, doch sie empfand die ständigen Anforderungen an ihre Fürsorgekapazität auch allmählich als belastend. Sie hatte widersprüchliche Gefühle. Sollte sie die Besuche reduzieren, um besser für sich selbst sorgen zu können? Ihre Kollegen und Freundinnen hatten Tinas Dilemma natürlich bemerkt und rieten ihr immer wieder dazu, die Besuche bei der alten Dame zu beenden und auch nicht mehr so oft zu ihrer Tochter zu fahren. Diese gut gemeinten Ratschläge hatten zur Folge, dass sie mit ihren Kollegen nicht mehr über diese Besuche sprach, sich schuldig fühlte, wenn sie doch wieder dort gewesen war, ohne jemandem davon zu erzählen. Außerdem hatte sie Schuldgefühle, dass sie nicht »für sich selbst sorgte«, wie ihre Kollegen es ihr geraten hatten. Nachdem sie ihre Situation umrissen hatte, fragte ich sie: »Was sagt denn Ihr Herz?« Als sie die Frage langsam in sich aufnahm, strahlte Tina über das ganze Gesicht. In ihrem Herzen gab es überhaupt keinen Zweifel: Sie musste ihre Tochter und ihre alte Babysitterin besuchen. Dann mussten eben andere Dinge reduziert werden. Nach dieser Erkenntnis verbrachten Tina und ich einige Zeit damit, Schuldgefühle und übermäßiges Verantwortungsgefühl von dem wahren Liebesimpuls zu trennen. Es war eine Lernerfahrung für die ganze Gruppe, in deren Rahmen Tinas Kolleginnen und Kollegen über ihre eigene reflexartige Neigung nachdachten, Selbstfürsorge um jeden Preis zu »verordnen«.

Auch wenn es in der Tat sehr wichtig ist, sich um seine körperliche Gesundheit und seine individuellen emotionalen Bedürfnisse zu kümmern, lässt sich dies nicht erreichen, indem wir das tiefere Gefühl der herzlichen Verbindung zu anderen und das Verantwortungsgefühl für diese Verbindungen vernachlässigen.

Die meisten von uns kennen ein komplexes Geflecht von Verantwortlichkeiten: für unseren Körper und unsere emotionale Gesundheit, unsere unmittelbare Familie, Freunde, Arbeit, vielleicht die Natur oder bestimmte Tiere oder eine Organisation. Diejenigen von uns, die sich einer meditativen Praxis widmen, neigen dazu, auch dafür ein Gefühl von Verantwortung zu empfinden.

ABB. 13: Die drei existenziellen Bereiche der Verantwortung

Im Leben eines Erwachsenen lassen sich grob gesprochen drei einander überlappende Verantwortungsbereiche beschreiben: die Verantwortung für sich selbst, die Verantwortung für unsere Welt und die Verantwortung für unsere Verbindung zu Spirit, respektive zum Leben, zu einem höheren Zweck.

Bei der *Verantwortung für uns selbst* geht es darum, uns sowohl um unseren physischen Körper, unser Gefühlsleben als auch um unsere geistige Entwicklung zu kümmern. Was die körperlichen Bedürfnisse betrifft, ist es wie bereits erwähnt wesentlich, dass wir genügend schlafen, uns ausgewogen ernähren und uns Bewegung verschaffen. Dies sind die Grundlagen für unser körperliches Wohlergehen. Für unser emotionales Wohlbefinden ist es von entscheidender Bedeutung, dass wir die emotionalen Beziehungen und die emotionale Nähe entwickeln und aufrechterhalten, die wir brauchen, und dass wir in unseren Beziehungen angemessene Grenzen setzen können. Neben diesen Grundlagen haben die meisten von uns auch Interessen oder Hobbys, Dinge, mit denen wir gerne Zeit verbringen, die uns beleben und nähren, und für die wir in unserem Alltag Zeit finden müssen. Die meisten Formen der Psychotherapie widmen sich der Entwicklung der Fähigkeit in uns, solche Bedürfnisse wahrzunehmen und sie zu benennen. Von der Warte der Persönlichkeitsentwicklung aus gesehen beginnen wir diese Reise als Kinder im Allgemeinen mit der intensiven Wahrnehmung unserer Wünsche, und diese mögen von dem, was wir brauchen, manchmal meilenweit entfernt sein. (Es braucht niemand wirklich drei Tüten Eiscreme an einem Nachmittag.) Während die meisten Erwachsenen gelernt haben, den Impuls, sich an großen Mengen von Eiscreme zu laben, zu beherrschen, kennen viele von uns doch auch Situationen, in denen wir uns in unseren Handlungen stärker davon leiten lassen, worauf wir Lust haben und weniger davon, was wir brauchen. Die Fähigkeit, die wir alle erlernen müssen, um für uns selbst Verantwortung zu übernehmen, besteht darin, die verschiedenen Impulse, die wir haben, abzuwägen und auf ein Gleichgewicht zwischen kurzfristigen und langfristigen Zielen zu achten. Die Tendenz, dem nachzugeben, worauf wir gerade Lust haben, hat oft ein Gegengewicht – die Stimme des inneren Kritikers nämlich, der immer will, dass wir jetzt auf das Vergnügen verzichten und auf das langfristige Ziel hinarbeiten. Das Geheimnis liegt darin, beides auszubalancieren und abzuwägen, was gerade wichtiger ist. Wir können diese Fähigkeit nur beständig pflegen und weiterentwickeln und sollten nicht erwarten, darin jemals Perfektion zu erlangen.

Verantwortung für die Welt bedeutet, sich um unsere Welt zu kümmern, das heißt, um den Teil der Welt, in dem wir Einfluss haben. Dies alles ist ständig im Wandel begriffen, und es ist nah verwandt mit einem Gefühl der Zugehörigkeit. Wenn wir dazugehören, fühlen wir uns als Mitglied einer Gruppe oder als Mitglied in einem bestimmten Kontext, und damit verstärkt sich auch unser Verantwortungsgefühl dafür. Wenn Kinder aufwachsen, erweitert sich ihre Welt auf ganz natürliche Weise von einem Gefühl der Zugehörigkeit zum engen Familienkreis hin zur Zugehörigkeit zu einer erweiterten Familie, zu einem Freundeskreis und sogar zu größeren sozialen Zusammenhängen. Ältere Kinder und Jugendliche wissen oft nicht genau, wo die Grenzen ihrer Verantwortung für ihren Teil der Welt liegen – und vielen Erwachsenen geht es genauso.

Für uns als Erwachsene gehört zum ersten, engeren Kreis der Verantwortlichkeit gewöhnlich, sich Zeit zu nehmen, die Beziehung zu den engeren Familienangehörigen, zu einem Partner respektive einer Partnerin, zu den Kindern und den Arbeitskolleginnen und -kollegen zu pflegen. Der nächste Kreis umfasst entferntere Verwandte, Freunde, Nachbarn und Gruppen, denen wir angehören. Verantwortung zu übernehmen bedeutet, dass wir diesen Menschen auch mit Hilfe und Unterstützung zur Verfügung stehen, dass es uns ein Anliegen ist, ihnen eine Freude zu machen und dass wir uns nicht nur an sie wenden, wenn es um unsere eigenen Bedürfnisse und Wünsche geht. Schließlich kann solch ein Zugehörigkeitsgefühl für manche Menschen auch über die Verantwortung für die finanzielle Unterstützung eines bestimmten Zwecks entstehen, der die Person nicht unmittelbar selbst betreffen muss – etwa Projekte für Obdachlose, internationale Hilfsprojekte oder Hilfsangebote für bedürftige Kinder. Es kann sich auch in Form von ehrenamtlicher Arbeit in einer Obdachlosenunterkunft oder einem Tierheim zeigen. Zu diesem globaleren Zugehörigkeitsgefühl gehört oft auch ein Verantwortungsgefühl für die größere Gemeinschaft, das sich im Einsammeln von Müll am Straßenrand oder Strand ausdrückt, im sparsamen Umgang mit Wasser und Energie und in der Bereitschaft, beim Kauf von Produkten darauf zu achten, dass sie biologisch erzeugt und fair gehandelt wurden. Es mag sich auch darin ausdrücken, dass man gelegentlich daran denkt, Angehörigen von wenig angesehenen Berufen mit niedrigen Löhnen und vielleicht sogar gefährlichen Arbeiten zu danken, wie zum Beispiel den Müllmännern oder dem Reinigungspersonal im Büro. Und das nicht nur mit einer Karte und etwas Geld oder einer Dose Weihnachtskekse einmal im Jahr, sondern mit einem freundlichen Gruß und vielleicht sogar mit einem kurzen Gespräch, wenn man ihnen begegnet.

Bei der *Verantwortung für unsere Beziehung zu Spirit* geht es darum, Sorge zu tragen für unsere Beziehung zu den von uns zutiefst empfundenen essenziellen Werten. Traditionellerweise wurde und wird dieser Aspekt abgedeckt von religiös oder spirituell orientierten Aktivitäten, Ritualen und Gebeten oder Meditation. Dies kann auch heutzutage immer noch eine zentrale Art und Weise sein, wie wir die Verantwortung dafür übernehmen, unser Gefühl für die Wahrheit, die Tiefe und einen Sinn in der Welt zu entwickeln. Im letzten Jahrhundert haben sich allerdings immer mehr Menschen der Wissenschaft zugewandt, um für sich einen Sinn im Leben oder eine tiefere Wahrheit zu finden. Wissenschaftlich orientierte Menschen, die sich mit dem Atheismus oder dem Agnostizismus identifizieren, können dieses Gefühl von Essenziellem, von Ehrfurcht und von tiefer Bedeutung in den endlosen wundersamen Wirkweisen des Universums, in den filigranen feinen Verästelungen der Evolution und dem vielschichtigen Netz des Lebens in unserer Biosphäre finden.

Der überzeugte Atheist und Stress-Experte Professor Robert Sapolsky schreibt im Vorwort zu seinem Buch *Why Zebras don't get ulcers* (1995/1998, S. XII der Originalausgabe), die Wissenschaft sei nicht dazu da, uns von allen Mysterien zu kurieren, sondern sie neu zu erfinden und neu zu beleben. Wo immer wir diesen tieferen Sinn für das Mysterium, für die Verbindung zum Leben selbst finden, stoßen wir auch auf den innigen Wunsch, immer tiefer zu gehen, um von diesen tiefen Ebenen her zu sehen und zu lauschen und uns an einige ethische Kernkonzepte zu halten. Dazu gehören als Werte – in der nüchternen Wissenschaft ebenso wie in den esoterischen Praktiken – Mitgefühl, Wahrhaftigkeit und ein ethisches Verhalten. Wir sollten der Verantwortung für Spirit respektive für die Essenz, das Geheimnisvolle – oder welchen Begriff auch immer Sie dafür wählen wollen –, inmitten der allgemeinen, alltäglichen Aktivitäten unseres Lebens nachkommen. Wir können ihr durch stete und kontinuierliche tiefe Aufmerksamkeit nachkommen. Wir können sie in einer formalen Meditation oder einem formalen Gebet erfüllen. Wir können diese Verantwortung wahrnehmen, indem wir uns die Zeit nehmen, innezuhalten und den wortlosen Informationen zu lauschen, die aus dem tiefsten Lebensraum in uns aufsteigen, dem Raum, in dem wir spüren können, dass wir Teil all dessen sind, was das Leben ausmacht. Wir erfüllen sie auch, indem wir daran arbeiten, unser Leben im Einklang mit unseren zentralen ethischen Werten wie unserem Mitgefühl und unserer Empathie zu leben.

Manchmal kommen die drei Verantwortungsbereiche mühelos zusammen, und wir entdecken, dass wir, wenn wir uns über sie und mit ihnen vertiefen, auch von ihnen genährt werden. Wenn wir ganz still und unaufgeregt die Verantwortung für unser persönliches Leben und unsere Gesundheit, unsere Welt und unsere Beziehung zu Spirit wahrnehmen, bemerken wir, dass wir auch von allen dreien gehalten werden.

Wahres Verantwortungsgefühl erwächst aus dem Bedürfnis, Sorge zu tragen, das uns schon seit Urzeiten motiviert, für unsere Nachkommen zu sorgen und ihnen einen Raum zu geben, in dem sie gehalten sind. Somit ist unser Verantwortungsgefühl naturgemäß mit unserem Gefühl der Zugehörigkeit und des Haltens verknüpft und wächst gemeinsam mit unserem Gefühl von Ganzwerdung und Verantwortung für diese Welt in dem Maße, in dem wir unsere Felder der Zugehörigkeit erkennen und entdecken, wie wir sie halten und uns von ihnen halten lassen können.

Diese Erfahrung haben bereits viele Menschen gemacht, oft in äußerst schwierigen Zeiten. Im Frühjahr 2020, als die Welt unter der Corona-Krise litt, baten mich Mitglieder des Bodymind Opleidingen Instituts in Rotterdam, regelmäßige Online-

Meditationen anzubieten. Eine Teilnehmerin, Anna Heuer Hansen, schrieb nach einer der Meditationen diesen Blogbeitrag:

Es zusammen halten

Menschen reagieren ganz unterschiedlich auf eine Krise – mit Panik, mit Apathie, indem sie sie leugnen oder sich von ihren Empfindungen abschneiden. Man könnte eine endlos lange Liste anfertigen.

Für mich ist eine vertraute Reaktion die des Handelns und Managens. Ich verschaffe mir rasch einen Überblick über die neue Situation, passe mich an, akzeptiere, was sich nicht ändern lässt, und lasse mich nicht weiter aufhalten. Unsicherheit ist für mich beängstigend, und es ist ein tröstliches, beruhigendes Gefühl, alles »zusammenzuhalten« und weiterzumachen. In diesem Modus dauert es häufig eine Weile, bis die emotionale Realität zu mir durchdringt.

Meine Reaktion auf die aktuelle Corona-Krise war genau diese. Man kann nichts dagegen tun, also besser einfach akzeptieren und in Bewegung bleiben. Ich stabilisierte meinen Partner und beruhigte Freunde und Familie. Änderte meinen Zeitplan und legte neue Routinen fest. Und langsam kam die emotionale Seite der Dinge zum Vorschein. Dies hier ist unbekanntes Terrain, und die Unsicherheit macht mir Angst. Aber damit bin ich nicht allein. Das ist größer als auf unbestimmte Zeit keine Arbeit zu haben und körperlich für einen unbefristeten Zeitraum auf Abstand zu gehen. Es ist größer als mein Problem, meine Familie so weit von mir entfernt zu wissen und zusehen zu müssen, wie die Grenzen geschlossen werden. Es ist größer als die Streichung aller Reisepläne für die nächsten drei Monate. Wir haben es hier als Kollektiv mit Schock, Angst, Unsicherheit und Trauer zu tun. Diese Krise wirkt sich körperlich, emotional, psychisch und spirituell auf uns aus. Sie beeinflusst uns alle und ist größer als jeder und jede einzelne von uns.

In dem Versuch, mich in dieser neuen Realität zurechtzufinden, begab ich mich auf die Suche nach Möglichkeiten, Kontakt aufzunehmen und mich zu verbinden. Nach neuen Wegen, an der Welt teilzunehmen. Eine der Möglichkeiten, die ich dafür fand, ist mir zu einem wichtigen Anker geworden: die Meditationen von Marianne Bentzen. Zweimal pro Woche kommen wir online zusammen, manchmal bis zu hundert Teilnehmende, und Marianne führt uns mit der ihr eigenen Klarheit, Wärme und Präsenz durch eine Meditation. Diese Augenblicke stellen eine enorme Unterstützung für mich dar. Zum einen komme ich darüber besser in Kontakt mit meinem eigenen Körper und meiner aktuellen Verfassung. Ich fühle mich geerdet und zentriert und bin viel besser in der Lage, zu fühlen und zu empfinden und mich dann selbst zu regulieren. Außerdem erlaubt es mir, mich auszudehnen und in

Kontakt mit anderen und mit der Natur zu kommen. Was mich daran erinnert, dass wir alle natürlicherweise miteinander in Verbindung sind, und dass wir im Grunde genommen Teil der Natur sind und die Natur Teil von uns. Wir sind nicht getrennt. Wir sind eins. So einfach ist das, und es liegt so viel Kraft darin.

In einem dieser Augenblicke sprach Marianne über den Schmerz und die Trauer in unseren Gesellschaften. Darüber, wie dieser kollektive Schmerz auch kollektiv gehalten werden muss. Wir müssen ihn halten, wir zusammen. In dem Moment hatte ich ein Aha-Erlebnis. Genau – ich war dabei, alles zusammenzuhalten. Mich zusammenzuhalten und den Schmerz in mir zu halten. Doch dieser Schmerz ist größer als ich, und größer als sonst irgendjemand, und er muss gemeinschaftlich geteilt werden. Wir müssen unsere Haltung verändern – dürfen nicht länger alles »zusammenhalten«, sondern müssen alles »zusammen halten«. Ist das nicht wunderschön? Zumindest für mich ist es das.

Diese Erfahrung hat mich in den vergangenen Wochen auch immer wieder daran erinnert, mich zu öffnen, mich mit meinen Schwierigkeiten mitzuteilen, am Ringen anderer teilzuhaben und in Kontakt zu bleiben. In Krisen dieser Größenordnung brauchen wir einander. Es war nie so gedacht, dass wir das alles ganz allein halten sollen. Wir halten es, wir alle zusammen.

Wir halten und wir werden gehalten. Die Intimität und Nähe eines weiter gefassten Zusammen-Seins wieder zu entdecken: das ist ein zentrales Thema in unserer modernen westlichen Welt.

17 Reflektionen am Ende des Weges

»›Ich frage mich‹, sagte er,
›ob die Sterne am Himmelszelt leuchten,
damit jeder seinen eigenen eines Tages wiederfindet.‹«
— Antoine de Saint-Exupéry: *Der kleine Prinz*

Wir sind nun am Ende dieses Buches angelangt. In den ersten sieben Kapiteln haben wir uns die Zusammenhänge zwischen der neuroaffektiven Entwicklung im Verlauf eines Menschenlebens, der Entwicklung von Weisheit und der Wirkung meditativer Praktiken angeschaut. Von Kapitel 8 bis 15 haben wir mit meditativen Übungen von zunehmender Subtilität und Komplexität gearbeitet. Da diese Meditationen aufeinander aufbauen, ist es normalerweise am besten, mit ihnen in der Reihenfolge zu arbeiten, in der Sie sie auch im Buch kennengelernt haben. Eine Ausnahme bilden die fünf Atemübungen zum Ausgleich der Energie in Kapitel 15. Sie kann man jederzeit praktizieren, auch schon ganz zu Beginn einer meditativen Praxis. Alle Übungen stellen – vielleicht teils herausfordernde – Einladungen zur Erforschung Ihres Bewusstseins und Ihres Gefühls der existenziellen Präsenz dar. Diese Einladungen ergehen an alle Erwachsenen und lassen sich auch für Jugendliche adaptieren. Es ist jedoch äußerst wichtig, selbst mit diesen Übungen zu arbeiten, wenn Sie sie mit anderen teilen möchten. Ansonsten führen Sie Menschen in Landschaften, die Sie selbst nicht kennen – was nur selten wirklich gut gelingt. Viele zertifizierte Achtsamkeitstrainerinnen und -trainer haben, wie ihre eigenen Lehrerinnen und Lehrer auch, bereits festgestellt, dass die Qualität der Achtsamkeit, die sie unterrichten können, voll und ganz von der Tiefe abhängt, die sie als Lehrende selbst in ihrer Praxis erreichen. Bitte nehmen Sie sich dies wirklich zu Herzen!

Im ersten Kapitel hat mich die Frage beschäftigt, für wen ich schreibe. Zurückblickend denke ich nun darüber nach, warum ich schreibe. Ich hatte schließlich nie vor, Meditation zu unterrichten oder ein Buch darüber zu schreiben. In meinen Kursen zur neuroaffektiven Persönlichkeitsentwicklung begann ich Meditationen zu benutzen, um die wechselseitigen Verbindungen von Empfindungen, Emotionen und mentalen Prozessen ins Bewusstsein zu bringen. Nach einer Weile hatte ich die Idee, außerhalb der Kurszeiten die eine oder andere geführte Meditation mit einer existenzielleren und spirituellen Perspektive anzubieten, und zu meiner Überraschung fand sich gewöhnlich die Mehrheit der Kursteilnehmer dazu ein. Dies wiederum führte zu Anfragen bezüglich Workshops mit einem Meditationsschwerpunkt und schließlich bat Dorothea Rahm mich, ein Buch darüber zu schreiben. Es kam alles sehr unerwartet.

Das Anliegen, mit dem ich dieses Buch geschrieben habe, hat sich im Schreiben weiter herauskristallisiert. Es besteht darin, mich all jenen anzuschließen, die auf so viele Arten und in so vielen Bereichen daran arbeiten, die Qualität und das Wirkungsbewusstsein dessen, was wir tun und wie wir leben, zu verbessern. Dies ist die zentrale Frage unserer Zeit, egal woran wir arbeiten mögen oder was uns am Herzen liegt: sei es, unsere politischen Institutionen aus Grabenkämpfen der Parteien zurückzuerobern, sei es, intelligentere Technologien zu entwickeln, sei es, die Klimakrise bestmöglich zu bewältigen oder die Migrantenströme aus Ländern, die durch Korruption, Krieg und Klimawandel verwüstet wurden oder sei es, bessere Schulprogramme oder Meditationsschulen zu entwickeln. Es fordert von uns, dass wir erkennen und uns daran erinnern, dass wir nicht allein sind, dass wir Teil eines Ganzen sind, dass wir aus diesem Planeten genauso vollständig und ganz herausgewachsen sind wie jede Karotte oder Gazelle. Und es verlangt von uns, dass wir erkennen, dass es keine anderen Friedensstifter gibt als uns, und dass es auf jeden und jede von uns ankommt, den Mut zu finden, mit unserer Kraft und Verwundbarkeit in Erscheinung zu treten und uns den Herausforderungen zu stellen.

Mein lieber Freund und Kollege Peter Levine wählte einen Untertitel zu seinem Buch *Sprache ohne Worte* (2010/2011), der mich begleitet, seit ich ihn das erste Mal las: *Wie unser Körper Trauma verarbeitet und uns in die innere Balance zurückführt.*

In Anlehnung daran möchte ich meiner Hoffnung Ausdruck verleihen, dass Sie in diesem Buch etwas finden, das Ihnen dabei hilft, Trauma aufzulösen und innere Balance zu fördern oder wiederherzustellen.

18

Dorothea Rahm

Psychotherapie und Meditation – ein Fallbericht

In diesem Kapitel möchte ich ausführlich die psychotherapeutische Arbeit mit einer meditationserfahrenen Patientin, Frau P., beschreiben. Im Verlauf dieses Prozesses haben wir mehrfach mit Mandala-Meditationen (siehe Kap. 14) gearbeitet. Durch diese Arbeit haben sich für Frau P. Entwicklungswege eröffnet, die allein durch Psychotherapie, also ohne das Hineinnehmen von Meditation, vielleicht nicht möglich gewesen wären. Die Mandala-Übungen haben den therapeutischen Prozess von Frau P. auf beeindruckende Weise vertieft, erweitert und bereichert, neue Erkenntnisse ermöglicht und ihr bisher kaum erkundete Dimensionen eröffnet. Diese Erfahrungen und Herangehensweisen sind zu einem eigenständigen selbstwirksamen Bestandteil ihrer Lebensentwicklung geworden, die über die Psychotherapie weit hinaus geführt haben.

Bevor ich den therapeutischen Prozess von Frau P. beschreibe, möchte ich mich zunächst kurz mit persönlichen Eigenschaften und Fähigkeiten von Psychotherapeutinnen und Psychotherapeuten beschäftigen und auf den Einfluss von Meditation auf die Entwicklung der Therapeuten-Persönlichkeit eingehen.

Über das Zueinander von Psychotherapie und Meditation

Seit vielen Jahrzehnten wird angenommen, dass der Erfolg von Psychotherapie nicht allein auf den fachlichen Kompetenzen beruht, die Psychotherapeutinnen und Psychotherapeuten in ihrer psychotherapeutischen Ausbildung erworben haben. Heute wird davon ausgegangen, dass die Wirksamkeit von Psychotherapie in hohem Maß auch auf der Persönlichkeit des Therapeuten sowie seinen persönlichen Kompetenzen in der zwischenmenschlichen Begegnung und im Umgang mit hochkomplexen und oft belastenden Situationen beruht. Aus diesem Grund bilden Selbsterfahrung und persönliche Weiterentwicklung einen wesentlichen Bestandteil innerhalb der meisten psychotherapeutischen Ausbildungen und berufsbegleitenden Weiterbildungen.

Mit Beginn dieses Jahrtausends haben die Wirksamkeitsstudien von Klaus Grawe (Grawe et al. 1994) und die metaanalytischen Studien von Bruce Wampold (2001) den wissenschaftlichen Beleg für diese Annahme gebracht: Mehr als 50 Prozent der

Wirksamkeit von Psychotherapien ist als sogenannter unspezifischer Wirkfaktor auf persönliche Eigenschaften und Fähigkeiten des Therapeuten zurückzuführen.

Es gibt – unter anderem in Abhängigkeit von therapeutischen Schulrichtungen – viele Theorien dazu, welche Therapeuten-Eigenschaften im therapeutischen Zusammenhang besonders günstig wirken. Zum Beispiel wird im Somatic Experiencing (SE)® (siehe Levine 1997/1999, 2010/2011; Rahm & Meggyesy 2019) davon ausgegangen, dass die Selbstregulationsfähigkeit der Therapeutin ein zentraler Wirkfaktor in therapeutischen Prozessen ist. Die Entwicklung dieser Fähigkeit zieht sich als roter Faden durch die gesamte dreijährige Weiterbildung in SE. Die therapeutische Fähigkeit zu einer guten Regulation des eigenen Nervensystems hat eine ansteckende Wirkung auf das Gegenüber, auf Patient oder Patientin, und kann dessen Selbstregulationsfähigkeit direkt und unmittelbar beeinflussen. Eine solche Regulationsfähigkeit auf Seiten der Therapeutin kann bewirken, dass sich Angst, Panik und Erregung beim Gegenüber – allein durch diese »Ansteckung« von der ersten Begegnung an – schon ein wenig beruhigen. Ein solches therapeutisches Modell kann unserem Gegenüber dabei helfen, sich »runterzuregulieren«, und hat damit Einfluss auf Atmung, Tonus, Körperhaltung und auf die Fähigkeit, in gutem Kontakt mit sich selbst zu sein. Allein diese Anregung zu einer verbesserten Regulation kann sich bei manchen Menschen unmittelbar auf Konzentrations- und Leistungsfähigkeit und ein verbessertes Schlafvermögen auswirken.

Einen anderen Blickwinkel auf wünschenswerte und notwendige Eigenschaften und Fähigkeiten von Psychotherapeuten finden wir bei psychoanalytischen und tiefenpsychologischen Herangehensweisen. Zum Beispiel gibt Gerd Rudolf (1996) eine ausführliche Aufzählung von Fähigkeiten, die aus dieser Perspektive Voraussetzung für einen guten und wirksamen therapeutischen Prozess sind. Einige seiner Punkte möchte ich hier exemplarisch nennen:

- »Fähigkeit, eigene Grenzen zu erkennen (Psychotherapeut-Sein als nie abgeschlossener Lern- und Entwicklungsvorgang)
- Bereitschaft zu empathischer Aufmerksamkeit für Patienten
- Aufmerksamkeit für ausgesprochene und nicht ausgesprochene Botschaften
- Ertragen-können von negativen Zuständen wie Verzweiflung, Hoffnungslosigkeit, Sinnlosigkeit, Erregung
- Fähigkeit, Äußerungen tief verwurzelter Feindseligkeit, Entwertung oder Provokation des Patienten ›übersetzen‹ und ›entgiften‹ zu können (…)
- Besondere Aufmerksamkeit für die eigenen Gefühlsreaktionen (…)
- Von innen kommende Überzeugung, dem Patienten helfen zu können (…)
- Fähigkeit, den Patienten auf sich selbst neugierig zu machen und auf die eigenen Ressourcen hinzulenken« (S. 320).

Auf dem Hintergrund dieser Ausführungen zu hilfreichen und wirksamen Eigenschaften von Psychotherapeutinnen und -therapeuten möchte ich nun einen Blick auf Meditation werfen und näher betrachten, was Therapeuten sich durch Meditation aneignen und was sie durch meditative Praxis für ihre Arbeit zum Wohle ihrer Patientinnen und Patienten gewinnen können.

Marianne beschreibt in diesem Buch, wie Meditation die Entwicklung hin zu mehr persönlicher Tiefe, zu einer Haltung von Freundlichkeit sowie zu einem aufmerksamen Gegenwärtig-sein-Können im jeweiligen Moment anregen und beflügeln kann. Sie geht davon aus, dass eine solche Entwicklung und eine solche Haltung zentrale und vielleicht auch die zentralsten Faktoren sind, die Psychotherapeutinnen und Psychotherapeuten – und überhaupt alle Menschen, die in helfenden Berufen tätig sind – einbringen können, um anderen Menschen zu Hilfe zu sein. Sie beschreibt, wie die Tiefe, die Klarheit, die Wärme der therapeutischen Präsenz all die Bereiche und Räume erreichen, beruhigen und unterstützen kann, in denen die zugewandte Gegenwart eines anderen Menschen für die Weiterentwicklung hilfreich und von Bedeutung ist. Und sie weist darauf hin, wie die Praxis der Meditation darüber hinaus eine große Hilfe sein kann beim Lernen, mit eigenen komplexen, schwierigen, überwältigenden Themen und Herausforderungen umzugehen. Dies ist durch zahlreiche Forschungsergebnisse belegt (siehe z. B. Goleman & Davidson 2017; Newberg 2002).

Was wir durch meditative Praxis erfahren und erlernen können, wird uns als Psychotherapeutinnen und Psychotherapeuten in unserer persönlichen wie professionellen Entwicklung dem näherbringen, was wir an Therapeutenqualitäten benötigen. Durch meditative Praxis entwickelt und erhöht sich die Regulationsfähigkeit unseres Nervensystems und wirkt – wie im Abschnitt über SE beschrieben – ansteckend auf die Nervensysteme von Mitmenschen, Patientinnen und Patienten. Und wir können durch meditative Praxis unsere persönlichen und professionellen Eigenschaften und Kompetenzen weiterentwickeln – in eine Richtung, die der Zusammenstellung von Gerd Rudolf stark ähnelt.

Ich selbst habe erst nach 35 Jahren Berufstätigkeit als Psychotherapeutin einen eigenen Zugang zu Meditation und besonders auch zu Mariannes Meditationsweisen gefunden. Als in vielen Aus- und Weiterbildungen erfahrene Therapeutin hat sich für mich durch Mariannes Arbeit relativ unerwartet eine neue Dimension aufgetan, die mir für meine berufliche und private Weiterentwicklung in den vergangenen 13 Jahren zunehmend wertvoll geworden ist. Für mich liegt das Geschenk von Mariannes Arbeit ganz besonders darin, wie sie in ihren Seminaren Meditation und Wissen um neuroaffektive Entwicklung miteinander verbindet. Sie lehrt uns, Entwicklung aus neuroaffektiver Perspektive zu verstehen und dieses Verstehen mit Hilfe ihrer Meditationen zu vertiefen und zu ergründen. Meine Begeisterung für diese Arbeit war denn auch die Quelle für die Idee, ihren Ansatz in Form eines Buches einer breiteren Öffentlichkeit zur Verfügung zu stellen.

Ich habe einige Teilnehmerinnen von Mariannes Workshops zu den Auswirkungen der »neuroaffektiven Meditation« für sie persönlich und für ihre Arbeit mit Patientinnen und Patienten befragt. Ihre Antworten, verbunden mit meinen eigenen Erfahrungen, lassen sich folgendermaßen zusammenfassen:

Meditative Praxis

- … trägt zur weiteren Entwicklung der Regulationsfähigkeit unseres Nervensystems bei
- und dazu, dass wir entspannt genug sein können, um unsere Kompetenzen, unsere Kreativität und unseren Humor zur Verfügung zu haben.
- … gibt uns die Chance, unsere innere Haltung weiterzuentwickeln in Richtung von Zuversicht und wachsendem Vertrauen in uns selbst und in andere, in Richtung Güte und Weisheit.
- … lehrt uns, das Augenmerk stärker auf Ressourcen zu richten, auf unsere eigenen Ressourcen und auf die der anderen, und damit eher den Zugang zu positiven Perspektiven und Entwicklungsmöglichkeiten zu finden und zu weiten.
- … fördert unsere Fähigkeit, zuzuhören, ganz beim anderen zu sein, ohne zu werten.
- … hilft uns geschützt zu sein, damit wir uns nicht anstecken lassen von traumatisierenden und überwältigenden Erfahrungen unserer Patientinnen und Patienten.

All diese Fähigkeiten und Entwicklungsmöglichkeiten bedingen und fördern einander gegenseitig zum Wohl unserer Patienten und deren Mitmenschen ebenso wie zum Wohl unserer eigenen Gesundheit und kreativen Lebendigkeit – und zum Schutz vor Burnout.

Über diese Entwicklung von Basisqualifikation für Menschen in helfenden Berufen geht der Schatz, den wir durch meditative Praxis heben können, aber weit hinaus: Die Fülle der in diesem Buch angebotenen und aufeinander – neuroaffektiv – aufbauenden Meditationen ist hilfreich, für uns selbst einen Umgang mit dem zu lernen und zu erfahren, was uns persönlich umtreibt. Wir können mit diesen Meditationen bearbeiten und integrieren, was wir an Themen aus der eigenen Lebensgeschichte oder der Geschichte unserer Ahnen oder unserer Kultur mit uns herumschleppen und was uns hindert, ganz da zu sein im Hier und Jetzt, in einem guten Kontakt – ohne Störgeräusche, Störgedanken und Selbstbehinderungen – mit uns selbst und mit anderen. Wir können lernen, uns selbst zur Verfügung zu haben – ohne Ballast.

Wir können lernen und erfahren, selbst zu verkörpern, was wir unsere Klienten lehren können und wollen.

Jenseits der Entwicklung der Therapeutenpersönlichkeit kann Meditation auch direkt in den therapeutischen Prozess einbezogen werden und dort hilfreiche Wirkungen entfalten. So kann z.B. die Meditation »Sieben Emotionen und Spirit« Patientinnen darin unterstützen, mit Gefühlen in Kontakt zu kommen, die sie bisher als überwältigend erlebt haben, und die Erfahrung zu machen, aufgehoben und getragen zu sein und so die biologische Aktivierung, also die Übererregung, loslassen zu können. Sie kann dazu beitragen, dass Patientinnen und Patienten sich aus übergroßer Identifikation mit eigenen Gefühlen und denen anderer Menschen zu lösen lernen. Oder wir können Meditationen als Anregung für Menschen einführen, die überhaupt nicht zur Ruhe kommen können, zum Beispiel als eine gemeinsame 1½ Minuten-Meditation, vielleicht mehrfach oder regelmäßig zu Beginn einer therapeutischen Sitzung. Möglicherweise kann daraus für die Patientin eine Übung für zu Hause entwickelt werden, die bei täglicher Anwendung (zwei- bis dreimal täglich 1½ Minuten) über sechs Wochen zu einer garantiert wahrnehmbaren Veränderung führen wird, z.B. bei Grübelverhalten oder um eine Verbesserung der Konzentrations- und Arbeitsfähigkeit einzuleiten. Und natürlich können wir unsere Patienten auch dazu anregen, ein Meditationsseminar oder einen MBSR-Kurs zu besuchen. Die Erfahrung lehrt, dass alle Patientinnen und Patienten, die entscheiden, sich auf Meditation einzulassen, in vielerlei Weise davon profitieren (s. Löhmer & Standhart 2014).

Fallbeispiel

Im Folgenden beschreibe ich die therapeutische Arbeit mit Frau P.: Die 49-jährige Patientin kommt in meine Praxis, nachdem sie von ihrem dritten Ehemann »Knall auf Fall« verlassen worden ist. Sie wünscht sich eine psychotherapeutische Behandlung, weil sie durch die Symptome beunruhigt ist, die sich seit der Trennung entwickelt haben. Sie kann das Alleinsein in ihrem großen Haus nicht ertragen, hat massive Schlafstörungen, kann sich in ihrer Arbeit nicht mehr konzentrieren und bekommt allmählich Angst, ihrer Berufstätigkeit bald gar nicht mehr nachgehen zu können. Frau P. schildert, dass sie kein Interesse mehr daran habe, etwas zu unternehmen oder sich zu verabreden und dass sie sich immer mehr zurückziehe, auf dem Sofa liege und nur noch vor sich hin stiere. Wenn sie an ihr Leben denkt, bekommt sie ein Gefühl von Sinnlosigkeit und Leere, das schwer zu ertragen sei. Sie habe während der letzten Wochen sehr abgenommen und einen Widerwillen entwickelt, für sich selbst etwas zu kochen oder zu essen einzukaufen.

Weiter erzählt Frau P., dass ihr in ihrem bisherigen Leben alles gut gelungen sei, beruflich sei sie immer erfolgreich gewesen, sie arbeite in leitender Position in einem Wirtschaftsunternehmen mit gutem Verdienst und habe einen großen Bekanntenkreis. Sie bedauere allerdings, dass sie keine nahe Freundin habe. Ihr Sohn aus zweiter Ehe sei vor einem halben Jahr aus dem Elternhaus ausgezogen, als er einen Studienplatz im Erasmus-Programm in Spanien bekommen habe. Sie hätten einen guten, aber seltenen Mailkontakt und würden auch gelegentlich miteinander telefonieren.

Frau P. könne sich ihre Symptomatik nicht erklären. Bisher sei doch alles in ihrem Leben gut gegangen. Obwohl ihre Eltern nicht immer einfach für sie gewesen seien, seien sie doch gute Eltern gewesen. Als Einzelkind habe sie immer bekommen, was ein Kind braucht, und schulisch sei sie auch stets gefördert worden. Ihre erste Ehe sei im Grunde auch gut gewesen, nur nach ungefähr zwei Jahren habe das sexuelle Interesse aneinander nachgelassen, man habe sich auseinandergelebt, sodass sie vorgeschlagen habe, sich zu trennen. Die Trennung hätten sie vollzogen »wie vernünftige Menschen«. Auch die Trennung von ihrem zweiten Ehemann, dem Vater des gemeinsamen Sohnes, sei einvernehmlich erfolgt, weil es gemeinsam nicht mehr ging. Auf weitere Fragen zur zweiten Ehe scheint sie sich nicht einlassen zu wollen. Sie wird einsilbig und reagiert eher abweisend, sodass ich zunächst nicht weiter nachfrage.

Die jetzige Trennung von ihrem dritten Ehemann sei ganz anders gewesen. Er habe sich in eine andere Frau verliebt, noch dazu in eine Bekannte, mit der sie seit Jahren locker befreundet gewesen sei, und habe sie einfach verlassen – so entschieden und so schnell, dass sie auch gar keine Chance gehabt hätte, noch irgendetwas zu versuchen. Da sei ihre Welt zusammengebrochen.

Wir beginnen die therapeutische Arbeit zunächst mit einem eher üblichen Vorgehen bei depressiver Antriebslosigkeit: Mit Gegenmaßnahmen zu Auf-der-Couch-Liegen und Sich-nicht-aufraffen-Können, gegen ihr ununterbrochenes Grübeln und dagegen, sich gleichzeitig dafür zu verurteilen, dass sie sich so verhält. Das Ziel liegt darin, sie zu unterstützen, Wege zu finden, durch die sie wieder aktiver werden und wieder mehr am Leben teilhaben kann. Wenn derartige Maßnahmen gelingen, hat das fast immer eine selbstverstärkende Wirkung.

Zunächst hat Frau P. wenig Interesse daran, in dieser Richtung Ideen mit mir zu entwickeln. Sie lässt sich dann aber doch darauf ein, weil sie mit einer Art Vorschussvertrauen zu mir gekommen ist, auf Empfehlung einer Kollegin, der ich einmal in einer Krisensituation gut helfen konnte. Entsprechend entwickeln wir gemeinsam Handlungsmöglichkeiten und Aufgaben für zu Hause, die sie tatsächlich täglich brav durchführt, obwohl sie zunächst kein Gefühl dafür und keine Lust dazu hat.

Bei den gemeinsam gefundenen Ideen erweisen sich die folgenden als für sie umsetzbar:

- *regelmäßige körperliche Betätigung*: sie nimmt Kontakt zu einer Nachbarin auf, die sie früher schon mal gefragt hatte, ob sie mit ihr gemeinsam walken wolle. Die Nachbarin sagt erfreut zu und sie verabreden sich, zweimal wöchentlich morgens vor der Arbeit zu walken, und zwar unabhängig vom Wetter.
- jeden Abend *drei positive Dinge* (kleine freundliche Erfahrungen, Gefühle oder Gedanken) aufschreiben, auch wenn sie keine Lust dazu hat und auch wenn ihr zunächst nichts einfällt.
- *Anti-Grübel-Hilfe*: Da der Rat, einfach nicht zu grübeln, üblicherweise bei niemandem funktioniert, erweist sich der Vorschlag »bewusst zu grübeln« statt »automatisch zu grübeln« oft als hilfreich, auch bei dieser Patientin. Dazu nimmt man einen inneren »Grübelbeobachter« mit ins Boot, der die Aufgabe bekommt »zu beobachten, wie ich grübele«. Diese Aufgabe, wenn man sie ernsthaft versucht, ist so absurd, dass sie dazu einlädt, bald ganz aufs Grübeln zu verzichten.
- *etwas anderes tun*, statt in Situationen und Gefühlen hängenzubleiben, in denen es ihr dauerhaft schlecht geht. Hierzu fertigen wir eine Liste mit Alternativen an, mit Vorschlägen für hilfreiche Tätigkeiten. Bei dieser Patientin sind das:
  - einen Kunstband ansehen (in die Liste schreiben, welchen);
  - Musik hören (aufschreiben, welche) – bestenfalls auch dazu tanzen;
  - jemanden anrufen (dafür zehn Telefonnummern vorbereiten, falls sie nicht auf Anhieb jemanden erreicht);
  - zehn Minuten spazieren gehen, egal wie das Wetter ist. Es darf auch länger sein, das Losgehen ist das Wichtige. Und Losgehen wird erleichtert durch die Vorstellung, dass es für kurze Zeit ist.

Frau P. war gegenüber der Idee, »etwas anderes zu tun«, zunächst etwas skeptisch. Irgendwie war sie der Meinung, es sei wichtig für sie, ihre tiefen Löcher zu durchschreiten und dass irgendetwas auch hilfreich daran sei, im Loch zu verweilen. Tatsächlich konnten wir uns darauf einigen, dass sie experimentieren könne, wie lange sie Gefühle von Schmerz, Verzweiflung und Hilflosigkeit auskosten wolle. Sie könne auch jeweils vorher entscheiden, wie lange das Auskosten währen solle, und eine Klingeluhr stellen für ein mit sich selbst verabredetes Ende der »Zeit im Loch«. Schmunzelnd konnte sie sich darauf einlassen. Sie verstand sofort, dass der Akt des Uhrstellens ähnlich wie der Grübelbeobachter einen Shift bedeutet: »Ich bin nicht der Schmerz, das Loch, die Verzweiflung«, »Ich bin nicht mehr komplett damit identifiziert«, »Es gibt da noch etwas anderes, das ich auch bin – es gibt zum Beispiel meinen präfrontalen Kortex, der fähig ist, eine Entscheidung zu treffen und die Regie zu übernehmen.« Dass die Patientin so schnell die hier angebotene Möglichkeit der Dis-Identifizierung verstanden hat, hatte mich zu diesem Zeitpunkt der Therapie verwundert.

Während der Therapiestunden habe ich Frau P. häufig mit Hilfe verschiedener Übungen eingeladen, den Unterschied zwischen der Empfindung von inaktiver Erschlaffung und aktiverer Aufrichtung zu erkunden, zum Beispiel indem sie sich auf ein Bellicon (ein Trampolin, dessen Schwingungsboden nicht von Federn sondern von Seilen gehalten ist und das daher sehr feine Schwingungen ermöglicht) stellte und im Körper das Echo ihrer Bewegungen erspüren konnte. Das hat sie neugierig gemacht und auch dazu beigetragen, ihr Interesse daran zu erhöhen, ihre Hausaufgaben aktiv umzusetzen.

Die bisher beschriebenen therapeutischen Maßnahmen waren hilfreich, es ging ihr erheblich besser, sie konnte in ihrem Beruf wieder Fuß fassen, wieder für sich einkaufen und kochen. Sie hatte auch wieder mehr Gewicht, war fitter und sah wieder gut aus. Ich fragte sie, ob dies ein guter Zeitpunkt sei, sich vorzustellen, die Therapie in nächster Zeit zu beenden. Sie sieht meine Frage als Bestätigung und Anerkennung des Weges, den sie zurückgelegt hat und freut sich darüber. Nachdem sie die Idee hat sacken lassen, fragt sie mich zögerlich, ob »man« vor Ende der Therapie vielleicht noch daran arbeiten könne, dass sie immer noch das Gefühl habe, nicht allein sein zu können.

Ihre Frage wird zum Einstieg in eine neue Phase ihres therapeutischen Prozesses, in der es um Containment geht, um das Gefühl, bei sich selbst aufgehoben zu sein, sich geborgen fühlen zu können, anknüpfen zu können an Erfahrungen von Gehalten- und Getragensein und selbst Geborgenheit geben zu können (zu Containment s. Rahm 2019). Die Fähigkeit, allein sein zu können, ist mit dieser Erfahrung von Aufgehobensein eng verbunden.

Manchmal sind diese Erfahrungen leicht abrufbar bei Menschen, die selbst Kinder haben, insbesondere wenn die Beziehung zu den Kindern gut ist und die Entwicklung der Kinder gut zu gelingen scheint. Da die Patientin einen Sohn hat, stelle ich ein paar Fragen zu seinen ersten Lebensjahren, ob sie sich erinnern kann, wie es war, ihren Sohn im Arm zu halten, ob sie sich vorstellen kann, wie es für das Baby gewesen sein mag, von ihr gehalten zu werden, sich sicher zu fühlen, den vertrauten Geruch der Mutter einzuatmen. Sie wird sehr still. Ihr Atem wird kleiner. Ihre Hände pressen sich ineinander. Meine Worte scheinen sie nur aus weiter Ferne zu erreichen. Ich frage, wo sie ist … ob ich besser nicht davon sprechen soll …? Ich rücke meinen Sessel etwas näher an ihren und murmele, mehr zu mir selbst als zu ihr, dass das vielleicht gerade ein wichtiger Moment ist, dass vielleicht gerade etwas geschieht, das wichtig ist … »das ganz viel mit Aufgehobensein und Gehaltensein zu tun hat«. Sie beginnt leise zu weinen, ich sehe, wie sich ihre Hände entkrampfen, bin einfach bei ihr. Wir lassen uns Zeit miteinander. Dann erzählt Frau P.: Sie habe ihren Sohn »vernachlässigt«. Sie sei eine schlechte Mutter gewesen. Ihrem Sohn gehe es bis heute nicht wirklich gut, er habe auch nie eine Beziehung, die länger als ein paar Wochen dauere. Er leide sehr darunter und habe ihr auch schon vorgeworfen, dass das an ihr und ihrer Beziehungsunfähigkeit läge. »Ich bin schuld daran.«

Dann folgt ein verzweifeltes Schluchzen, ich rücke näher zu ihr, lege vorsichtig meine Hand an ihren Oberarm. Frau P.: »Ich dachte, ich sei damit fertig. Es ist doch schon so lange her.« Sie sei doch damals so gut mit der Situation zurechtgekommen. »Alle haben mich dafür bewundert, wie tapfer und funktionsfähig ich bin«. Leise frage ich, was damals passiert ist. »Damals … damals ist, als unsere kleine Tochter starb … plötzlicher Kindstod … vier Monate war sie alt … Jannik war da ja erst 2½.« Wieder teilen wir miteinander dieses stille Zeit-lassen. Ich frage nicht nach dem Namen der Tochter, das wäre viel zu viel, nur: » … und Sie denken, Sie haben zu wenig für Jannik getan?« Sie gibt mir einen großen fragenden Blick. Ich sage jetzt nicht, was sie vermutlich von mir hören möchte und was sie vermutlich gewohnt ist, gesagt zu bekommen, nämlich dass sie alles getan hat, was sie konnte, und dass ihr Sohn doch so eine gute Entwicklung genommen hat. Ich sage stattdessen: »Ja, in dieser Zeit konnten Sie keine gute Mutter für Ihren Sohn sein. In dieser Zeit haben Sie ihm nicht die Aufmerksamkeit und Liebe gegeben, die ein Kind braucht, das erst 2½ Jahre alt ist. Jannik war plötzlich nicht mehr der Mittelpunkt der Welt für seine Mutter. Er hat urplötzlich die Mutter verloren, die vor Freude gestrahlt hat, ihn zu sehen. Und niemand hat versucht, ihm zu erklären, warum. Und seine kleine Schwester war urplötzlich auch nicht mehr in seinem Leben.«

Ihre Augen werden immer größer … fragend, ob das, was ich da sage, mein Ernst ist. Ob die Therapeutin, von der sie sich so gut gesehen und verstanden fühlt, das wirklich sagen und meinen kann. Und ich fahre fort, dass sie alles wunderbar gemacht hat, so gut es irgend möglich ist in einer so überwältigenden Lebenssituation … und dass eben gleichzeitig auch stimmt, dass sie in dieser Zeit als Mutter für ihr Kind nur funktional da war. Dass sie emotional für Jannik nicht erreichbar war. Was völlig normal ist in einer solchen Situation. Und eben auch schlimm für das Kind.

Die Sache mit den Schuldgefühlen ist eine komplexe Geschichte: Manche Menschen fühlen sich schuldig, ohne Schuld zu haben. Sie tragen die Schuld anderer, als wäre es die eigene. Andere Menschen verleugnen oder streiten ab, dass sie Schuld auf sich geladen haben, selbst dann, wenn ihre Schuld für alle Außenstehenden offensichtlich ist. Wieder andere haben ohne Absicht »Schuld« und lassen sich ihre Schuld ausreden, weil sie fürchten, mit der Anerkenntnis ihrer Schuld nicht weiterleben zu können, weil ihre Angst vor dem Spüren des Schmerzes so groß ist. Damit verhindern sie ihr Trauern-Können, ihr Sich-selbst-Verzeihen-Können und die Möglichkeit, loszulassen und im Leben weiterzugehen.

Ich glaube, letzteres trifft auf Frau P. zu. Sie weint leise vor sich hin. Für mich sieht es nach freundlichen Tränen aus … nach Berührung und Kontakt zu sich selbst …

nach Loslassen. Allmählich entsteht ein sanft wiegender Rhythmus, der auch auf mich übergreift, während ich sie weiter sanft halte.

Am Ende der Stunde sagt sie, dass sie froh ist, dass das »raus« ist. Dass sie merkt, dass ich bei ihr bin. Wie leid es ihr tue, was sie ihrem Sohn getan hat. Wie sie ihre Liebe zu ihrem Sohn wieder spüren könne. Wie sehr er ihr fehle, seit er nicht mehr zu Hause wohnt. Dass sie ihm das nie gesagt habe. Weil sie ja keine klettige überfürsorgliche Mutter sein wolle und ihn ja auch nicht zu Hause festhalten wolle. Dann lächelt sie: »Vielleicht könnte ich ihn ja mal in Spanien besuchen?«

Ich selbst frage mich nach der Stunde, was ich vielleicht bisher in der Therapie alles übersehen haben mag, und schaue nochmal in den Anamnesebogen, den Frau P. zu Beginn der Therapie ausgefüllt hatte. Den Tod ihrer Tochter hatte sie im Fragebogen tatsächlich nicht erwähnt. Dann sollte er wohl bis hierher von mir nicht gewusst werden. Dann war vielleicht bisher nicht der Raum und die Zeit, den Schmerz mit jemandem zu teilen.

In der nächsten Therapiesitzung erzählt sie, wie unendlich traurig sie nach unserer Stunde gewesen sei. Dass sie sich die Seele aus dem Leib geheult habe. Dass sie sich Fotos aus Janniks Babyjahren angesehen habe, um die sie seit dem Tod ihrer Tochter Jette einen weiten Bogen gemacht habe. Fotos aus der Zeit »als alles noch so glücklich war«, auch glückliche Fotos zu dritt mit ihrem Mann. Die Babyfotos von Jette habe sie nicht angesehen, das könne sie noch nicht. Immer wieder kommt sie auf die Fotos zu dritt zurück, immer wieder holt sie die Zeit herein, als es noch glücklich war mit ihrem Mann. Ich lasse mir viele der von ihr erinnerten Szenen konkret beschreiben. Durch neugierige Nachfragen weite ich ihre Erinnerungen und Empfindungen und verankere sie. Ich bin Zeugin geworden von diesen glücklichen 2½ Jahren in der Dreier-Familie. Und ich stelle mir vor, dass ich später auch Zeugin werden kann von weiteren glücklichen vier Monaten in der Vierer-Familie, als Jette noch am Leben war.

Zwischendurch ist immer wieder viel Weinen, manchmal auch Lachen, viel Zeitlassen, damit die Trauer integriert werden kann und auch das Glück seinen Platz bekommt.

Wir würdigen immer wieder gemeinsam, was für eine lebendige, vertraute, lustvolle Kleinkindzeit Jannik hatte. Mit zwei liebevollen Eltern, die auch einander sehr geliebt haben. Wie nebenbei gebe ich die Information, dass die Erfahrungen in diesen ersten Lebensjahren zentral wichtig für die Entwicklung eines Kindes und speziell auch für die Entwicklung seiner Beziehungs- und Bindungsfähigkeit sind. Sie saugt solche Informationen förmlich auf. Sie nimmt sie in ihr Herz, so scheint es.

In einer der folgenden Stunden beginnt die Patientin, vom Auseinanderbrechen der Ehe zu erzählen. Nach Jettes Tod sei ihr Mann immer wieder zusammengebrochen. Sie habe ihn nicht unterstützen können, ihn schon gar nicht trösten können. Er sei so untröstlich und unerreichbar gewesen. Seine Zusammenbrüche und den Ausdruck seines Schmerzes habe sie nicht ertragen und nicht mit ansehen können. Es habe doch weitergehen müssen. Es sei doch nun mal geschehen und nicht zu ändern gewesen. Und von der Notfallseelsorge sei ihnen ja auch geraten worden, als Eltern weiter gut zu funktionieren und den Sohn nicht zu vernachlässigen. Als ihr Mann ihr dann auch noch vorwarf, hartherzig zu sein, gar nicht zu trauern und die Tochter nicht wirklich geliebt zu haben, sei es endgültig aus gewesen. Sie hätten einander nach dem Tod der Tochter einfach nicht mehr ertragen können, sie habe seine Vorwürfe und Gemeinheiten satt gehabt. Die Trennung sei dann gut verlaufen, alles Formale haben sie gut regeln können und ihr Mann sei auch ausgesprochen großzügig gewesen bei den Regelungen, auch zuverlässig. Jannik habe in der Schulzeit immer bei ihr gelebt, habe aber auch ein eigenes Zimmer beim Vater gehabt. Aber ihr Mann sei tatsächlich viele Jahre lang nicht wirklich zurechtgekommen, das sei erst besser geworden, als er eine Freundin hatte. Wie der Kontakt zwischen Vater und Sohn sei, könne sie nicht beurteilen, da habe sie sich immer möglichst rausgehalten. »Die Welten getrennt zu halten« sei ihr wichtig gewesen. Emotionalität könnten wohl alle in der Familie nicht so gut, ihr Mann sei aber immer zuverlässig zur Stelle gewesen, wenn Jannik ihn gebraucht habe – als eine verlässliche Stütze. Der Vater habe seinen Sohn auch oft mitgenommen zu seinen Angelurlauben in Norwegen: »Da kann man nebeneinandersitzen und so was wie Nähe haben, ohne reden zu müssen. Das hat beiden sicher gut getan.«

Auf meine Frage, wie Frau P. es geschafft hat, nach dem großen Verlust und der Trennung von ihrem Mann als alleinerziehende berufstätige Mutter ihren Sohn großzuziehen, erzählt sie, dass ihr die Treffen der Gruppe »plötzlicher Kindstod« sehr geholfen haben. »Leider zu spät für unsere Ehe, die wäre sonst vielleicht zu retten gewesen.« Auf Empfehlung der Gruppenleiterin habe sie damals auch an einer Meditationsgruppe teilgenommen. »Ich habe dann einige Jahre regelmäßig meditiert, das hat mir wahrscheinlich das Leben gerettet.« Das Meditieren habe ihr geholfen, im Jetzt zu sein und nicht ununterbrochen über das Scheitern ihrer Ehe nachzudenken. Und sich nicht ununterbrochen die Frage zu stellen, weshalb ihre Tochter sterben musste.

Heute meditiere sie nicht mehr. Irgendwie sei es ihr in den Hintergrund geraten, als sie ihren dritten Ehemann kennengelernt habe, bei einem Schulfest kurz nach Janniks Einschulung. Eigentlich habe Jannik ihn ausgesucht. Einen frisch geschiedenen Mann, dessen Tochter in die gleiche Schule ging. Dass dieser Mann und ihr Sohn sich gut verstanden, habe tatsächlich den Ausschlag gegeben. Ansonsten sei es eher eine »Vernunftehe« gewesen, sie wollte nicht mehr alles allein machen müssen. Der Mann sei in ihr Haus gezogen und habe die Rolle als Vaterersatz sehr gut ausfüllen können. Lächelnd: »Da habe ich also doch gut für Jannik gesorgt.« Die Sexualität zwischen ihnen sei eher langweilig gewesen. Und sie ergänzt: »Anders als bei meinem zweiten Mann, den habe ich sehr begehrt.« … Leise fügt sie hinzu: »Vielleicht sollte das so sein, dass er sich in eine andere Frau verliebt hat, jetzt, wo Jannik erwachsen ist.«

In dieser Zeit wagt sich Frau P. nun doch an die Babyfotos von Jette, an die Fotos einer glücklichen Familie in der Zeit, als die Welt noch heil war. Den Schmerz über den Verlust ihrer Tochter und ihres Mannes kann sie jetzt aushalten. Sie hat keine Angst mehr, nicht mehr mit dem Weinen aufhören zu können. Und das Glück, dass einmal in ihrem Leben war, kann sie empfinden und sich von seinem Echo berühren lassen.

Dann fragt sie mich, ob sie mir ein paar Fotos zeigen dürfe und in einer rührend wirkenden Mischung aus Zaghaftigkeit und Stolz reicht sie mir ihre Bilder: Mutter, Vater, Baby Jette und der zweijährige Jannik, eine glückliche heile Familie, die ausstrahlt: »alles ist gut«, »wir haben Freude aneinander und miteinander«, »da ist ganz viel Liebe«. Ich bringe zum Ausdruck, was ich sehe. Wieder weint Frau P. Die Tränen sehen jetzt aus wie tiefer Frieden. Wieder bin ich Zeugin.

Aus diesem stillen Einvernehmen bricht es plötzlich aus ihr heraus: »So war es bei uns zu Hause nicht.« Ich sehe sie fragend an und sie zeichnet ein Bild von ihrer Kindheit mit ihren Eltern, das weit entfernt ist von der ersten Schilderung, die sie von ihrer Kindheit gegeben hatte. Fakt ist, dass ihre Eltern sich getrennt haben, als sie knapp sechs Jahre alt war. In einer Nacht-und-Nebel-Aktion ist ihre Mutter mit ihr nach Spanien geflohen. Weil die Mutter so weit wie möglich weg wollte von ihrem Mann. Dort haben sie drei Jahre bei einer »sogenannten Freundin meiner Mutter« und deren gleichaltriger Tochter gewohnt. Die Ehe ihrer Eltern sei furchtbar gewesen. Irgendwie hätten sie sich wohl auch geliebt, aber die Mutter habe ihren Mann beständig zur Weißglut gebracht, manchmal habe er auch zugeschlagen, besonders, wenn er zu viel getrunken hatte.

In einem unaufhaltsamem Redefluss fährt sie fort: »Ich glaube, meine Mutter hat mich gehasst. Weil ich einen Vater gehabt habe. Und sie nicht. Mein Großvater, also ihr Vater, ist gefallen, in den letzten Kriegstagen, beim Durchschwimmen der Oder, auf der Flucht vor den Russen. Er hat nicht einmal mehr erfahren, dass seine junge Frau schwanger war, dass er Vater werden würde.« Nach einer kleinen Pause fährt sie fort: »Komisch, dass ich das jetzt erzähle. Eigentlich habe ich gewusst, dass meine Mutter mich gehasst hat und auch heute noch hasst. Aber ich habe es bis jetzt gar nicht aushalten können, das zu wissen.«

Sie sei in Spanien eingeschult worden, mit der Sprache sei sie gut zurechtgekommen. Ulla, die Tochter der Freundin, hatte ein eigenes Zimmer. Frau P. musste bei ihrer Mutter im Zimmer schlafen. Ulla wollte nicht, dass sie ihr Spielzeug und ihre Sachen benutzte, sie hätten oft gestritten, manchmal sei es aber auch gut gewesen, miteinander zu spielen.

»Schlimm war nur, dass mir niemand gesagt hat, wann wir wieder nach Hause fahren würden. Ob ich jemals meinen Papa wiedersehen würde … und meine allerbeste Freundin. Wenn meine Eltern miteinander telefoniert haben, hat meine Mutter immer rumgeschrien. Und hinterher war sie eisig.«

Sie hält inne. »Das ist ja alles gar nicht schlimm gewesen. Wenn man sich vorstellt, wie es den ganzen Flüchtlingen geht … Das kann man sich überhaupt nicht vorstellen.«

»Ja«, sage ich … und: »Jetzt im Moment geht es um das kleine sechsjährige Mädchen. Für die war das Leben auch nicht so einfach in dieser Zeit.«

Sie nimmt ihren Faden wieder auf: »Ich glaube, meine Mutter wollte nach innen hin die ganze Zeit nicht, dass es mir gut geht. Nach außen hat sie mit mir geprahlt, wie schnell ich die Sprache gelernt habe, wie gut meine Schulleistungen sind, wie vernünftig ich bin, wie viel Mühe sie sich meinetwegen gibt, dass sie alles getan hat, um mich aus der Hölle dieser Ehe zu retten.«

Plötzlich fühlt sich Frau P. sehr verwirrt. Als sei der Boden unter ihren Füßen nicht mehr sicher, »es ist alles wie Gehen auf schwankendem Moorboden«. Sie bemerkt aber gleichzeitig, dass es ihr auch gut tut, ihre Lebensgeschichte zu sortieren, sich in ihrer Geschichte neu auszukennen und irgendwie auch, sich selber besser zu verstehen. Sie entwickelt eine Ahnung, dass ihre Konfusion mit dem Nicht-wahrhaben-Können ihrer Geschichte zu tun haben könnte. Sie beginnt zu begreifen, dass sie ein Gefühl von Aufgehoben-Sein nicht wirklich kennt, nicht wirklich empfinden kann.

In dieser Phase der Therapie ist sie immer mal wieder entsetzt, verzweifelt und erschüttert über das, was ihr mittlerweile zunehmend deutlicher wird. Die vermehrt aufscheinenden Erinnerungen aus ihrer Kindheit haben eine solche Wucht, dass sie denkt, sich niemals davon lösen zu können.

Ich erinnere mich daran, dass sie in einer schwierigen Lebensphase gute, hilfreiche Erfahrungen mit Meditation gemacht hat und frage Frau P., was sie davon hält, zu diesem Zeitpunkt mit mir eine Mandala-Meditation zu ihren beiden Eltern zu machen: Eine Übung, die zum Ziel hat, sich aus der Wirkmacht der Vergangenheit zu lösen, die mächtigen Kräfte aus früheren Zeiten in Balance zu bringen und sich zu disidentifizieren – eine Übung, die helfen könne, in der Gegenwart, im Heute, zu sein, frei zu werden von den alten Kräften und Wirkmächten. Ich erkläre ihr, dass das Ziel dieser Mandala-Meditation darin liegt, das gewesene »Gute« und das gewesene »Schlechte« in eine Ausgewogenheit zu bringen und sich selbst in einen neutralen Zustand, eine neutrale Position zu begeben, die frei und losgelöst von der alten Geschichte sein kann.

Frau P. ist sofort sehr neugierig und hoffnungsvoll. Daher erkläre ich ihr gleich die Grundzüge der Arbeit – wie sie in diesem Buch in Kapitel 14 beschrieben sind –

und gebe ihr eine Kopie von Mariannes Mandala-Text mit, der zu diesem Zeitpunkt schon auf Englisch fertiggestellt ist. Zu Hause bereitet sie sich anhand des Textes und anhand meiner Vorinformationen auf die Meditationssitzung vor. Sie nimmt sich Zeit, Bilder und Szenen wachzurufen, um die vier Ecken ihres Mandalas zu entwickeln: für die Eigenschaften und Qualitäten ihrer Mutter eine weiblich positive und eine weiblich negative Ecke, für die Eigenschaften und Qualitäten ihres Vaters entsprechend ebenfalls eine männlich positive und eine männlich negative Ecke.*

Frau P. kommt mit vier vollgeschriebenen Seiten für die vier Ecken in die nächste Sitzung. Sie sagt, das sei eine langwierige Arbeit gewesen, weil ihr die Eigenschaften von negativ zu positiv immer wieder hin- und hergerutscht seien. Positives habe negative Anteile gezeigt und umgekehrt. Das habe sie über Tage in sich bewegt. Außerdem habe sie lange Zeit damit zugebracht, überhaupt positive Eigenschaften zu finden. Das habe auch ihr Wertungssystem enorm herausgefordert. Grinsend bemerkt sie, dass sie wahrscheinlich mit dieser Art der Vorbereitung schon den Hauptteil der Übung geschafft habe. Mit meiner Unterstützung macht sie sich nun daran, die Essenz ihrer vier Aufzeichnungsblätter zu komprimieren, sodass sie jede Ecke mit einer verdichteten übersichtlicheren Zusammenstellung von einigen wenigen Eigenschaften besetzen und jeweils auf einen kleinen Zettel schreiben kann.

Auf dem negativen Mutter-Zettel steht nun:

- ihr Hass
- die Zuschreibung, ich sei Schuld an ihrem Elend
- ihre Lüge, etwas für mich zu tun, das sie für sich tut
- dass sie mich gar nicht gesehen hat.

Auf dem positiven Mutter-Zettel steht:

- ihre schnelle Wahrnehmungsfähigkeit
- ihre Kreativität
- ihr Singen und ihre Liebe zur Literatur.

Auf dem negativen Vater-Zettel steht:

- sein Brüllen und seine Gewalttätigkeit
- seine Alkoholsucht
- seine Interesselosigkeit an mir
- dass er nach der Trennung kein einziges Mal versucht hat, von sich aus mit mir Kontakt aufzunehmen.

---

* Die Begriffe »männlich« und »weiblich« werden verwendet, um den »hormonellen und neurochemischen Synergien von Östrogen und Testosteron« (s. auch Kap. 14) Rechnung zu tragen, und sind im Sinne von »nach außen gerichtet« und »nach innen gerichtet« zu verstehen.

Auf dem positiven Vater-Zettel steht:

- irgendwie weiß ich, dass er mich immer geliebt hat
- dass er immer Vertrauen in mein Können und meine Fähigkeiten gehabt hat
- dass er mir gezeigt hat, wie ich mit meinen kleinen Händen für ihn die Bildröhre im Fernsehapparat wechseln konnte, als ich noch nicht einmal sechs Jahre alt war
- dass alles gut war, wenn ich meine kleinen Ärmchen um meinen Papa geschlungen habe.

Auf ihre vier Zettel schauend sagt Frau P.: »Das kann nie und nimmer funktionieren.« Das Negative habe ein solches Gewicht, dass es unmöglich zu einem ausbalancierten Zustand kommen könne. Ich erkläre ihr noch einmal, wie sie das Gewicht der Ecken vergrößern kann, wenn eine Ecke zu leicht erscheint: nämlich Erinnerungen und Szenen aktivieren, die sie der Ecke hinzufügen kann, vielleicht dreimal eine Bildröhre einsetzen oder Ausschau halten, ob der Vater ihr vielleicht noch etwas anderes gezeigt oder beigebracht hat. Eine zu gewichtige Ecke soll nicht verändert werden, indem man etwas daraus fortnimmt. Für die Balance des Mandalas ist wichtig, den zu leichten Ecken so lange etwas Gewichtiges hinzuzufügen, bis ein ausbalancierter Zustand erreicht ist.

Frau P. begibt sich nun in ihre Meditationsposition, die positiven Zettel legt sie hinter sich, die negativen vor sich. Die Vaterqualitäten befinden sich zur linken Seite, die Mutterqualitäten zur rechten. Ich sitze etwas entfernt von ihr und begleite sie in die Meditation hinein. Frau P. begibt sich in ihre erste Mandala-Übung. Sie sitzt ruhig und aufrecht, gegen Ende entsteht eine leicht kreisende Bewegung. Als sie die Augen wieder geöffnet und sich ein wenig orientiert hat, berichtet sie. Die positiven Ecken hinter ihr hätten zu ihrem Erstaunen von Anfang an ein mächtiges Gewicht gehabt. Das habe sie überhaupt nicht erwartet. Sie habe in ihrer Vorstellung auf einem stabilen Floß gesessen, einem Floß auf stillem Wasser. Wenn sie nicht aufgepasst habe, habe das Floß ein starkes Ungleichgewicht, ein Übergewicht nach hinten bekommen, wie ein Sog. So als wären die negativen Bereiche sehr leicht und überhaupt nicht gewichtig, es sei richtig Arbeit gewesen, sie im Blick zu haben und sie nicht dauernd zu vergessen. Triumphierend: »… und ich habe es geschafft.« Die Kreisbewegung, der kreisende Energiezirkel, sei sehr einfach gewesen, »fast automatisch«. Sie habe in der Mitte gesessen und sich das Kreisen angeschaut, als habe sie nichts damit zu tun. Und nun sei sie hier im Raum, aufrecht und hellwach und gespannt, wie sich wohl die Nachwehen dieser Arbeit gestalten würden.

In den nächsten Wochen kommt sie immer wieder auf die Mandala-Arbeit zurück und erzählt, was sich verändert. Das erinnert mich an einen Satz, den Marianne in Bezug auf die Mandala-Arbeit gesagt hat: »Es ist gut, diese Arbeit auf zwei oder mehr

Tage zu verteilen und sie auch wiederholt durchzuführen, damit das Unbewusste sich vertraut machen kann – mit der Balance, die sich etabliert hat, während ich in einem neutralen Zustand sein darf.«

Später einmal fasst Frau P. zusammen, was die Mandala-Arbeit mit ihren Eltern in ihr bewirkt hat: »Die Lebensgeschichte und das Leid aus dieser Lebensgeschichte und die Macht, die die Geschichte für meine weitere Entwicklung hat, werden unbedeutender, bleiben Realität und gleichzeitig beeinträchtigen sie weniger mein Sein, mein Leben im Hier und Heute. Es gibt mehr Ich-bin-ich, mehr Hier und Jetzt, mit einer Menge an Möglichkeiten, mit Achtung für meine Entwicklung und Freude auf Zukunft, unbelastete, von Ballast befreite Zukunft.«

Auch viele Wochen nach dieser Arbeit ist Frau P. immer noch erstaunt, wie anders, wie frei und neu sie sich fühlt. Wenn ihre Gedanken und Gefühle sich zu verstricken drohen, genügt es, das Bild ihres Floßes heraufzubeschwören, um wieder in ihre Balanciertheit zu finden.

Und sie fühlt sich »ganz«, auf eine Weise, die sie bisher nicht gekannt hat. Ihre Vermutung dazu ist, dass sie ihr Wissen über ihre Kindheit vorher vor sich selbst versteckt gehalten hat, dass sie sich vor dem Erkennen und Wissen geschützt hatte, wie es ihr tatsächlich ergangen ist. Sie hat durch unsere Arbeit also zweierlei gewonnen, einen differenzierteren, realistischeren Blick auf ihre Kindheit und Lebensgeschichte, verbunden mit der wachsenden Sicherheit, sich selbst und ihren Empfindungen zu trauen, und außerdem die Fähigkeit, sich zu disidentifizieren, sich von der Wirkmacht ihrer Geschichte zu lösen und ihr nicht mehr ausgeliefert zu sein.

Mit ihrem neuen Wissen tastet sie sich wieder an die Zeit vor und nach dem Tod von Jette heran. Sie kann jetzt sehen, dass sie Jannik nach Jettes Tod »emotional vernachlässigt« hat und dass das schlimm für ihn war. Sie kann darum weinen und trauern und sie kann es sich verzeihen. Sie versteht, dass sie damals alles getan hat, was in der überwältigenden Situation für sie möglich war. Und sie kann auch würdigen, wie gut sie Hilfe von anderen angenommen hat, zum Beispiel von einer freundlichen berenteten Nachbarin, die Zeit hatte und viel mit Jannik gespielt hat. Wenn sie Dienstreisen hatte, habe Jannik auch bei der Nachbarin geschlafen. »Und es war richtig gut, dass mein dritter Mann Janniks Ersatzvater wurde.« Das Gefühl von »Schuld« gegenüber Jannik kann sie jetzt verabschieden. Die muss nicht mehr festgehalten werden. Jannik ist erwachsen und lebt nun sein eigenes Leben. Er wird auf die eine oder andere Weise mit dem umgehen, was in seiner eigenen Lebensgeschichte vielleicht schwer zu bewältigen war. Natürlich ist dafür hilfreich, eine Mutter zu haben, die inzwischen auf eine so differenzierte Weise offen mit ihren Gefühlen und ihrem Beziehungserleben umgehen kann.

Wenn Frau P. an die ersten insgesamt 2½ Jahre in ihrer jungen Familie denkt, ist sie zufrieden und glücklich. Gleichzeitig ist sie auch verunsichert und traut dem nicht ganz. »Kann es denn wirklich sein, dass ich eine Mutter war, die ihr Kind liebevoll gehalten hat und ihm diese basale Sicherheit tagtäglich geben konnte, obwohl mir selbst das als Kind gefehlt hat? Oder mache ich mir da etwas vor?« Die Fotos zu sehen, auf denen ihr fürsorgliches Halten, ihr Bezogensein und ihre liebevollen Blicke deutlich sichtbar sind, reichen ihr nicht aus, um hier sicherer zu werden.

Aus den bisherigen Gesprächen mit mir zu den Themen Bindungstheorie und Entwicklung von Bindungssicherheit hat sie verstanden, dass Bindungssicherheit vor allem durch die eigene Erfahrung von Gesehenwerden, gut Gespiegeltwerden in den ersten beiden Lebensjahren geschieht, durch Containment, durch das Regulationsangebot (man spricht hier von Ko-Regulation) einer wichtigen Beziehungsperson, die zu einer guten Selbstregulation fähig ist.

Gemeinsam mit Frau P. suche ich in ihrer Biografie nach einer Erklärung. Wir begeben uns auf Spurensuche nach guten Bindungspersonen in ihrer Kindheit. Es sind nicht ihre Großeltern. Die waren nicht wirklich präsent. Ihre Mutter kommt für sie mit dem, was sie inzwischen erkannt hat, nicht mehr infrage: »Sie hat mich immerzu verführt, zu glauben, dass ich bei ihr gut aufgehoben bin, aber ich war es nicht.« Sie denkt über ihren Vater nach: »Ja, geliebt hat er mich. Aber er war für Erziehung nicht zuständig und hat sich auch sonst kaum um mich gekümmert. Und er ist nie für mich eingestanden, hat mich nicht geschützt. Er hatte keine Ahnung, wie meine Mutter mich abgelehnt hat und wie sie mich für ihre Selbstdarstellung benutzt hat. Manchmal war ich bei ihm in seiner Werkstatt im Keller, in die er sich immer zurückgezogen hat, wenn er zu Hause war. In meiner Erinnerung waren das gute Momente. Ich kann mich sogar an den Lötkolben-Geruch erinnern. Seine Schnapsflasche hatte er auch im Keller versteckt. Irgendwie hat er ja vielleicht doch zu meinem bisschen an Bindungsfähigkeit beigetragen … vielleicht konnte ich meinen Kindern seinetwegen eine fürsorgliche Mutter sein.«

Als ich danach frage, ob ihr sonst noch Menschen einfallen, zu denen sie als Kind näheren Kontakt hatte, kommt von ihr: »Nur die Zwillinge bei uns im Haus«. Ich bitte Frau P., mehr von den Zwillingen zu erzählen, und allmählich entsteht ein neues Bild. Schon vor der Geburt der Zwillinge war sie oft bei den Nachbarn, Familie Meier, die eine Etage über ihnen wohnten. Die Mutter der Zwillinge sei auch Babysitterin von ihr gewesen, wenn die Eltern einmal nicht zu Hause waren. Und als Frau Meier schwanger war, habe sie die Babybewegungen in ihrem Bauch fühlen dürfen. »Komisch, dass mir das jetzt einfällt, da war ich doch noch ganz klein«. »Ich muss oft bei ihnen gewesen sein, ich kann mich ans Füttern erinnern, ans Wickeln, ans Bauklötze umwerfen. Ich kann mich sogar erinnern, wie das Essen roch. Das hatte ich ja komplett vergessen.« … Nach einer kleinen Weile fügt sie hinzu: »Meine Mutter wollte immer nicht, dass ich dort hinging … vielleicht mochte sie es nicht haben, dass ich so gern dort war … und es dort gut hatte.«

Wie Frau P. bin auch ich der Meinung, dass die Familie Meier eine wichtige Bedeutung für ihre Lebensentwicklung gehabt haben muss, die sich wohl zu der – wie auch immer zum Ausdruck gebrachten – Liebe ihres Vaters hinzugefügt hat. Auch meine ganz privaten Überlegungen und Fragen lasse ich in unsere gemeinsamen suchenden Gespräche einfließen: Gibt es nicht auch ein biologisch angelegtes Fürsorgeverhalten bei uns Menschen, unabhängig davon, ob unsere Eltern uns fürsorglich gehalten und liebevoll gesehen haben oder nicht? Schließlich sind wir Menschen neun Monate lang getragen und gewiegt worden und haben neun Monate lang im Mutterleib Geborgenheit erfahren. Und schließlich findet vor, während und nach der Geburt eine überflutende Ausschüttung von Bindungshormonen – also von »Fürsorglichkeitshormonen« – statt, nicht nur bei der Mutter, sondern, in geringerer Menge, auch beim werdenden Vater. Ebenso lösen Geruch und Aussehen (»Kindchenschema«) von Babys in Verbindung mit dem biologischen Bindungsbedürfnis (Grossmann & Grossmann 2004) und hochkomplexen Bindungsverhalten von Babys und Kleinkindern Fürsorgeverhalten bei Erwachsenen aus. Aber auch wenn wir die Frage nach einer angelegten Fürsorgefähigkeit mit einem vorsichtigen »Ja« beantworten können, so ist gleichermaßen bekannt, dass Fürsorgefähigkeit durch nicht integrierte traumatische Lebenserfahrungen reduziert oder gänzlich verschüttet sein kann (z. B. Stern 1995/1998).

In dieser Phase der Therapie berichtet Frau P., dass sie sich jetzt in ihrem Haus zunehmend wohl fühlt, dass es ihr immer weniger schwer fällt, allein zu sein. Sie arbeitet wieder mehr in ihrem Garten und hat Freude daran, einiges umzugestalten und neu zu pflanzen. Mit ihrer Walk-Nachbarin hat sie sich angefreundet.

Alles sieht nach einer feinen Entwicklung aus, nach einem »auf zu neuen Ufern«. Weil sie jetzt – ohne Mann und ohne Sohn im Haus – mehr freie Zeit zur Verfügung hat, verbunden mit der inneren Bereitschaft, weiterzugehen, entscheidet sich Frau P., eine Zusatzausbildung im Coaching zu machen. Sie druckst ein wenig herum und fragt mich dann, ob ich sie vielleicht vorher darin unterstützen könnte, an ihren Minderwertigkeitsgefühlen zu arbeiten. Tatsächlich hatte ich von ihren Minderwertigkeitsgefühlen bisher nichts gemerkt. Ich zweifle an meiner Wahrnehmungsfähigkeit und frage mich, ob ich hier einen dicken blinden Fleck gehabt habe. Meine bisherige Einschätzung war die einer im beruflichen und im Alltagsleben hoch kompetenten Frau, die sich ihrer Kompetenz durchaus bewusst ist. Auf meine erstaunte Nachfrage sprudelt sie los, dass das ja auch alles stimme, dass sie aber »in Wirklichkeit« nur geschickt darin sei, ihre Minderwertigkeit und Unfähigkeit zu verbergen. »Ich ziehe mich daran hoch, was ich alles leisten kann, so dass auch andere mich so sehen sollen, und das glaube ich mir dann auch selbst. Aber manchmal kippt das ganz plötzlich ins Gegenteil, dann bin ich wie gelähmt von einem Gefühl von ›ich kann nicht‹, bin völlig mutlos, ohne Zuversicht und ohne Antrieb. Ich habe ein miserables

Gedächtnis, überhaupt keine Orientierungsfähigkeit, kein geographisches Verständnis …« Ich unterbreche ihre destruktive Spirale und sie murmelt, dass so jemand wie sie nicht geeignet ist, eine Ausbildung zum Coach zu machen. »Aha« sage ich nur. Und plötzlich müssen wir beide lachen. Das tut gut.

Frau P. selbst spricht dann die Idee aus, nochmal ein Mandala zu machen. In der Kopie, die ich ihr gegeben hatte, sei doch auch beschrieben, dass man die Übung auch mit seinen persönlichen Eigenschaften machen könne. Sie stellt sich vor, dass das ein guter Einstieg für die Arbeit an ihrem Selbstwertgefühl sein könnte und dass sie dann aufhören könnte, sich solche Sorgen vor Beginn ihrer Ausbildung zu machen. Wir verabreden, dass sie ihren Einstieg in die Übung für die nächste Stunde vorbereitet.

Grinsend beginnt sie die nächste Sitzung. »Ich habe die ganze Arbeit schon gemacht. Es war viel schwerer als mit dem Floß. Es war richtig Schwerarbeit und ich habe ein paar Mal neu anfangen müssen. Aber ich war sicher, dass es mir gelingen würde. Das wusste ich von der Arbeit mit dem Floß.« Dann zeigt sie mir ihre vier Zettel, legt sie um sich herum und demonstriert ihre Arbeit. Auf der rechten Seite liegen ihre weiblichen Qualitäten oder Eigenschaften, auf der linken ihre männlichen. Die positiven Eigenschaften liegen jeweils hinter ihr, die negativen vor ihr.

Auf dem positiven weiblichen Zettel stehen die Eigenschaften:
- Mitgefühl und Empathie
- Verstehen
- bereit sein, nach Hintergründen und Erklärungen zu suchen.

Auf dem negativen weiblichen Zettel steht:
- Gefühle von »ich kann nicht«
- Verzagtheit und Mutlosigkeit
- Selbstabwertungen in Hülle und Fülle.

Auf dem positiven männlichen Zettel steht:
- Kraft
- Ausdauer
- Mut und Ärmel hochkrempeln
- Warmlaufen bei Herausforderungen.

Auf dem negativen männlichen Zettel steht:
- Rigorosität
- dogmatische Abwertung von anderen
- Kontaktabbruch.

Frau P. beschreibt, dass entgegen ihrer Erwartung die beiden positiven Ecken in ihrer Meditation so gewaltig und so schwer waren, dass das Floß nach hinten quasi untergetaucht ist. Sie habe dann Angst bekommen und gedacht, »das geht ja gar nicht! Das ist zwar nur eine Übung, aber Untergehen ist nicht gewollt.« Es sei ihr fast übel gewesen. Die negativen weiblichen Qualitäten vorne rechts seien viel zu leicht gewesen. Dann habe sie gemerkt, dass das Ganze in ihrer Vorstellung überhaupt kein Floß war, sondern eine ziemlich große dünne wabbelige Luftmatratze … und als würde die Ecke vorn rechts gleich abheben wie ein Fesselballon. Diese Ecke schwerer zu machen sei echt Arbeit gewesen. Sie sollte ja Gewicht hinzufügen. Also habe sie sich vorgestellt, wie sie vor ihrem neuen Laptop gesessen habe und sich hilflos gefühlt habe, wie sie keine Ahnung gehabt habe. Sie habe sich ihre üblichen Denkspiralen vorgestellt: ›Jeder andere würde das spielend können, würde Mut haben, würde klug sein und herausfinden können, wie es geht. Andere würden mit Neugier daran gehen, nur ich selber habe eben als Kind nicht gelernt, mich zu trauen und neugierig zu sein.‹

Mit der Entwicklung dieser Gedanken ist es ihr gelungen, der Ecke vorne rechts mehr Gewicht zu geben. Allerdings sei das Gewicht dann plötzlich punktuell sehr massiv gewesen und es entstand die Vorstellung, als wäre vorn rechts ein schwerer Stein an einem Seil befestigt und würde das Wabbelding nun in dieser vorderen Ecke nach unten ziehen. Gleichzeitig habe sie sich um die vordere linke Ecke kümmern müssen, die sei so leicht gewesen, als würde sie davonfliegen wollen. »Wie wenn man einen Sack Flöhe hüten muss.« Das Ganze war ununterbrochen am »Rumwabbeln« und sie habe auf alle Seiten gleichzeitig achten und um ein Gleichgewicht kämpfen müssen. Auch der Versuch, die Matratze kleiner zu machen, um sie stabiler zu bekommen, hat nicht funktioniert. »Wirklich wie eine nicht richtig aufgeblasene Matratze auf dem großen Meer, ohne Boden unter den Füßen.«

Sie habe sich dann erst einmal darum bemüht, vorne links mehr Gewicht zu bekommen. Sie habe sich böse aggressive Vorstellungen gemacht. Peinliche lustvolle Gedanken von Zerstörung anderer seien aufgetaucht. Auch die Vorstellung, alles hinzuwerfen, was ihr nicht in den Kram passe. Weil solches Gewichtgeben ja die Aufgabe war, habe sie sich das erlaubt. Für das alles habe sie mehrere Anläufe gebraucht, das sei richtig anstrengend und sehr aufwühlend und manchmal mit leichter Übelkeit verbunden gewesen.

Das ganze Luftmatratzenkonstrukt sei viel schwabbeliger gewesen als ihr Floß. Aber als es sich halbwegs balancieren ließ, habe sie endlich doch gewagt, das Zirkeln zu probieren. Durch das Zirkeln sei ihre Matratze dann stabiler geworden. Das Ganze sei dann auch allmählich im Durchmesser kleiner geworden und dadurch nochmal deutlicher stabil und ausbalanciert. Am wichtigsten sei der Zirkelkreis selbst gewesen, er wurde zu einem breiten silbernen Band, »aus so einem festen Material wie bei dem Bellicon«. Das silberne breite Band habe alles zusammengehalten und sei dann viel wichtiger geworden als die vier Ecken.

Und Frau P. fasst zusammen: »Bei diesem Mandala ist also für mich herausgekommen, dass diese persönlichen Eigenschaften in den Ecken vielleicht gar nicht so wichtig sind, dass es nicht so besonders viel Sinn macht, mich mit irgendeiner der Ecken zu identifizieren und auf diese Weise mich ständig zu beurteilen und zu bewerten. Es geht gar nicht um die Ecken und diese ganzen positiven und negativen Eigenschaften. Es geht einfach um das SEIN. Das silberne Band ist das Wichtigste. Ich sehe es ständig vor mir und lächle über das kreisende Band. Und fühle mich stolz.«

Abschließend sagt Frau P. noch, dass sie diese ganze Arbeit überhaupt noch nicht wirklich begriffen habe, dass alles weiter kreisele und wohl auch noch eine Weile kreiseln würde. Sie sei mächtig gespannt, was daraus wohl noch entstehen würde. Nun sei sie allerdings erst einmal neugierig, wie ihr Ausbildungsbeginn wohl sein würde und ob sie dort schon von ihrem silbernen Kreisel würde profitieren können.

Von ihrer Fortbildungswoche kommt Frau P. geradezu euphorisch zurück. Sie habe genau die richtige Weiterbildung für sich ausgewählt. Die Gruppe sei klein, mit netten, interessanten Teilnehmern, einer guten Lernatmosphäre und inhaltlich so, wie sie sich das erhofft habe. Ihren »Selbstwertkreisel« habe sie immer dabei gehabt und auch ein paar Mal genutzt, als sie an einer kippeligen Selbstbewertungs-Stelle war. Sie sei immer noch erstaunt und froh, dass das so gut funktioniere, und sie sei sicher, dass diese Arbeit auch nachhaltig weiterwirken würde.

Dann erzählt sie, dass es bei ihrer Weiterbildung einen Vortrag zu den Themen Genogrammarbeit und transgenerationale Traumatisierung* gegeben habe, der sie weiter hat nachdenken lassen über ihre Eltern und die Entwicklung ihrer Herkunftsgeschichte. Über ihren Vater und seine Geschichte wisse sie ja fast gar nichts, sie habe sich bisher auch nie dafür interessiert. Inzwischen fühle sie sich neugieriger. Ihr Vater lebe ja noch, er würde sich wahrscheinlich freuen, wenn sie von sich aus mit ihm Kontakt aufnähme. Vielleicht will sie das tun.

Von ihrer Mutter wisse sie nur, dass sie ohne Vater aufgewachsen sei, weil dieser im Krieg geblieben sei. Dieser Großvater sei ein kräftiger dunkelhäutiger Typ gewesen, mit tiefschwarzen Haaren. Die Mutter habe ihr einmal das Foto von ihm gezeigt. Wegen des Krieges hätten sie jung geheiratet und er sei in ihrer Familie nicht gewollt gewesen. Man habe gemunkelt, er habe Zigeunerblut und sei ein richtiger »Hallodri«. Es wurde erzählt, dass die Großmutter verrückt geworden sei, mehrere brutale Suizidversuche unternommen habe, einmal habe sie sich mit Säure überschüttet.

* Näheres zu Genogrammarbeit siehe z. B. Ruhe 2014. Näheres zu transgenerationalen Traumatisierungen siehe Huber & Plassmann 2012.

Frau P. habe diese Großmutter nie kennengelernt, sie habe in einer Irrenanstalt gelebt und sei noch sehr alt geworden. Ihre Mutter sei bei der Schwester der Großmutter aufgewachsen, deren Mann ebenfalls gefallen war. Diese »Ersatzgroßmutter« habe sie ein paarmal gesehen. Sie sei ihr immer irgendwie unheimlich gewesen. Frau P.: »Eigentlich habe ich das alles nie wissen wollen. Es war immer nur furchtbar, wenn jemand aus der Familie von den alten Geschichten erzählt hat.« Ich denke laut darüber nach, dass das Anhören und Miterleben der Geschichten von Menschen, die ihre traumatisierenden Erlebnisse nicht oder noch nicht verarbeiten und integrieren konnten, wohl deshalb so schwer zu ertragen sei, weil man quasi eingesogen wird mit Haut und Haar und allen Sinnen in eine Atmosphäre von existenzieller Bedrohung und Überwältigung. Diese Überlegungen nimmt sie erleichtert auf. Ich füge noch hinzu, dass das besonders gilt, wenn man noch klein ist oder gerade mit einer unsicheren oder instabilen Befindlichkeit zu tun hat. Ins Blaue hinein, ohne viel von den Abwehrmechanismen ihrer Mutter zu wissen, spreche ich dann noch von einer anderen Variante des Erzählens von unverarbeiteten traumatisierenden Geschichten: »Manche Menschen erzählen ein erlebtes Entsetzen, ohne mit sich selbst in Kontakt zu sein, auf eine Weise, dass die Zuhörerin sowohl auf der einen Seite das Ungeheuerliche spürt als auch auf der anderen Seite ein unausgesprochenes mächtiges Verbot fühlt, wie ein Bann, mit Empathie darauf einzugehen. Das sei wohl so, weil sich Empathie für die Erzählende gefährlich anfühlen würde. So, als liefe sie Gefahr, die Abwehr des Entsetzens nicht weiter aufrechterhalten zu können. Bei einer solchen Erzählweise fühlt man sich scheußlich, hilflos und wie gelähmt und nicht fähig, zu fliehen.« Diese Erklärung trifft genau ins Schwarze. »Genau so hat es meine Mutter gemacht. Deshalb mochte ich nie zuhören.« Frau P. hatte seit der Geburt von Jannik nur sehr sporadisch Kontakt zu ihrer Mutter und seit dem Tod von Jette überhaupt nicht mehr. Jannik habe als Jugendlicher ein paar Ansätze gemacht, die Beziehung zu seiner Großmutter zu aktivieren, das sei aber jedes Mal nur ein Strohfeuer gewesen, das mit Enttäuschungen und schweren Kränkungen endete. Heute, dank unserer Gespräche und dank der Mandala-Übungen, kann Frau P. sich vorstellen, Kontaktmöglichkeiten zu ihrer Mutter hin zu erkunden. Sie fühlt sich in sich selbst stabil und sicher genug und glaubt, auch gut und selbstsorgsam auf sich achtgeben und sich vor diesem oder jenem Sog schützen zu können.

Wir sind fast am Ende einer sehr feinen therapeutischen Entwicklung angelangt. In einer der letzten Sitzungen überrascht Frau P. mich mit ihrem Ahnen-Mandala. Dieses Mandala habe sie unbedingt noch in Bezug auf ihre Vorfahren machen müssen. Auch dieses Mandala habe erstaunliche Wirkungen. Sie fühle sich immer heiler, ganzer und geerdeter. Hier sind ihre vier »Ahnen-Ecken«:

Männlich negativ:

- »Dreck am Stecken«
- »Gehen über Leichen«
- nie darüber gesprochen, was die Männer getan haben (im Krieg) und woran sie gelitten haben
- kein miteinander Teilen
- kein Fühlen und Vergeben von Leid und Unrecht.

Männlich positiv:

- Zigeunerblut
- Kraft und Lebensfreude.

Weiblich negativ:

- fallengelassen werden und fallen lassen (»Oh Gott, dass kenne ich ja auch in meiner Geschichte, nur dass ich es jetzt verstehe und anfangen werde, jahrzehntealte Trennungen zu erkunden und vielleicht aufzuheben.«)
- Verletzungen
- lebenslange Trennungen
- Grauen.

Weiblich positiv:

- Hoffnung
- Sehnsucht
- Liebe
- Faszination
- Erfüllung
- Hoffnung für eine Weitergabe von Fürsorge und Liebe und Frieden in die nächste oder übernächste Generation.

Und dann erzählt Frau P., was sie während ihrer meditativen Arbeit erlebt hat:

> *»Ich befand mich auf einer riesengroßen Insel, die schwamm tief im Wasser und war quadratisch. Die vier Ecken waren so weit voneinander entfernt, dass ich versucht habe, die Insel zu verkleinern. Das ging aber nicht, sie wollte so groß bleiben. Alle Bereiche für sich allein, die ganze Insel, alles war sehr stabil und eben weit voneinander entfernt. Alles konnte aus der Ferne betrachtet werden. Eine Verbindung war kaum möglich. Das hat mir starkes Herzklopfen gemacht. So wie ich das in der Therapie*

gelernt habe, habe ich das Herzklopfen neugierig wahrgenommen und ihm Zeit gelassen. Dann habe ich mit der Ecke ›Dreck am Stecken‹ begonnen. Da war so viel Entsetzen. Und ich habe gedacht, ›wie kann das je in Verbindung gebracht werden mit den anderen Ecken? So desperat. So weit entfernt‹. Dann hat sich der Zirkel sehr langsam in Bewegung gesetzt, von ›Dreck am Stecken‹ zu Trennungen und Verletzungen, Grauen. Und dann ging es sehr langsam weiter zu Sehnsucht, mildes Licht, Lächeln, und dann weiter zu Zigeunerblut und Kraft. Alles so unterschiedliche Bereiche – aber immerhin verbindbar in dieser langsamen Zirkelbewegung. Dann wollte ich erkunden, was geschieht, wenn der Zirkel anders herum kreist, beginnend mit Zigeunerblut und Sehnsucht. Jetzt konnten die Verletzungen als zugehörig empfunden werden und bei ›Dreck am Stecken‹ entwickelte sich die Möglichkeit, um das Identify-mit-dem-Entsetzen zu wissen und es auszuhalten und im Weiterkreisen das Dis-Identify zu ermöglichen und weiterzukreisen zum Zigeunerblut. Dann nahm der Zirkel Fahrt auf, war nicht mehr so gemächlich disparat. Und auch wenn alles nicht als zugehörig erlebt wird, so wurde es doch durch das Zirkulieren weniger disparat und immer mehr zusammengehörig. Das habe ich immer mehr als befremdlich und erstaunlich erlebt, und auch Neugier auslösend. Dann habe ich mir diese Plattform genauer angesehen, diese gewachsene und bewachsene Ebene mit ihren ganz eigenen Seinsqualitäten, ihren eigenen Regeln und Ordnungen.

Ich wusste die ganze Zeit, dass ich die Insel kenne. Dann fiel es mir ein, es war eine der schwimmenden, aus Schichten von Schilf gewachsenen Inseln auf dem Titicacasee. Eine Insel des Volkes der Uro. Wir waren dort, mein Mann und ich, also mein zweiter Ehemann und ich, vor 21 Jahren auf unserer Hochzeitsreise, als ich schon schwanger war mit Jannik.

Irgendwie hat sich dieses Gefühl der Verbindung mit den Ahnenreihen dann verselbständigt und ich habe so etwas wie eine Verbindung zu anderen Ahnenreihen dieser Welt verspürt, zu den Ahnenreihen und Entwicklungslinien der Uro, die mir ja eigentlich sehr fremd sind, auf ihren gewachsenen schwimmenden Plattformen, zu den Ahnenreihen eines jeden Menschen. Alles war sehr stabil und sehr friedlich.«

Nach einer kleinen Pause fügt sie hinzu: »Auch wenn all diese Inseln in dieser Welt so viel Entsetzen beinhalten mögen, so haben sie doch alle immer vier Ecken, die sich miteinander verbinden lassen.«

»Und wissen Sie was?«, fragt Frau P. strahlend, nachdem sie ihre Erfahrungen mit ihrer Ahnen-Mandala-Meditation zu Ende erzählt hat: »Ich habe gleich danach die schwimmenden Inseln gegoogelt. Das erste Bild was auftauchte, war meine Mandala-Insel, ein großes Rechteck, fast quadratisch, ich als Hütte in der Mitte, und in jeder der vier Ecken eine kleine weitere Hütte. Und stellen Sie sich vor: zwei davon waren rund, also weiblich und zwei waren quadratisch, also männlich!«

Und dann schenkt sie mir ein Gedicht von Rose Ausländer, das ihr sehr lieb ist und mir wie eine Synopse von Mariannes Buch erscheint, von ihren theoretischen Ausführungen, ihren Meditationsanleitungen und besonders auch von den Mandala-Übungen.

Eine Insel erfinden
allfarben
wie das Licht

In seinem Schatten
willkommen heißen
die Erde

Sie bitten
uns aufzunehmen
in Gärten

Wo wir wachsen dürfen
brüderlich
Mensch an Mensch

Rose Ausländer*

Die Therapie von Frau P. ist mittlerweile beendet. Ein Happy End. Frau P. wird Weihnachten ihren Sohn in Spanien besuchen und zwei Wochen dort bleiben. Sie hat sich vorgenommen, »irgendwann« wieder Kontakt zu ihrem zweiten Ehemann aufzunehmen und herauszufinden, ob sie heute lernen können, über das zu sprechen, was ihnen in der Beziehung zu einander nach dem Tod ihrer Tochter widerfahren ist. Vielleicht wird sie auch nach den Zwillingen von damals suchen. Und sie wird das Meditieren wieder aufnehmen, weil es »ihre« Methode ist, und die Mandala-Arbeit wird sie weiter begleiten. Ich vermute auch, dass sich ihre Beziehungen zu Menschen in ihrem großen Bekanntenkreis verändern werden. So werden im Laufe der Zeit vielleicht einige Menschen unwichtiger für sie werden. In anderen Beziehungen wird sie wahrscheinlich die Qualitäten mitschwingen lassen können, zu denen sie inzwischen mehr Zugang gefunden hat. Daraus werden sich allmählich – so glaube ich – tiefe erfüllende Begegnungen und vielleicht auch Freundschaften entwickeln.

Am Happy End denkt man manchmal automatisch »... and they lived happily ever after«. So ist es natürlich in der Realität nicht. Das Leben und die Welt, in der

---

* Ausländer, R. (1984, S. 103). »Wachsen dürfen«. In: *Im Aschenregen die Spur Deines Namens. Gedichte und Prosa 1976*. In: Braun, H. (Hg.), *Rose Ausländer. Gesammelte Werke in 7 Bänden*. Frankfurt: S. Fischer Verlag. Abdruck mit freundlicher Genehmigung des S. Fischer Verlages.

wir leben, bringt auch nach einer gelungenen Psychotherapie und feinen Mandala-Meditationen Zumutungen, Herausforderungen und vielleicht auch traumatisierende Ereignisse. Das können wir meist nur wenig beeinflussen. Was wir tun können – unter anderem mithilfe von Meditation und mithilfe von Psychotherapie – ist, unsere Fähigkeiten zu einer resilienten Bewältigung solcher Herausforderungen zu entwickeln und immer weiter zu entwickeln.

Zuguterletzt

Abschließen möchte ich mein Kapitel mit einer kleinen Mandala-Begebenheit, die mich sehr bewegt hat:

Eine liebe Freundin, die über langjährige Meditationserfahrung verfügt, hat gerade viel Zeit, weil sie wegen einer Krebserkrankung über Monate krankgeschrieben ist. Sie fragte mich, ob sie mir beim Korrekturlesen helfen könne. Ich war gerade dabei, das Mandala-Meditationskapitel in der englischen Erstfassung zu redigieren und habe es ihr mit der Frage geschickt, ob ihr der Text verstehbar und umsetzbar erscheint. Einen Tag später kam ihre Antwort, kurz und knapp. Ich darf sie hier abdrucken: »Liebe Dorothea, am Tropf hängend habe ich das erste Mandala gelesen, verstanden und durchgeführt. Mein Floß ist im Gleichgewicht. Super Übung.«

Literatur

Armstrong, K. (2009). *Charter for compassion* – https://charterforcompassion.org (Abruf: 13.10.2019). International educational network working towards the vision of world where everyone is committed to living by the principle of compassion.

Aiello, E. et al. (2018). Preventing violent radicalization of youth through dialogic evidence-based policies. *International Sociology, 33*(4), 435–453.

Arlin, P. (1990). Wisdom, the art of problem-finding. Kap. 11, S. 244–278, in: R. J. Sternberg (Hg.), *Wisdom: It's nature, Origines and Development.* Cambridge: Cambridge University Press.

Austin, J. (1998). *Zen and The Brain: Toward an Understanding of Meditation and Consciousness.* Cambridge: Massachusetts Institute of Technology.

BBC Earth (2016). *How much of your body is your own?* – http://www.bbc.com/earth/story/the-making-of-me-and-you (Abruf: 17.10.2019).

Beauregard, M. et al. (2006). Neural correlates of a mystical experience in Carmelite nuns. *Neuroscience Letters, 405,* 186–190.

Bentzen, M. (2015). *The Neuroaffective Picture Book.* Illustrated by Kim Hagen & Jakob Foged. Northhampton: Paragon Publishing; dt. (2016). *Das Neuroaffektive Bilderbuch.* Northhampton: Paragon Publishing.

Bentzen, M., & Hart, S. (2012a). Jegets fundament – den neuroaffektive udviklings første vækstbølge og de neuroaffektive kompasser. Kap. 2, in: S. Hart (Hg.), *Neuroaffektiv Psykoterapi for Voksne.* Kopenhagen: Hans Reitzels Forlag.

Bentzen, M., & Hart, S. (2012b). Psykoterapi og neuroaffektiv udvikling – anden vækstbølge: socialisering, sprog, identitetsdannelse og mentalisering. Kap. 3, in: S. Hart (Hg.), *Neuroaffektiv Psykoterapi for Voksne.* Kopenhagen: Hans Reitzels Forlag.

Bentzen, M., & Hart, S. (2012c). Voksenlivets udviklingsmuligheder – den neuroaffektive udviklings tredje vækstbølge og fordybelsen igennem eksistentielle mentliseringsprocesser. Kap. 4, in: S. Hart (Hg.), *Neuroaffektiv Psykoterapi for Voksne.* Kopenhagen: Hans Reitzels Forlag.

Bentzen, M., & Hart, S. (2015). *Through Windows of Opportunity. A Neuroaffective Approach to Child Psychotherapy.* London: Karnac; dt. (2016). *Neuroaffektive Therapie mit Kindern und Jugendlichen: Vier Entwicklungsphasen bezogene Handlungsansätze.* Lichtenau: G. P. Probst Verlag.

Bentzen, M., & Hart, S. (2018). *The Neuroaffective Picture Book 2 – Identity and socialization.* Illustrated by Kim Hagen. Kopenhagen: NAP Books; dt. (2019). *Das Neuroaffektive Bilderbuch 2.* Northhampton: Paragon Publishing.

Bertelsen, J. (2013). *Essence of Mind. An approach to Dzogchen.* Berkeley: North Atlantic Books; dt. (2006): *Das Innerste des Bewusstseins: Dzogchen.* Leopoldshöhe: Opus Verlag.

Bertelsen, P. (2018). Mentoring in Anti-radicalisation. LGT: A Systematic Assessment, Intervention and Supervision Tool in Mentoring. In: G. Overland et al. (Hg.), *Violent Extremism in the 21st Century. International Perspectives.* Newcastle: Cambridge Scholars Publishing.

Bordoni, B. et al. (2018). The Influence of Breathing on the Central Nervous System. *Cureus, 10*(6), e2724. – doi:10.7759/cureus.2724 (Abruf: 23.11.2019).

Chalmers, D. (2010). *The Character of Consciousness.* New York: Oxford University Press.

Crane, C., & Williams, J. M. (2010). Factors Associated with Attrition from Mindfulness-Based Cognitive Therapy in Patients with a History of Suicidal Depression. *Mindfulness, 1*(1), 10–20. doi:10.1007/s12671-010-0003-8 (Abruf: 8.10.2019).

Damasio, A. (1994). *Descartes' Error.* New York: Putnam; dt. (2004). *Descartes' Irrtum: Fühlen, Denken und das menschliche Gehirn.* München: List Taschenbuch.

Dana, D. (2018). *The Polyvagal Theory in Therapy.* New York: Norton; dt. (2018). *Die Polyvagal-Theorie in der Therapie.* Lichtenau: G. P. Probst Verlag.

d'Aquili, E., & Newberg, A. (1999). *The Mystical Mind: Probing the Biology of Religious Experience.* Minneapolis: Fortress Press.

de Nicholas, A. (2003). *Meditations through the Rig Veda: Four-Dimensional Man* (S. 64–69). Lincoln: Authors Choice Press.

de Waal, F. (1996). *Good Natured: The Origins of Right and Wrong in Humans and Other Animals.* Cambridge: Harvard University Press.

Enger, D. (2016). *Perspectives of religious Criticism – the challenge of globalization.* Kopenhagen: Systime.

Erikson, E. H. (1950). *Childhood and Society.* London: Imago; dt. (1968). *Kindheit und Gesellschaft.* Klett: Stuttgart.

Erikson, E. H. (1982). *The life cycle completed – A Review.* New York: Norton; dt. (1988). *Der vollständige Lebenszyklus.* Frankfurt: Suhrkamp.

Flinders, C. (1993). *Enduring Grace: Living Portraits of Seven Women Mystics* (S. 155-191). San Francisco: HarperOne.

Fonagy et al. (2002). *Affect Regulation, Mentalization and the Development of the Self.* New York: Other Press; dt. (2004). *Affektregulierung, Mentalisierung und die Entwicklung des Selbst.* Stuttgart: Klett-Cotta.

Frazer, J. (2017). *How The Human Body Creates Electromagnetic Fields* –https://www.forbes.com/sites/quora/2017/11/03/how-the-human-body-creates-electromagnetic-fields/#6187709c56ea (Abruf: 19.11.2019).

Furness, J. B., & Stebbing, M. J. (2018). The first brain: Species comparisons and evolutionary implications for the enteric and central nervous systems. *Neurogastroenterol Motil, 30*(2). doi:10.1111/nmo.13234 (Abruf: 19.11.2019).

Garrison, K. A. et al. (2015). Meditation leads to reduced default mode network activity beyond an active task. *Cognitive, affective & behavioral neuroscience, 15*(3), 712–720. doi:10.3758/s13415-015-0358-3 (Abruf: 31.8.2019).

Gazzaniga, M. (1998). The Split Brain revisited. *Scientific American.* https://personal.utdallas.edu/~otoole/CGS2301_S09/7_split_brain.pdf (Abruf: 7.10.2019).

Gladwell, M. (2005). *Blink. The power of thinking without thinking.* Boston: Little, Brown and Co.; dt. (2005). *Blink! Die Macht des Moments.* Frankfurt: Campus.

Goldberg, E. (2009). *The new executive brain. Frontal lobes in a complex world.* New York: Oxford University Press.

Goldstein, J., & Kornfield, J. (1987). *Seeking the Heart of Wisdom – The Path of Insight Meditation.* New York: Shambhala; dt. (1989). *Einsicht durch Meditation: die Achtsamkeit des Herzens.* München: Scherz.

Goleman, D., & Davidson, R. (2017). *Altered Traits: Science Reveals How Meditation Changes Your Mind, Brain, and Body.* New York: Avery.

Goleman, D. (2018). *Superhumans: The remarkable brain waves of high-level meditators* https://www.youtube.com/watch?v=10J6crRacZg (Abruf: 6.9.2019).

Goyal, M. et al. (2014). Meditation Programs for Psychological Stress and Well-being. A Systematic Review and Meta-analysis. *JAMA Intern Med, 174*(3), 357–368. doi:10.1001/jamainternmed.2013.13018.

Grawe, K., Donati, R., & Bernauer, F. (1994). *Psychotherapie im Wandel. Von der Konfession zur Profession.* Göttingen: Hogrefe.

Grossmann, K., & Grossmann, K. (2004). Das eingeschränkte Leben. Folgen mangelnder und traumatischer Bindungserfahrungen. In: K. Gebauer & G. Hüther (Hg.), *Kinder brauchen Wurzeln. Neue Perspektiven für eine gelingende Entwicklung.* Düsseldorf: Walter.

Halifax, J. (2009). *Being with Dying.* Boulder: Shambhala; dt. (2011). *Im Sterben dem Leben begegnen: Mut und Mitgefuhl im Angesicht des Todes.* Bielefeld: Theseus.

Hart, S. (2008). *Brain, Attachment, Personality. A Neuroaffective Introduction to Attachment.* New York: Norton.

Hart, S. (2010). *The Impact of Attachment.* London: Karnac.

Hart, S. (2011a). *Dissociationsfænomener.* Kopenhagen: Hans Reitzels Forlag.

Hart, S. (2011b). *Neuroaffektiv psykoterapi med børn.* Kopenhagen: Hans Reitzels Forlag.

Hart, S. et al. (2019). *Emotional Development Scale (EDS) for 4-12-årige børn.* Kopenhagen: Hogrefe Psykologisk Forlag.

Huber, M., & Plassmann, R. (Hg.) (2012). *Transgenerationale Traumatisierung.* Paderborn: Junfermann.

Hüther, G. (2001). *Bedienungsanleitung für ein menschliches Gehirn.* Göttingen: Vandenhoeck & Ruprecht.

Hüther, G. (2015). *Etwas mehr Hirn, bitte. Eine Einladung zur Wiederentdeckung der Freude am eigenen Denken und der Lust am gemeinsamen Gestalten.* Göttingen: Vandenhoeck & Ruprecht.

Jeste, D. V., & Vahia, I. V. (2008). Comparison of the conceptualization of wisdom in ancient Indian literature with modern views: focus on the Bhagavad Gita. *Psychiatry, 71*(3), 197–209. doi:10.1521/psyc.2008.71.3.197 (Abruf: 21.7.2019).

Johnstone, R. A., & Cant, M. A. (2010). The evolution of menopause in cetaceans and humans: the role of demography. *Proc. R. Soc. B 277*, 3765–3771. – doi:10.1098/rspb.2010.0988 (Abruf: 21.7.2019).

Joseph, R. (2000). *The Transmitter to God: The Limbic System, the Soul, and Spirituality.* San Jose: University Press.

Kabat-Zinn, J. (1990). *Full Catastrophe Living.* New York: Delta; dt. (1991). *Gesund und streßfrei durch Meditation.* München: O. W. Barth.

Korb, A. (2015). *The Upward Spiral.* Oakland: New Harbinger; dt. (2016). *Die Aufwärtsspirale gegen Depressionen: Mit Neurowissenschaften Schritt für Schritt genesen.* Freiburg: Herder.

Lanza, R., & Berman, B. (2008). *Biocentrism – How Life and Consciousness Are the Keys to Understanding the True Nature of the Universe.* Dallas: Benbella Books.

Lanza, R. & Berman, B. (2016). *Beyond Biocentrism – Rethinking Time, Space, Consciousness, and the Illusion of Death.* Dallas: Benbella Books.

Lao tzu (2006). *Tao Te Ching.* (Übers. St. Mitchell) New York: Harper Perennial.

Levine, P. (1997). *Waking the Tiger.* Berkely: North Atlantic Books; dt. (1999): *Trauma-Heilung. Das Erwachen des Tigers. Unsere Fähigkeit, traumatische Erfahrungen zu transformieren.* Essen: Synthesis.

Levine, P. (2010). *In an Unspoken Voice.* Berkeley: North Atlantic Books; dt. (2011): *Sprache ohne Worte. Wie unser Körper Trauma verarbeitet und uns in die innere Balance zurückführt.* München: Kösel.

Liu, H. et al. (2017). Aging of cerebral white matter. *Ageing Research Reviews, 34*, 64–76. doi:10.1016/j.arr.2016.11.006 (Abruf: 25.8.2019).

Lutz, A. et al. (2004). Long-Term Meditators Self-Induce High-Amplitude Gamma Synchrony During Mental Practice. *PNAS 101*(46), 16369-16373 (Abruf: 3.1.2007).

Löhmer, C., & Standhart, R. (2014). *MBSR. Die Kunst, das ganze Leben zu umarmen.* Stuttgart: Klett-Cotta.

Lyons-Padilla, S. et al. (2016). Belonging nowhere: Marginalization & radicalization risk among Muslim immigrants. *Behavioral Science and Policy, 1*(2), 1–12. – doi:10.1353/bsp.2015.0019 (Abruf: 8.6.2020).

MacLean, P. (1990). *The Triune Brain in Evolution: Role of Paleocerebral Functions.* New York: Plenum Books.

Mayer, E. A. (2011). Gut feelings: the emerging biology of gut-brain communication. Nature reviews. *Neuroscience, 12*(8), 453–466. – doi:10.1038/nrn3071 (Abruf: 11.7.2014).

Meeks, T., & Jeste, D. (2009). Neurobiology of Wisdom: A Literature Overview. *Arch Gen Psychiatry, 66*(4), 355–365. – doi:10.1001/archgenpsychiatry.2009.8 (Abruf: 26.3.2011).

Mezuk, B. et al. (2016). Loneliness, Depression, and Inflammation: Evidence from the Multi-Ethnic Study of Atherosclerosis. *PLoS ONE, 11*(7), e0158056. – doi:10.1371/journal.pone.0158056 (Abruf: 11.7.2014).

Mingyur Rinpoche, Y., & Swanson, E. (2010). *Joyful Wisdom: Embracing Change and Finding Freedom.* New York: Penguin Random House.

Moore, R. L. (2003). *Facing the Dragon: Confronting Personal and Spiritual Grandiosity.* Ashville: Chiron Publications.

Moore, Th. (1992). *Care of the Soul.* New York: HarperCollins; dt. (2010). *Der Seele Raum geben. Wie Leben gelingen kann.* München: Claudius Verlag

Newberg, A., d'Aquili, E., & Rause, V. (2002). *Why God Won't Go Away: Brain Science and the Biology of Belief.* New York: Ballantine Books.

Newberg, A., & Waldman, R. (2009). *How God Changes Your Brain: Breakthrough Findings from a Leading Neuroscientist.* New York: Random House.

Ning X., & Huige L. (2018). Loneliness, Social Isolation, and Cardiovascular Health. *Antioxidants and Redox Signaling, 28*(9). – doi:10.1089/ars.2017.7312 (Abruf: 3.7.2019).

Panksepp, J., & Bernatzky, G. (2002). Emotional Sounds and the Brain: The Neuroaffective Foundations of Musical Appreciation. *Behavioral Processes, 60,* 133–155 (Abruf: 19.6.2007).

Pema Chödrön (2009). *When Things Fall Apart.* New York: Harper Collins; dt. (1998). *Wenn alles zusammenbricht – Hilfestellung für schwierige Zeiten.* Hamburg: Hoffmann und Campe.

Persinger, M. A. (1991). Preadolescent Religious Experience Enhances Temporal Lobe Signs in Normal Young Adults. *Percep Mot Skills, 72*(2), 453–454 (Abruf: 4.7.2019).

Porges, S. W. (2017). *Die Polyvagal-Theorie und die Suche nach Sicherheit. Traumabehandlung, soziales Engagement und Bindung.* Lichtenau: G. P. Probst Verlag.

Porges, S. W. (2019). Vaguspfade – Zugänge zum Mitgefühl. In: D. Rahm & S. Meggyesy (Hg.), *Somatische Erfahrungen in der psychotherapeutischen und körpertherapeutischen Traumabehandlung.* Lichtenau: G. P. Probst Verlag.

Praszkier, R. (2016). Empathy, Mirror Neurons and SYNC. *Mind & Society, 15*(1), 1–25. https://doi.org/10.1007/s11299-014-0160-x (Abruf: 8.7.2017).

Rahm, D. (2019). Vom Kraniche-Falten und anderen heilsamen Prozessen bei hochgradiger Dissoziation. In: D. Rahm & S. Meggyesy (Hg.), *Somatische Erfahrungen in der psychotherapeutischen und körpertherapeutischen Traumabehandlung.* Lichtenau: G. P. Probst Verlag.

Rahm, D., & Meggyesy, S. (Hg.) (2019). *Somatische Erfahrungen in der psychotherapeutischen und körpertherapeutischen Traumabehandlung.* Lichtenau: G. P. Probst Verlag.

Rahm, D. (2015). Vom Wunder der Resilienz. Hilfe für Kinder mit Traumafolgen. *Erziehungsberatung aktuell*, 2–15.

Ratnayake, S. (2019). The problem of mindfulness – https://aeon.co/essays/mindfulness-is-loaded-with-troubling-metaphysical-assumptions (Abruf: 8.10.2019).

Remen R. N. (1997). *Kitchen Table Wisdom. Stories that Heal.* New York: Riverhead Books.

Risom, J. E. (2010). *Presence Meditation.* Berkeley: North Atlantic Books.

Ritskes R. et al. (2002). MRI Scanning During Zen Meditation: The Picture of Enlightenment? *Proceedings of the International Conference of the Transnational Network for the Psychological and Spiritual Wellbeing.* Sydney/Australia.

Rudolf, G. (1996). *Psychotherapeutische Medizin.* Stuttgart: Enke.

Ruhe, H. G. (2014). *Praxishandbuch Biografiearbeit.* Weinheim: Beltz Juventa.

Sapolsky, R. (1995). *Why Zebras Dont Get Ulcers.* New York: W. H. Freeman; dt. (1998). *Warum Zebras keine Migräne kriegen.* München: Piper.

Schore, A. (2003). *Affect Regulation and the Repair of the Self.* New York: Norton; dt. (2007). *Affektregulation und die Reorganisation des Selbst.* Stuttgart: Klett-Cotta.

Staudinger, U., & Glück, J. (2011). Psychological Wisdom Research: Commonalities and Differences in a Growing Field. *Annual review of psychology* 62, 215–241. doi.org/10.1146/annurev.psych.121208.131659 (Abruf: 31.11.2012).

Staudinger, U. M., Dörner, J., & Mickler, C. (2005). Wisdom and Personality. In: R. J. Sternberg & J. Jordan (Hg.), *A handbook of wisdom: Psychological perspectives* (S. 191–219). New York: Cambridge University Press.

Stellar, J. E. et al. (2015). Positive affect and markers of inflammation: discrete positive emotions predict lower levels of inflammatory cytokines. *Emotion*, *15*(2), 129–133. https://doi. org/10.1037/em0000033 (Abruf: 20.4.2019).

Stellar, J. E. et al. (2017). Self-Transcendent Emotions and Their Social Functions: Compassion, Gratitude, and Awe Bind Us to Others Through Prosociality. *Emotion Review*, *9*(3), 200–207. https://doi. org/10.1177/1754073916684557 (Abruf: 20.4.2019).

Stern, D. (1985). *The Interpersonal World of the Infant.* New York: Basic Books; dt. (1992). *Die Lebenserfahrung des Säuglings.* Stuttgart: Klett-Cotta.

Stern, D. (1995). *The Motherhood Constellation.* New York: Basic Books; dt. (1998). *Die Mutterschaftskonstellation: Eine vergleichende Darstellung verschiedener Formen der Mutter-Kind-Psychotherapie.* Stuttgart: Klett-Cotta.

Stern, D. (2001). Face-to-face play. In: J. Jaffe et al. (Hg.): *Rhythms of dialogue in infancy: Coordinated timing in development. Monographs of the society for research in child development* (Vol. 66). Ann Abor: SRCD (Abruf: 12.2.2013).

Stern, D. (2004). *The Present Moment in Psychotherapy and Everyday Life.* New York: Norton; dt. (2005). *Der Gegenwartsmoment: Veränderungsprozesse in Psychoanalyse, Psychotherapie und Alltag.* Frankfurt: Brandes & Apsel.

Sternberg, R. J. (1990). *Wisdom: It's nature, Origines and Development.* Cambridge: Cambridge University Press.

Strogatz, S. (2004). *Sync: How Order Emerges from Chaos in the Universe, Nature, and Daily Life.* Lebanon: Hachette.

Sudo, P. T. (2005). *Zen 24/7. All Zen, all the time* (S. 77 f.). San Francisco: HarperOne.

Tanahashi, K., & Levitt, P. (2013). *The Essential Dogen: Writings of the Great Zen Master.* Boulder: Shambhala.

Takahashi, M., & Bordia, P. (2000). The Concept of Wisdom: A Cross-cultural Comparison. *International Journal of Psychology, 35*, 1–9. – doi:10.1080/002075900399475 (Abruf: 31.11.2012).

Tokarczuk, O. (2019). *Die verlorene Seele*. Zürich: Kampa Verlag.

Thérèse of Lisieux, Manuscrits autobiographiques C 25r. Catechism of the Catholic Church.

Trevarthen, C., & Panksepp, J. (2017). In Tune with Feeling: Musical Play with Emotions of Creativity, inspiring Neuroaffective Development and Self-Confidence of Learning in Company. In: S. Hart (Hg.), *Inclusion, Play and Empathy – Neuroaffective Development in Children's Groups*. London: Jessica Kingsley.

US Data, Pew Research (2009). *Many Americans Mix Multiple Faiths*. https://www.pewforum.org/2009/12/09/many-americans-mix-multiple-faiths/ (Abruf: 3.6.2019).

van der Kolk, B. (2014). *The Body Keeps the Score*. New York: Viking; dt.: (2015). *Verkörperter Schrecken – Traumaspuren in Gehirn, Geist und Körper und wie man sie heilen kann*. Lichtenau: G. P. Probst Verlag.

van Hout, M. (2012). *Heute bin ich*. Männedorf: Arcari Verlag.

Wampold, B. (2001). *The great psychotherapy debate*. London: L. Erlbaum.

Watts, A. (1989). *The Book. The taboo on knowing who you are*. New York: Vintage; dt. (2005). *Die Illusion des Ich: On the Taboo Against Knowing Who You Are*. München: Goldmann.

Weiss, H. et al. (2019). *Hakomi – Achtsamkeitszentrierte Körperpsychotherapie: Theorie und Praxis*. Stuttgart: Klett-Cotta 2019.

Wilber, K. (1980/1996). *The Atman Project*. Wheaton: Theosophical Publishing House; dt. (2012). *Das Atman-Projekt – Streben der Seele nach Einheit*. Lichtenau: G. P. Probst Verlag.

Wilber, K. (2000a). *One Taste: Daily Reflections on Integral Spirituality*. Boulder: Shambhala; dt. (2001). *Einfach »Das«: Tagebuch eines ereignisreichen Jahres*. Frankfurt: Fischer-Tb-Verlag.

Wilber, K. (2000b). *Integral Psychology*. Boulder: Shambhala; dt. (2001). *Integrale Psychologie: Geist, Bewußtsein, Psychologie, Therapie*. Freiamt: Arbor.

Wilber, K., & Patten, T. (2008). *Integral Life Practice*. Boulder: Shambhala; dt. (2010). *Integrale Lebenspraxis: körperliche Gesundheit, emotionale Balance, geistige Klarheit, spirituelles Erwachen*. München: Kösel.

Wilber, K. (1982). The pre/trans Fallacy. *Journal of Humanistic Psychology, 22*(2), 5–43.

Wolpert, D. M. (2011). *The Real Reason for Brains* https://www.ted.com/talks/daniel_wolpert_the_real_reason_for_brains (Abruf: 19.5.2019).

Wolpert, D. M., Ghahramani, Z., & Jordan, M. I. (1995). An internal model for sensorimotor integration. *Science, 269*(5232), 1880–1882. – doi:10.1126/science.7569931 (Abruf: 25.7.2019).

Wood, A. M. et al. (2008). The role of gratitude in the development of social support, stress, and depression: Two longitudinal studies. *Science Direct. Journal of Research in Personality 42*, 854–871.

Youtube: *A beautiful mind* – https://www.youtube.com/watch?v=4mjtgdWd67Q, 2010 (Abruf: 6.6.2019).

Yurgelun-Todd, D. (2007). Emotional and cognitive changes during adolescence. *Curr Opin Neurobiol., 17*(2), 251–257 (Abruf: 12.12.2011).

Über die Autorin

Marianne Bentzen ist somatische Psychotherapeutin und Autorin und seit 1982 in ihrem Beruf. Sie arbeitet mit Klienten und leitet auf internationaler Ebene Ausbildungen und Supervisionen auf dem Gebiet der psychischen Gesundheitsberufe. Sie hält Vorträge auf nationalen und internationalen Konferenzen und hat zahlreiche Fachartikel und Bücher geschrieben. Seit Anfang der 1990er Jahre widmet sie sich zusammen mit der Psychologin Susan Hart der Entwicklung der Theorie der Neuroaffektiven Entwicklungspsychologie (NADP), die eine Brücke zwischen der menschlichen Persönlichkeits- und Gehirnentwicklung, der Traumatheorie und der Evolutionspsychologie schlägt sowie emotionale Trainingsprogramme und Assessment-Instrumente umfasst. Als langjährige Meditierende verknüpft sie die NADP in Theorie und Praxis mit Meditation und der Entwicklung von Weisheit und emotionaler Intelligenz.

Über die Herausgeberin

Dr. phil. Dorothea Rahm – Diplom-Psychologin, Supervisorin, Lehrtherapeutin, Psychologische Psychotherapeutin in einer Praxisgemeinschaft, zahlreiche Therapie- und Traumatherapie-Ausbildungen (u. a. VT, TP, PA, EMDR, SE und NAP). Psychotherapeutische Tätigkeit seit 48 Jahren. Seminarleitungen im In- und Ausland. Seit 2007 SE-Assistentin, 2014–2017 SE-Assistentin in Istanbul. Sie hat zahlreiche Artikel und Bücher zu den Themen Gruppentherapie mit Kindern, Integrative Therapie und -Beratung, Bindung, Resilienz und Mentalisierungsfähigkeit veröffentlicht. Gemeinsam mit Szilvia Meggyesy hat sie das Buch »Somatische Erfahrungen in der psychotherapeutischen und körpertherapeutischen Traumabehandlung« herausgegeben. Von 2012 bis 2019 Mitglied der Ethikkommission von SE Deutschland. Seit 48 Jahren verheiratet, Mutter von drei Kindern, Großmutter von sieben Enkelkindern.

Kate Truitt

Die heilende Macht des Self-Havening

Die Neuroplastizität nutzen, um Traumata zu bewältigen, Streß abzubauen und die Resilienz zu stärken

Mit einem Vorwort von Dr. Steven J. Ruden, Mitbegründer der Havening-Techniken

Übersetzt von Theo Kierdorf & Hildegard Höhr

248 Seiten, Klappenbroschur, mit Lesezeichen

Das Buch von Dr. Kate Truitt verbindet neurowissenschaftliche Erkenntnisse der Traumaforschung mit dem Wissen zum Self-Havening – eine Technik, die sich die Kraft der achtsamen Berührung zunutze macht, um selbst tiefen traumatischen Streß zu heilen.

Jahrzehntelange Forschungsarbeit im Bereich der Geist-Körper-Medizin hat uns gelehrt, wie die Neuroplastizität uns helfen kann, Verletzungen zu heilen und Menschen ein sinnvolles und erfüllendes Leben zu ermöglichen. Doch viele von uns wissen nicht, was sie täglich unternehmen können, um die Verwirklichung ihres Potentials zu fördern. – Kate Truitts Buch füllt diese Lücke mit Hilfe von leicht umsetzbaren Rezepten, die wir in Streßsituationen anwenden können oder die uns helfen, unsere Beziehungen zu uns selbst und anderen zu transformieren. Ich nutze nicht nur persönlich das Self-Havening, um mein Wohlbefinden als Psychotherapeutin zu fördern, sondern ich empfehle diese Methode auch allen meinen Klienten.

— Arielle Schwartz, Ph.D.,
Autorin des Buches *Therapeutisches Yoga und Polyvagal-Theorie*

Unter Berücksichtigung neuester Erkenntnisse der Neurowissenschaften hat Dr. Truitt eine Anleitung zur emotionalen Selbstfürsorge entwickelt. Ihr Ansatz nutzt die heilende Kraft der Berührung, um das Gehirn so zu verändern, daß das Beste in Ihnen zutage treten kann und Ihnen jederzeit zur Verfügung steht.

— Ronald Ruden, MD,
Entwickler der Havening-Techniken

G. P. PROBST VERLAG
Lichtenau/Westfalen

Stephen W. Porges & Seth Porges

Sicherheit und Heilung finden

Die Polyvagal-Theorie in unserem Leben: Körper und Gehirn vor Traumata und Ängsten schützen

Übersetzt von Theo Kierdorf & Hildegard Höhr

264 Seiten, Klappenbroschur, mit Lesezeichen

Dieses Buch stellt die Prinzipien der Polyvagal-Theorie auf eine auch für Nichtfachleute verständliche Weise dar. Hierbei kommt eine von Optimismus und Hoffnung geprägte Weltsicht zum Ausdruck, und es wird erklärt, warum sich unser Körper manchmal auf Weisen verhält, von denen sich unser Gehirn wünschen würde, er täte es nicht ... Das Buch wird Ihr Denken über Ihr Gehirn, Ihren Körper und über Möglichkeiten, in einer als immer überwältigender und belastender wirkenden Welt die Ruhe zu bewahren, verändern.

Der Pionier Stephen Porges hat die Polyvagal-Theorie, unterstützt von seinem Sohn Seth, im Kontext unseres hektischen und komplizierten nach-pandemischen Lebens dargestellt, und er weist uns den Weg zu jener Sicherheit, von der unser persönliches und soziales Wohlbefinden abhängt. Die Lektüre dieses Buches kann ich jedem empfehlen.

— Gabor Maté

Dieses wunderbare Buch verbindet die wegweisenden Thesen der Polyvagal-Theorie mit tiefgreifenden klinischen Schlußfolgerungen und der Präsentation praxistauglicher Werkzeuge, die Heilung, Resilienz und Wohlbefinden in einer generell sehr belastenden Welt fördern. Die wissenschaftlichen Aspekte der Thematik werden meisterhaft erklärt. Das Buch ist ein Juwel.

— Rick Hanson

G. P. PROBST VERLAG
Lichtenau/Westfalen

Eine ausführliche Präsentation sämtlicher lieferbaren und geplanten Titel unseres Verlages finden Sie im Internet unter *www.gp-probst.de*

TITELLISTE – Auswahl

Band 02 – Emerson & Hopper: *Trauma-Yoga* (5. Aufl.)
Band 03 – Williams & Poijula: *Das PTBS-Arbeitsbuch* (3. Aufl.)
Band 10 – Hyman & Pedrick: *Arbeitsbuch Zwangsstörungen* (2. Aufl.)
Band 13 – Scaer: *Das Trauma-Spektrum* (2. Aufl.)
Band 17 – Paulsen: *Trauma und Dissoziation mit neuen Augen sehen* (2. Aufl.)
Band 23 – van der Kolk: *Verkörperter Schrecken* (10. Aufl.)
Band 24 – Emerson: *Trauma-Yoga in der Therapie* (2. Aufl.)
Band 26 – McBride: *Werde ich jemals gut genug sein* (3. Aufl.)
Band 27 – Bentzen & Hart: *Neuroaffektive Therapie mit Kindern & Jugendlichen* (2. Aufl.)
Band 28 – Shapiro: *Ego-State-Interventionen – leicht gemacht* (3. Aufl.)
Band 29 – Porges: *Die Polyvagal-Theorie und die Suche nach Sicherheit* (6. Aufl.)
Band 30 – Burns: *Feeling Good in zehn Schritten*
Band 33 – Manning: *Ich liebe einen Borderliner*
Band 34 – Schwartz: *Arbeitsbuch Komplexe PTBS* (3. Aufl.)
Band 36 – Dana: *Die Polyvagal-Theorie in der Therapie* (4. Aufl.)
Band 37 – Anderson et al.: *Therapeutische Arbeit im System der Inneren Familie* (2. Aufl.)
Band 39 – Rahm & Meggyesy (Hrsg.): *Somatische Erfahrungen in der psychotherapeutischen und körpertherapeutischen Traumabehandlung* (2. Aufl.)
Band 40 – Mischke-Reeds: *Somatische Psychotherapie – ein Werkzeugkasten* (2. Aufl.)
Band 42 – Schwartz & Maiberger: *EMDR-Therapie und Somatische Psychologie*
Band 43 – Dana: *Arbeiten mit der Polyvagal-Theorie* (3. Aufl.)
Band 44 – Dana: *Leben mit der Polyvagal-Theorie*
Band 46 – Schwartz: *Vom Trauma genesen – ein Übungsbuch*
Band 48 – Porges: *Heilen mit der Polyvagal-Theorie* (2. Aufl.)
Band 49 – Kurtz: *HAKOMI – eine körperorientierte Psychotherapie*
Band 50 – Fisher: *Traumaspuren transformieren*
Band 51 – Dana: *Flipchart Polyvagal-Theorie* (2. Aufl.)
Band 53 – Schwartz: *Die Praxis der Behandlung komplexer PTBS*
Band 56 – Schwartz: *Therapeutisches Yoga und Polyvagal-Theorie*
Band 57 – Delahooke: *Brain-Body Parenting*
Band 58 – Truitt: *Die heilende Macht des Self-Havening*
Band 59 – Porges & Porges: *Sicherheit und Heilung finden*
Band 62 – Schwartz: *Traumabehandlung mit Yoga*
Band 63 – Porges & Onderko: *Das Safe and Sound Protokoll*